도메인
스토리텔링

도메인 주도 소프트웨어 구축을 위한
스토리텔링과 스토리 시각화 기법

도메인
스토리텔링

도메인 주도 소프트웨어 구축을 위한
스토리텔링과 스토리 시각화 기법

지은이 스테판 호퍼, 헤닝 슈벤트너

옮긴이 트랜스메이트

펴낸이 박찬규 엮은이 이대엽 디자인 북누리 표지디자인 Arowa & Arowana

펴낸곳 위키북스 전화 031-955-3658, 3659 팩스 031-955-3660

주소 경기도 파주시 문발로 115 세종출판벤처타운 311호

가격 28,000 페이지 264 책규격 175 x 235mm

초판 발행 2024년 03월 12일
ISBN 979-11-5839-502-5 (93000)

등록번호 제406-2006-000036호 등록일자 2006년 05월 19일
홈페이지 wikibook.co.kr 전자우편 wikibook@wikibook.co.kr

이 성과는 2023년 정부(산업통상자원부)의 재원으로 한국산업기술진흥원의 지원을 받아 수행된 연구임
(P0020632, 2022년 산업혁신인재성장지원사업)

도메인
스토리텔링

도메인 주도 소프트웨어 구축을 위한
스토리텔링과 스토리 시각화 기법

스테판 호퍼, 헤닝 슈벤트너 지음
트랜스메이트 옮김

위키북스

이 책에 대한 찬사

"이 책은 접근하기 쉽고 구조화된 내러티브 기반 기술을 사용한 협업에 의한 도메인 모델링 방법을 잘 소개하고 있다. 더 깊이 있게 학습하기를 원하는 이들을 위해 스테판과 헤닝은 일반적인 촉진 (퍼실리테이션)의 함정을 피할 수 있게 도와줄 뿐만 아니라, 일상적인 개발 작업에 도메인 지식을 통합하는 것도 도와줄 것이다."

— "The EventStorming Handbook"의 저자, 폴 레이너[Paul Rayner]

"이 책은 수년간 도메인 스토리텔링에 관한 한 결정적인 자료가 될 것이다."

— 애자일 얼라이언스[Agile Alliance] 공동 창립자, 마이크 콘[Mike Cohn]

"지금까지는 가시화라고 하면 보통 '칠판 위에 네모를 그리고 그 안에 단어를 적는 일'을 의미했다. 그런데 사용자의 필요와 여정을 긴 설명문이나 일련의 도식으로 나타내기에는 다소 부족한 면이 있었다. 이 책의 저자들은 실제로 벌어지는 일을 보여주는 방법을 제시했다. 도메인 스토리텔링 모델에서는 누가, 누구와, 어떤 순서로, 어떤 목적으로, 무엇을 하고 있는지를 명확하게 가시화하여 보여준다. 이러한 모델을 구축하는 방법을 배우기는 무척 쉽지만, 초보자가 첫눈에 모델을 이해하고 비판할 수 있어야 한다는 점이 더 중요하다. 그렇기 때문에 도메인 스토리텔링은 소프트웨어 개발 분야와 그 밖의 분야에서 강력한 의사소통 도구로 널리 사용될 것이라고 생각한다."

— "유럽 도메인 주도 설계[Domain-Driven Design Europe]"의 큐레이터, 매티어스 베래스[Mathias Verraes]

"이 책은 도메인 주도 설계 실무자라면 누구나 책장에 꽂아두고 볼 만한 책이다."

— 데이터팜의 소프트웨어 코치, 줄리 레먼[Julie Lerman]

"급속한 기술 발전과 변화로 모든 조직이 혼란스러워하고 있는 상황에서 나는 사람들에게 칸반 [Kanban] 방법을 일상 업무에 적용하는 방법을 가르치고 있다. 이러한 맥락에서 우리는 도메인 스토리텔링을 매우 잘 활용하여 조직의 가치 흐름을 탐색하고 추출해 내고 있다. 이 책의 저자들은 이 책에서 협업을 통해 어떻게 작업 방식을 변화시키고 그 변화를 이끌 수 있는지 설명한다."

— 비즈니스 애자일 엔지니어이자 공인 칸반 강사 겸 코치, "Agility with Kanban Method"의 저자, 플로콘프[FlowConf] 공동 주최자, 알투그 빌진 알틴타스[Altuğ Bilgin Altıntaş]

"한 가지 스토리로부터 출발해 실제로 동작하는 소프트웨어에 이르기까지, 이 책은 구축 대상의 핵심을 이해할 수 있게 한다. 강력히 추천한다!"

— 올리버 드롯봄^{Oliver Drotbohm}

"이 책은 강력한 도메인 모델링 기술을 안내하는 실용서이자 도메인 주도 설계의 주요 측면에서 얻은 풍부한 통찰력을 보여주는 귀한 책이다. 저자는 대화형 스토리를 사용해 일상어로 가시화하면 고품질 업무용 소프트웨어를 빠르게 개발할 수 있다는 점을 사례를 들어 설득력 있게 제시한다. 잘 선별된 사례 연구 내용을 읽는 동안 여러분은 자신만의 도메인 스토리텔링을 시작하고 싶어 손가락이 근질거릴 것이다."

— 단스케 은행^{Danske Bank}의 수석 소프트웨어 설계자, 신 야오^{Xin Yao}

"도메인 스토리텔링을 수행하는 일은 여러분이 다루는 문제 도메인을 진정으로 깊게 이해하기 위한 여정과 같다. 사업장에서 벌어지는 미묘한 내부 업무를 탐구해 나가는 동안 예기치 않게 해법이 저절로 드러나는 법이어서 이런 상황에 대비하고 있어야 한다. 이 책은 그러한 여정을 위한 첫걸음을 내디딜 수 있는 자리로 여러분을 데려다주고, 그 길을 따라갈 수 있게 안내할 것이다."

— DDD 및 도메인 스토리텔링 실무자, 무프리드 크릴릭^{Mufrid Krilic}

"도메인 스토리텔링은 우리의 업무, 제품, 기술이라는 적층 구조 사이를 연결하는 핵심 교량 역할을 할 뿐만 아니라 우리의 과거와 미래를 연결하는 핵심 교량 역할을 한다. 이 방법을 사용하자 회계팀장과 운영팀장으로부터 개별 기술자 및 제품팀장에 이르기까지 모든 참여자가 업무 수행과 관련해 우리가 의도한 점(및 필요로 하는 점)을 더 잘 이해했고, 우리의 미래 사업 방식을 전체적으로 표현하는 바운디드 컨텍스트 내에서 우리는 서로 조율해 가면서 교차 기능 제품 팀 및 엔지니어링 팀이 기능하는 방식을 이해했다. 그리고 많은 사람(대부분!)은 그런 식으로 진행한 과정이 재미 있었고 자율적으로 활동한 과정이었다고 했다.

도메인 스토리텔링은 고객과 비즈니스 관련 언어 및 맥락에 뿌리를 둔 실용적인 방법론이어서 여러분의 업무와 관련하여 (엔지니어링뿐만 아니라) 여러 기능에 접근할 수 있는 가치 있는 방식이다. 이 책은 물론이고, 특히 이 책에서 나오는 방법론을 추천한다!"

— Raisin DS GmbH의 최고 제품 책임자, 짐 바니스터^{Jim Banister}

"프로덕트 관리자로 일하는 나는 가시화를 정말 좋아한다. 도메인 스토리텔링은 나의 도메인 주도 설계를 향한 여정(2017년)에서 처음으로 접한 기술 중 하나였다. 나는 이 방법이 개발 팀과 사업 팀 간의 소통을 용이하게 하려는 사람에게 꼭 필요한 것이라는 점을 알아차리고는 깊은 인상을 받았으며 동시에 무척 놀랍다고 생각했다. 이 방법은 문자 그대로 모든 사람이 이해하고 활용할 수 있는 픽토그래픽 언어^{pictographic language}에 중점을 두기 때문에 배우기가 무척 쉽다. 나는 이것을 즉시 사용해 보라고 권하고 싶으며, 너무 많이 생각하지 말고 바로 시작해서 흐름을 따라가라고 말하고 싶다! 그럴 만한 가치가 있을 테니 내 말을 믿어 주기 바란다. :)"

— 프로덕트 관리자, 지소피아 헤렌디^{Zsófia Herendi}

픽토그래픽 언어

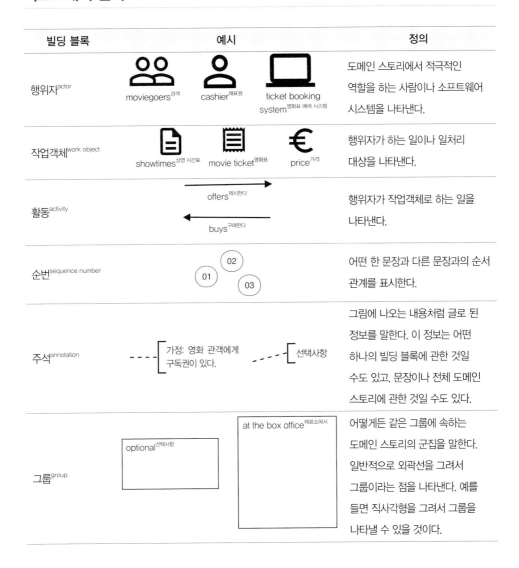

빌딩 블록	예시	정의
행위자actor	moviegoers관객 / cashier매표원 / ticket booking system영화표 예매 시스템	도메인 스토리에서 적극적인 역할을 하는 사람이나 소프트웨어 시스템을 나타낸다.
작업객체work object	showtimes상영 시간표 / movie ticket영화표 / price가격	행위자가 하는 일이나 일처리 대상을 나타낸다.
활동activity	offers제시한다 / buys구매한다	행위자가 작업객체로 하는 일을 나타낸다.
순번sequence number	01 02 03	어떤 한 문장과 다른 문장과의 순서 관계를 표시한다.
주석annotation	가정: 영화 관객에게 구독권이 있다. / 선택사항	그림에 나오는 내용처럼 글로 된 정보를 말한다. 이 정보는 어떤 하나의 빌딩 블록에 관한 것일 수도 있고, 문장이나 전체 도메인 스토리에 관한 것일 수도 있다.
그룹group	optional선택사항 / at the box office매표소에서	어떻게든 같은 그룹에 속하는 도메인 스토리의 군집을 말한다. 일반적으로 외곽선을 그려서 그룹이라는 점을 나타낸다. 예를 들면 직사각형을 그려서 그룹을 나타낼 수 있을 것이다.

빌딩 블록은 도메인 스토리의 문장을 형성하는 데 사용된다. 예를 들어 영화관 직원이 여러분에게 "관객이 영화를 본다"고 말한다고 해 보자. 이것을 그림으로 그리면 다음과 같다.

moviegoer관객 — 01 watches본다 → film영화

전형적인 문장 구조

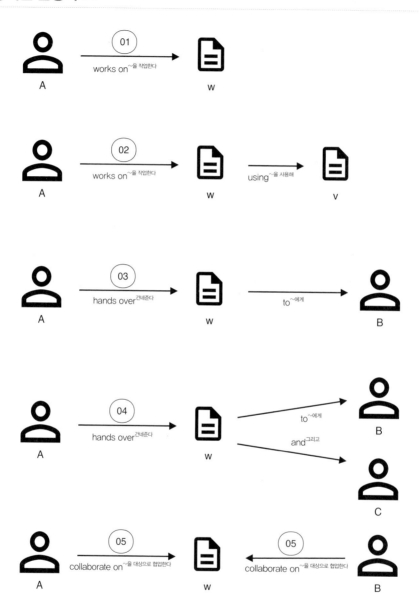

2 부

다양한 목적을 위한
도메인 스토리텔링
사용 및 조정

도메인 스토리

옮긴이 서문

이 책을 번역하는 데 오랜 시간이 걸렸습니다. 내용이 많아서 그런 것이 아니라 적절한 용어를 선택하기 위해 오래 고민해야 했기 때문이었습니다. 물론 다양한 이유가 있었습니다만 용어 선택이 가장 고민되는 일이었습니다.

대표적인 고민 거리 몇 가지를 예로 들기 전에 먼저 우리말 씀씀이와 관련해 양해를 구하는 말씀을 드려야 하겠습니다. 이 원고를 다시 다듬는 동안에 어떤 이가 쓴 글을 얼핏 읽은 적이 있는데, 지식이 얕은 전문가가 외국어를 섞어서 쓰면서 개념에 대한 무지를 감추려 하는 바람에 우리말이 잊혀져 가는 현상을 안타까워 하는 글이었습니다.

그 글을 읽고 나서 저는 흔히 통용되는 용어인 비즈니스 프로세스를 '업무 처리 과정'으로 고치는 등 여러 번역어를 바꿨습니다. 통용되는 어휘를 따르리라 생각하여 썼던 비즈니스 프로세스 같은 용어가 개념에 대한 무지를 감추려고 쓰는 외국어라는 점이 느껴졌고 반면에 '업무처리 과정'은 저자가 말하고자 하는 개념을 비교적 정확히 전달하는 우리말이라고 생각했기 때문입니다.

이런 식으로 저는 번역할 때와, 번역한 문장을 다듬을 때 개념에 대한 무지를 감추는 외국어 대신에 저자가 말하고자 하는 정확한 개념을 드러낼 우리말이 있으면 우리말로 번역했습니다. 예를 들면 다음과 같은 용어가 있습니다.

원어	통용되는 용어	번역어	참고할 내용
business	비즈니스	업무	경영 분야 실무 용어에 맞춰 번역했습니다.
business process	비즈니스 프로세스	업무처리 과정	경영 분야 실무 용어에 맞춰 번역했습니다.
process	프로세스	업무처리 과정, 과정, 처리 과정, 프로세스	'비즈니스 프로세스'의 약어로 많이 나옵니다. 비즈니스 프로세스와 동일한 의미로 쓰이는 경우가 대부분이지만, 그렇지 않은 경우도 있어 문맥에 맞는 용어로 번역했습니다.
business rule	비즈니스 규칙	업무 규정	경영 분야 실무 용어에 맞춰 번역했습니다.
work flow	워크플로, 작업흐름	일의 흐름	

원어	통용되는 용어	번역어	참고할 내용
AS-IS	AS-IS, '애즈이즈', 기존의, 현재의	있는-그대로인	이 책에서 저자는 '현재'라는 용어를 current라는 말로 따로 나타내고 있으므로 저자는 AS-IS의 개념과 '현재'라는 개념을 구분합니다. 따라서 AS-IS라고 표현해 버리면 저자가 말하고자 하는 개념을 전달하기 어렵게 됩니다.
TO-BE	TO-BE, '투비', 미래의, 이상적인	있게-될	위의 AS-IS와 마찬가지로 TO-BE와 future(미래)를 저자는 구분합니다.

이런 용어 중에 AS-IS나 TO-BE를 굳이 우리말로 번역한 것에 항의할 독자도 있을 것으로 봅니다. 하지만 책을 읽어 보시면 왜 군이 우리말로 번역해야 했는지를 점점 느끼게 될 것이라고 생각합니다. AS-IS나 TO-BE라는 외국어를 사용함으로써 개념을 두루뭉술하게 표현하기보다는 저자가 전달하고자 하는 개념을 정확히 전달하고자 우리말로 번역하였고, 우리말로 바꿔야만 저자가 서술한 문장의 맥락을 고스란히 전달할 수 있기 때문이었습니다.

이런 측면에서, 동일한 원어를 문맥에 맞게 다르게 번역한 경우도 있으니 오역이라고 오해하지 않으셨으면 합니다. 그중 몇 가지를 예로 들면 다음과 같습니다.

원어	통용되는 용어	번역어	참고할 내용
story	스토리	(도메인 스토리의) 스토리, (일상적인 의미의) 이야기	여기에 나오는 원어는 모두 문맥에 따라 서로 다른 의미로 쓰이므로 문맥에 맞춰 개념을 잘 전달하는 말로 번역했습니다.
storytelling	스토리텔링	스토리텔링, 이야기를 하기 (이야기를 하다)	
domain	도메인	도메인, (업무) 분야, 전문 분야	
work	작업, 워크	일처리, 일, 업무	

실무에서 통용되는 외국어나 직역한 용어가 더 개념을 정확히 나타낸다고 보았을 때는 그대로 활용하기도 했습니다.

원어	통용되는 용어	번역어	참고할 내용
work object	–	작업객체	사실 이 말도 '일처리 대상'이라고 번역하면 좋았겠지만, 여러 상황(통용되는 정도, 객체지향 프로그래밍을 위한 용어 통일)을 고려해 '작업객체'로 번역했습니다.

그리고 통용되는 번역어를 찾기 어려운 경우에는 저자가 전하고자 하는 개념을 정확하게 전달할 만한 번역어를 만들었습니다. 대표적인 경우는 다음 표와 같습니다.

원어	번역어	저자가 전달하고 하는 개념	참고할 내용
FINE-GRAINED	잘게-세분화한	곱게 갈아낸(입도가 작게 되도록 범위를 쪼개서 개념 범위가 좁아진)	입도^{granularity}라는 개념이 중요합니다. 저자는 입도라는 용어 자체를 딱 한 번만 언급하지만 그 개념을 범위^{range}와 연관짓습니다. 입도라는 말을 어려워하는 사람들이 많아서 조금 더 쉬운 '세분성'이라는 말로 옮겼습니다.
COARSE-GRAINED	거칠게-세분화한	거칠게 갈아낸(입도가 크게 되도록 범위를 쪼개서 개념 범위가 커진)	
MEDIUM-GRAINED	중간쯤-세분화한	중간 거칠기로 갈아낸(입도가 중간 정도가 되도록 범위를 쪼개서 개념 범위가 중간이 된)	

여기에 나오는 번역어를 그대로 외국어로 표기하는 게 더 나을 뻔 했다는 말이 나올 수도 있습니다. 하지만 그렇게 하면 문장 속 표현이 어색해지는 경우가 많습니다. 그런 어색함이 오히려 저자가 문체를 통해 정확히 전달하고자 하는 개념을 방해하게 됩니다. 그러므로 이런 번역어가 억지 번역어가 아니라는 점을 이해해 주시면 감사하겠습니다.

문장을 몇 개 덧붙여서 말씀드리고 싶은 것은, 제가 이십년도 더 전에 해 봤던 업무 분석 시에 이런 도메인 스토리텔링 기법이 있었다면 좋았겠다라는 생각이 들었습니다. 다양한 업무 분석 기법이 나왔었지만 참 좋은 기법이구나라는 생각이 들게 한 첫 기법입니다. 그리고 이 기법을 잘 활용하려면 언어 능력이 좋아야 하겠다는 생각이 들었습니다.

문제는 우리말 화자가 활용하기에는 불편한 점이 있다는 점입니다. 이는 마치 코딩을 우리말 어순이 아닌 영어 어순에 맞춰 해야만 하는 불편한 점과 같습니다. 그러나 군이 우리말 어순에 맞는 프로그래밍 언어를 개발해 쓰면서까지 그런 불편함을 해소하려 하지 않듯이, 도메인 스토리텔링을 하면서 우리말 어순에 억지로 맞추기보다는 영어 어순을 따르는 것도 좋은 방법이라고 생각합니다. 물론 이 책의 저자가 언급한 대로 영어가 아닌 그 밖의 언어로도 도메인 스토리텔링을 할 수 있을 것입니다. 다만 그런 일들이 보편화되기까지는 시간이 걸린 것으로 보입니다. 우리말 어순에 맞춰 도메인 스토리텔링을 하는 일이 보편화되는 일도 마찬가지로 시간이 필요할 것입니다. 그래서 이 책에 나오는 그림 속의 문구를 영어 그대로 두고 우리말을 첨자로 부기했습니다. 그래야만 영어 어순에 맞춰 문장이 완성되기 때문입니다. 보기에 불편해 보일 수 있으나 우리말로 번역하면 더 불편할 것이기에 그렇게 한 것이니 익숙해질 때까지 불편함을 참아 주시면 감사하겠습니다.

끝으로, 이 책이 나오기까지 오랜 시간 기다려 주신 출판사 관계자 여러분과 교정에 힘써 주신 전이주 선생, 그리고 그 밖의 모든 관계자 여러분께 깊이 감사하는 마음을 전합니다.

시리즈 편집자 서문

이 시그니처 시리즈^{series: 총서}는 유기적 성장과 세련미를 강조하는데, 이에 대해 조금 더 자세히 말해 보겠다. 첫째, 이 특별한 책에는 유기적으로 발전해 온 이야기가 있다.

'빨간 책'으로 알려진 나의 책, *Implementing Domain-Driven Design* [1]은 중요한 시점에 출간되었다. 이 빨간 책이 나오기 전에는 소프트웨어 개발 과정에 다가서는 고난이도 방식을 정확하고 철저하게 이해하는 사람들, 즉 선도자라고 부를 만한 사람들이 별로 없었다. 이와 관련해 당시에는 실무자를 돕기 위한 DDD(Domain-Driven Design) 도구 및 모임이 거의 없었다. 빨간 책이 출판된 2013년도보다 훨씬 이전인 2011년에는 'DDD 덴버' 모임을 공동으로 창설했지만, 5개 모임 중 하나는 있을 법한 흔한 모임일 뿐이었다. 2021년까지 세계적으로 142개의 도메인 주도 설계 모임이 생겨났고 현재 회원이 93,171명에 이르며, 여전히 발전하는 중이다. 이런 모임이 10개가 되었다가 20개가 되고 다시 25개가 되었을 때 누가 이런 모임 개수가 언젠가는 거의 150개나 되리라고 생각할 수 있었을까? 이처럼 유기적으로 발전해 온 결과로 DDD에 참여하는 선도자 및 지원 도구의 수도 늘어났다. 무엇보다 시기가 중요하며, 나는 여러 가지 촉매제가 가장 필요할 시점에서 기여함으로써 결국 DDD의 확장을 도울 수 있게 되었던 점이 기쁘다. 이 책과 저자가 이러한 유기적 발전 과정에 어떻게 관여했는지 설명하기 전에 먼저 이 책이 속한 시리즈를 살펴보자.

나는 시그니처 시리즈를 설계하고 이 시리즈에 포함될 책을 고를 때 소프트웨어 개발 성숙도의 발전 상황과 업무 중심 사례를 독자에게 안내함으로써 독자가 더 잘 성장하게 하는 데 초점을 맞췄다. 이 시리즈는 다양한 접근 방식 — 함수형 아키텍처 및 함수형 프로그래밍과 마찬가지로 반응형 접근 방식과 객체형 접근 방식, 그리고 도메인 모델링, 규모를 적절히 조정한 서비스, 패턴, API — 및 관련 기반 기술을 가장 잘 사용하는 방법을 안내함으로써 유기적 성장과 세련미를 강조한다.

지금부터는 유기성과 세련미라는 두 단어에 집중해 설명한다.

첫 번째 단어인 유기성은 최근 친구와 동료가 소프트웨어 아키텍처를 설명하는 데 사용했을 때 눈에 띄었다. 소프트웨어 개발과 관련해 유기성이라는 단어를 이미 듣고 사용했었지만, 유기적 아키텍처라는 식으로 두 단어를 함께 사용하기 전까지는 그렇게 주의를 기울이지 않았다.

---

1 (엮은이) 한국어판으로 출간된 참고문헌에 대해서는 참고문헌 페이지의 각 항목 하단에 한국어판 정보를 실었습니다.

유기성^{organic}과 유기체^{organism}라는 단어를 생각해 보자. 이 두 단어는 대부분 생물과 관련되어 사용되지만, 생명체와 유사한 몇 가지 특징이 있는 무생물을 설명할 때도 사용된다. 유기성이라는 말은 그리스어에서 유래했다. 그 어원은 신체 중 기능을 담당하는 기관과 관련이 있다. 기관^{organ}의 어원을 읽어보면 기관이라는 말이 우리가 생각했던 의미보다 더 넓은 의미를 아우르는 낱말이라는 점을 알 수 있는데, 사실 유기성이라는 말도 이에 못지 않게 신체 기관이나 악기를 만들거나 연주하는 데 쓰는 도구를 구현하는 일이나 묘사하는 용도로 넓게 쓰인다.

우리는 아주 큰 생명체부터 미세한 단세포 생명체에 이르기까지 수많은 유기적 객체, 즉 살아 있는 유기체를 쉽게 생각할 수 있다. 그러나 유기체의 두 번째 용도를 생각해 본다면, 그 예가 머릿속에 쉽게 떠오르지 않을 수 있다. 한 가지 예는 유기성과 유기체라는 낱말의 접두사가 포함된 조직^{organization}이라는 낱말이다. 내가 유기체라는 말을 조직이라는 관점과 관련된 용도로 사용한다면, 이럴 때 나는 문장의 앞뒤 방향으로 모두 구조화된 무언가를 설명하고 있는 것이다. 조직^{organization}은 유기체화된 부분$^{organized\ parts}$을 가지고 있기 때문에 유기체^{organism}다. 이런 종류의 유기체는 부분^{parts} 없이는 살 수 없고 부분은 유기체 없이 살 수 없다.

그런 관점에서 우리는 생물체의 특성을 나타내는 무생물체에 대해서도 이런 식으로 생각하는 바를 확장해 적용할 수 있다. 원자를 생각해 보자. 모든 단일 원자는 그 자체로 계^{system}이며 모든 생물은 원자로 구성된다. 그러나 원자는 무기적^{inorganic}이며 번식하지 않는다. 그럼에도 불구하고 끝없이 움직이고 기능한다는 점에서 원자를 생명체로 생각하기는 어렵지 않다. 원자는 다른 원자와도 결합한다. 이런 일이 생기면 각 원자는 그 자체로 단일계일 뿐만 아니라 부분계^{subsystem}로서 부분계를 이루는 또 다른 원자와 함께 부분계가 되어 서로 결합된 행태를 보이며 더 큰 전체계를 생성한다.

따라서 소프트웨어와 관련된 모든 종류의 개념은 강한 유기성을 띤다고 할 수 있는데, 이는 무생물이 여전히 살아있는 유기체라는 관점에서 '특징지을' 수 있기 때문이다. 구체적인 시나리오를 사용해 소프트웨어 모델 개념을 논의하거나 아키텍처 다이어그램을 그리거나 단위 테스트를 하거나 해당 도메인 모델 단위를 작성할 때 비로소 소프트웨어가 살아나기 시작한다. 우리가 소프트웨어를 개선하는 방법을 계속해서 논의하면서, 어떤 한 가지 시나리오가 다른 시나리오로 이어지는 경우 이런 일들이 아키텍처와 도메인 모델에 영향을 미치기 때문에 소프트웨어는 정적인 상태에 머무르지 않는다. 우리가 지속적이면서도 반복적으로 가치를 개선해 누적시키면 소프트웨어라는 유기체는 점진적으로 자란다. 시간이 흐를수록 소프트웨어가 진보하는 것이다. 우리는 유용한 추상화 기법들을 통해 복잡성과 씨름하고 해결하며, 그러는 동안 소프트웨어는 성장하고 모양을 바꾸게 될 텐데, 이 모든 일은 전 지구적 규모에서 진짜 살아있는 유기체에 대한 작업을 개선한다는 명백한 목적을 띠고 하는 일인 것이다.

슬프게도 소프트웨어라는 유기체는 잘 자라기보다는 오히려 잘 자라지 못하는 경우가 더 많다. 건강하게 생애를 시작해도 질병에 걸리기도 하고, 기형이 되기도 하며, 부자연스러운 부속기관이 자라고, 위축되고, 쇠약해지는 경향도 있다. 게다가 더 나쁜 점은 이러한 증상으로 인해 상황이 개선되기는커녕, 문제가 있는 소프트웨어를 개선하려는 노력 그 자체로 인해 이런 증상이 발생기도 한다는 점이다. 최악은 실패해 버린 모든 정제 작업이 끝난 후라도, 이 복잡하게 병든 몸에 문제를 일으키는 모든 부분이 죽어 나가지 않는다는 점이다(그렇다면 오히려 좋을 텐데). 그러므로 우리가 문제를 일으키는 부분을 죽여야 하고 그런 부분을 죽이려면 퇴마사가 지닌 감각과 기술, 그리고 불굴의 용기를 내 줄 심장이 필요하다. 아니, 어쩌면 강인함을 지닌 퇴마사 한 명이 아니라 수십 명이 필요할지도 모른다. 그렇다면 아주 영리한 퇴마사를 수십 명 만들어 내면 된다.

바로 이런 일을 위해 이 시리즈가 필요한 것이다. 나는 다양한 접근 방식, 즉 반응형, 객체, 함수형 아키텍처 및 프로그래밍, 도메인 모델링, 적절한 규모의 서비스, 패턴, API 분야에 걸쳐 여러분이 성장하고 더 큰 성공에 도달할 수 있도록 시리즈를 설계해 관련 도서를 모으고 있다. 이 시리즈에서는 이런 내용뿐만 아니라 관련 기반 기술을 최대한 활용하는 방법을 다룬다. 그런 기술이 한 번에 완성되지는 않는다. 목적과 기량을 갖춘 상태에서 유기적으로 정제해야 기술이 완성된다. 나를 비롯한 여러 저자가 여러분을 도울 것이다. 우리의 목표를 달성하기 위해 끝까지 최선을 다했다.

그래서 이 책을 시리즈에 포함하기로 했다. 전에 언급한 DDD의 유기적 확장으로 인해 새로운 실무자와 관리자가 탄생했으며, 이를 지원하는 도구가 혁신되었다. 이 뛰어난 도구를 사용해 협업 모델링을 하면 가시화하여 탐색할 수 있을 뿐만 아니라 도메인 주도 발견 시나리오 및 도메인 주도 모델 사용 시나리오를 아주 명확하게 파악할 수 있으므로 성공 가능성이 커진다. 도메인 스토리텔링이 이전 도구를 대체하는 것이라고 여겨서는 안 되며, 더 다양한 지식 획득용 도구를 얻을 수 있는 기회로 여겨야 한다. 새롭고 더 도전적인 모델링 상황에서는 유용한 도구가 더 필요하고 이것들을 함께 사용해야 한다.

이 책의 저자 스테판 호퍼와 헤닝 슈벤트너는 새로운 선도자로 자리매김하고 있다. 그들은 오늘날 우리가 직면하고 앞으로 몇 년 동안 계속 직면하게 될 더 큰 복잡성과 씨름하는 데 사용할 새로운 두구인 도메인 스토리텔링을 안겨주었다. 그것이 바로 유기성이다.

－ 시리즈 편집자, 본 버논^{Vaughn Vernon}

추천사

에릭 에반스[Eric Evans]는 소프트웨어 공학 분야의 고전이 된 책이자 시대를 초월한 책인 *Domain-Driven Design*을 2004년에 출간했다. 에반스는 사용자를 위한 도메인 관련 문제를 반복적으로 해결하기 위해 해당 주제 전문가와 긴밀하게 협력하는 사람인 소프트웨어 개발자에 대한 자신의 생각을 투영했다. 당시, 이런 생각은 데이터 모델, 대규모 사전 계획, 프로그래머를 그저 명령한 대로 움직이는 것으로 여기던 주된 관행에 대한 이단이었다.

에반스의 글은 걸작이었지만 여전히 뭔가 부족했다. 10년 동안 주류 개발자들은 DDD를 몇 가지 프로그래밍 패턴으로 인식했고 과도한 기초공학 기술을 적용하는 일과 동급으로 취급했다. 에반스는 그 책에서 도메인 전문가와 기술 전문가가 도메인 지식을 함께 처리하는 일에 관해 자주 이야기했지만, 기술적 DDD 패턴에 대해 했던 것과 같은 방식으로 충분하면서도 실질적인 지침을 독자들에게 제공하지 않았다.

2010년대 중반에 이르러서야 DDD의 시대가 열렸으며, 이는 오늘날까지 계속되고 있다. 이 시리즈의 편집자인 본 버논의 책인 *Implementing Domain-Driven Design*은 DDD에 대해 사람들이 오해하는 바를 바로잡고, 사람들이 DDD에 더 쉽게 접근할 수 있게 하는 데 중추적인 역할을 했다. 그리고 이 책의 두 저자인 스테판과 헤닝을 포함해 알베르토 브란돌리니[Alberto Brandolini]가 이끄는 신세대 실무자들은 업계에 새로운 협업 모델링 기술을 도입해 DDD 퍼즐의 누락된 부분을 명료하게 채워주었다. 주류에서는 이제 DDD를 프로그래밍 디자인 패턴만큼이나 필수적인 것으로 인식하고 벽에 붙여 두고 참조할 정도다. 에반스가 2004년에 한 예언이 이제는 정말로 현실이 됐다.

도메인 스토리텔링에는 픽토그래픽, 구조, 시나리오 기반이라는 특성이 있다. 그러나 이 책에서는 도메인 스토리텔링만 소개하는 것이 아니다. 이 책의 저자들은 열정적이고 지능적이며 경험이 풍부한 협업적 도메인 모델러다. 이 책을 통해 저자들의 머릿속에 담긴 사고 패턴을 들여다보고, 협업 도메인 모델링 및 워크숍 촉진의 원리를 깊이 있게 안내받을 수 있다. 이런 작업을 통해 여러분은 자신이 사용하기로 결정한 기술이 무엇인지와 무관하게, 그리고 DDD에 대해 얼마나 알고 있는지와 무관하게 유용한 통찰력을 얻을 수 있다. 또한 차세대 협업 모델링 기술을 발명하는 데 필요한 영감을 얻을 수도 있다.

나는 수많은 회의에서 스테판과 헤닝을 만날 기회가 있었다. 이 두 사람은 유독 더 기억에 남는다. 덴버에서 열렸던 'Explore DDD 2018'에서 있었던 일이다. 선박이 좌초되는 것을 방지하는 시스템을 함부르크 항구에 구축하기 위해 도메인 스토리텔링을 사용하는 사례를 연구해 발표한 강연에서 도메인 스토리텔링에 대한 그들의 열정이 나를 포함한 청중을 사로잡았다. 소품을 사용한 역할극은 가장 빛이 난 장면이었다. 나는 또한 그들이 주최한 도메인 스토리텔링 워크숍에도 참석하게 됐는데, 도메인 스토리텔링에 대한 순수한 애정이 빛을 발하고, 참석자(나를 포함한)들은 신나게 영화관 경험을 모델링했다.

또한 본 회의가 열리기 전날 밤에 있었던 일에 대해서도 좋은 추억거리가 남았다. 에릭 에반스는 공식적으로 회의 시작을 알리기 위해 저녁에 기조 연설을 했고, 이후 이어진 사교 행사에서 스테반과 헤닝이 있는 자리를 함께했다. 그들은 회의 참석자를 토론에 초대해 대화를 주도함으로써 회의 참석자가 소속감을 느끼게 노력했으며 기발한 유머로 우리 모두를 웃게 만들었다.

이 책을 통해 여러분도 스테판과 헤닝이 나와 그 밖의 많은 사람에게 보여준 영감과 열정, 미소를 느낄 수 있게 되기를 바란다.

– 닉 튠Nick Tune

서문

소프트웨어 개발자와 사업부 직원 간에는 흔히 오해가 생긴다. 잘못된 소통은 프로젝트를 실패하게 만드는 전염병 같은 것이다. 이런 일과 관련해 도메인 스토리텔링은 일종의 치료제인 셈인데, 이는 이 기술을 사용하면 도메인 지식을 효과적인 비즈니스 소프트웨어[business software]로 변환할 수 있기 때문이다. 도메인 스토리텔링은 도메인 전문가, 소프트웨어 개발자, 사용자 경험 디자이너, 프로덕트 소유자[product owner], 프로덕트 관리자[product manager], 업무 분석가가 이해하는 바를 서로 일치시킨다. 그들은 스토리텔링과 이해하기 쉬운 그림을 그리면서 서로 알아간다.

대상 독자

이 책은 기술자가 아닌 사람을 포함해 소프트웨어 개발에 관심이 있거나 관련된 모든 사람이 읽을 수 있게 구성되어 있다. 코드 예제가 몇 개밖에 없으며, 일반적으로 선행 지식도 필요 없다. 때에 따라 적절한 위치에 참고용으로 읽을 거리를 추천할 것이다.

이 책은 소프트웨어 개발 전문가 외에도 최고 경영 책임자나 최고 운영 책임자 같은 최고 OO 책임자, 임원, 이사, 사업부의 팀장, 도메인 전문가가 읽어볼 만한 책이다. 이 책을 사용해 업무처리 과정에 대한 이해를 높이고 전산 담당자와의 소통을 개선할 수 있다.

소프트웨어 개발 환경에서 이 책의 위치

우리는 실용적인 지침을 제공하려고 이 책을 썼다. 도메인 주도 설계, 도메인 모델링, 요구사항, 애자일, 소프트웨어 개발 전반에 관한 책을 쓰고 싶었지만, 한편으로는 최대한 간결한 책이 되게 하고 싶었다. 이 모든 주제가 도메인 스토리텔링과 관련이 있으며, 다른 저자들이 이미 훌륭하게 다룬 주제를 이 책에서 언급하기는 하지만 이 책에서 너무 깊이 파고들지 않으려고 했다. 우리에게 영향을 준 저자들은 많지만, 불완전하나마 그중 일부를 제시하면 다음과 같다. 각 책의 내용이 궁금하다면 직접 읽어 보기를 바란다.

- Heinz Züllighoven et al.: *Tools and Material Approach* [Züllighoven 2004]는 우리가 소프트웨어 개발을 바라보는 방식을 이해하는 데 크게 기여한 책이다. 이 책은 사용자 중심의 소프트웨어 개발을 촉진할 뿐만 아니라, 강력한 은유 도구와 재료를 중심으로 구성되어 있다. 이 책은 1990년대 후반에 처음 출판됐으며 소프트웨어 구성을 위한 반복적 증분 개발, 모델링, 시나리오 및 패턴 같은 주제를 다룬다.

- Eric Evans: *Domain–Driven Design(DDD)* [Evans 2004]는 "Tools and Material Approach"와 비교할 때 그 특성이 여러모로 비슷하지만, 두 책은 서로 전혀 상관 없이 개발됐다. 바운디드 컨텍스트bounded context [2]와 보편 언어ubiquitous language라는 개념은 즉시 반향을 일으켰다. DDD는 도메인 스토리텔링을 적용할 영역을 새로 열어줬고, 이는 우리가 지난 몇 년 동안 이 방법을 추진한 방향에 영향을 미쳤다.

- Kent Beck et al.: *Agile Manifesto* [Beck et al. 2001]는 '절차와 도구보다는 개인과 상호작용'이라는 개념과 '이해하기 쉬운 문서보다는 작동하는 소프트웨어'라는 개념을 안겨주었다. 도메인 스토리텔링은 개인과 다음의 두 가지 수준의 개인 간 상호작용에 관한 것이다. (1) 도메인 스토리는 사람들과 그들의 협업을 보여주고, (2) 이 스토리를 듣게 되는 워크숍은 사람들을 이끌어 서로 상호작용하게 한다. 익스트림 프로그래밍Extreme Programming(XP)에서는 스토리 개념을 소프트웨어 개발에 도입하고 애자일 세계에 유저 스토리user story를 도입했다[Beck 1999, Beck/Andres 2004, Cohn 2004].

- Alistair Cockburn: *Writing Effective Use Cases* [Cockburn 2001]은 요구사항과 관련한 책 중에서 우리가 가장 좋아하는 책 중 하나다. 굳이 유스케이스를 적용하지 않아도 이 책은 읽어둘 가치가 있다. 이 책에는 도메인에서 소프트웨어로의 애자일 경로를 따르는 방법이 나와 있다. 목표 수준goal levels이라는 개념을 차용해 도메인 스토리텔링에 적용했다.

- Gojko Adzic: *Specification by Example* [Adzic 2011]은 소프트웨어 개발 시 대화가 중요하다는 점을 강조한다. 우리는 소프트웨어 개발을 도메인 스토리텔링 같은 여러 '대화 방법'에 의해 지원되는, 도메인 및 요구사항에 대한 일련의 대화로 보기 시작했다. 우리는 요구사항과 예제 사용의 이점에 대한 Adzic의 견해에 동의한다.

- Christiane Floyd: 우리는 함부르크 대학에서 가르치는 플로이드 교수로부터 배울 수 있어서 기뻤다. 그는 (무엇보다도) 모델링 이론, 모델링의 한계, 모델링 및 소프트웨어 개발의 사회공학적 측면, 참여 설계를 연구하고 가르쳤다. 또한 독일어와 영어로 논문을 발표했다. 궁금한 점이 있으면 *Software Development as Reality Construction* [Floyd 1992]을 참조하고 나중에 애자일 소프트웨어 개발로 알려지게 된 초기 예인 그의 STEPS 접근 방식에 대한 논문을 검색해 보자.

이 책에서 다루는 내용

이 책은 두 부분으로 나뉘는데, 1부에서는 방법을 설명하고 2부에서는 이 방법을 특정 목적에 맞게 사용하고 조정하는 방법을 설명한다.

1부, 도메인 스토리텔링 설명: 도메인에 대해 배우기 위해 도메인 스토리텔링을 사용하는 데 알아야 할 모든 것이 포함되어 있다.

---

2 (옮긴이) 우리말로는 '유계맥락'에 해당하지만 거의 안 쓰는 용어

1장, 소개: 도메인 스토리텔링이 실제로 무엇인지 설명한다. 또한 여러 가지 사례 연구 결과를 소개함으로써 이 방법에 대한 첫인상을 제공하고 이 방법이 유용한 이유를 보여줄 것이다.

2장, 픽토그래픽 언어: 그림을 사용하는 표기법을 설명한다. 도메인 스토리를 보기 좋게 기록하려면 이를 결합하는 데 쓸 기호와 규칙으로 구성된 집합이 필요하다. 2장에서는 또한 우리가 생각하는 좋은 언어 습관과 피해야 할 함정을 소개한다. 도메인 스토리텔링을 한 번도 시도해 본 적이 없다면 2장을 학습한 후 시도해 봐야 한다. 종이와 연필을 꺼내 익숙한 작업흐름을 모델링해 보자. 그러나 워크숍 상황에서 도메인 스토리텔링을 시도하기 전에 1부의 나머지 부분을 계속 읽어야 한다.

3장, 시나리오 기반 모델링: 도메인 스토리와 그 외의 업무처리 과정 모델링 언어^{business process modeling languages} 사이의 주요 차이점 중 하나를 소개한다. 바로 각 도메인 스토리는 한 가지 사례에 관한 것이라는 점이다. 모델링해야 하는 사례와 개요를 유지하는 방법을 배우게 된다.

4장, 범위: 설명적인 스토리든 탐색적인 스토리든 상관없이 스토리가 포함하는 세부 정보의 수준과 기술 정보의 분량을 설명한다. 새로운 도메인 스토리를 시작할 때마다 이러한 모든 요소를 고려해야 한다. 4장은 여러분이 올바른 범위를 선택하는 데 도움이 될 것이다.

5장, 모델링 도구: 우리가 다뤄본 다양한 모델링 도구를 간략히 소개한다. 상황별로 알맞은 도구를 추천하고, 장점과 단점을 설명하고, 모델링을 쉽게 하는 데 도움이 되는 실질적인 요령을 알려준다.

6장, 워크숍 형식: 도메인 스토리텔링이 협업 모델링에 사용될 때 가장 잘 작동한다는 점을 보여준다. 이번 장에서 워크숍을 준비해 실시한 다음 후속 조치를 취하는 방법을 배우게 된다. 이 장을 읽고 나면 훌륭한 진행자^{moderator}가 될 수 있을 것이다.

7장, 다른 모델링 방법과의 관계: 다른 모델링 방법 및 워크숍 형식과 도메인 스토리텔링을 결합하는 방법을 설명한다. 7장을 읽고 나면 적절한 작업에 적합한 도구를 선택할 수 있게 된다.

2부, 다양한 목적을 위한 도메인 스토리텔링 사용 및 조정: 2부에서는 도메인 스토리텔링이 사용될 수 있는 다양한 문제와 목적을 다룬다. 2부에 나오는 모든 장에서 동일한 예시를 사용하지만, 각 장을 순서대로 읽지 않아도 된다. 관심이 가고 목적에 맞는 장을 선택해 읽으면 된다.

8장, 사례 연구: 알폰 자동차 리스 주식회사: 이전보다 더 포괄적인 두 번째 사례 연구를 소개한다.

9장, 도메인 언어 배우기: 업무처리 과정 및 소프트웨어에 대한 요구사항에 관해 대화를 효과적으로 끌어 가기 위한 핵심 기술은 도메인 전문가의 언어를 사용하는 데 있다. 이번 장은 특정 도메인에 신참격인 사람을 위한 것인데, 여러분의 작업 대상인 소프트웨어가 도메인에서 실제로 사용되는 용어를 사용하지 않고 이를 변경하려는 경우, 또는 실제 도메인 언어가 존재하지 않는 조직에서 일하면서 그중 하나가 출현하기를 바라는 경우를 위한 것이다.

10장, 경계 찾기: 상당수 도메인은 그 분야가 너무 넓어서 그것을 전반적으로 이해하고 모델링하기가 힘들다. 이럴 때는 도메인을 관리 가능한 단위로 쪼개야 한다. 모놀리스^{monolith: 단일체}로 인해 어려움을 겪고 있는 상태에서 이를 재구성하거나 관리하기 쉬운 부분으로 분할하려는 경우, 마이크로서비스를 설계하려는 경우, 도메인 주도 설계를 적용하고 바운디드 컨텍스트를 식별하는 데 어려움이 있는 경우라면 이번 장을 읽자. 또한 개발 팀이 너무 커져서 효율적으로 작업할 수 없는 경우, 또는 이미 개발 팀이 두 개 이상 있고 이 팀들을 위한 작업을 구성할 방법을 찾고자 하는 경우에 도움이 될 것이다.

11장, 요구사항에 맞춰 일하기: 도메인 지식과 요구사항 사이의 격차를 어떻게 메울 수 있을까? 우선순위와 실행 가능한 프로덕트에 대해 논의할 수 있도록 도메인 스토리에서 요구사항을 도출하는 방법을 보여줄 것이다. 여러분이 자신을 프로덕트 소유자, 프로덕트 관리자, 업무 분석가, 요구사항 엔지니어 또는 자체 요구사항 분석을 수행하는 교차 기능 팀의 개발자라고 생각하고 있다면 11장을 읽으면 된다.

12장, 코드로 모델링하기: 소프트웨어를 개발하는 일이 궁극적인 목표라면 어느 시점에는 다이어그램과 접착식 메모지를 사용하는 모델링 방식을 프로그래밍 언어 기반 모델링 방식으로 전환해야 한다. 이번 장에서는 시각적 모델링 방식을 코드 기반 방식으로 전환하는 방법을 보여준다.

13장, 조직 변화 지원: 일반적으로 작업을 더 쉽고, 빠르고, 더 효율적으로 하기 위해 새로운 소프트웨어 시스템을 만드는 법이다. 수작업 과정이 잘못됐다면 이 작업을 디지털화한다고 해도 목적을 달성할 수 없다. 요구사항이 산더미처럼 쌓인다고 해도 기적처럼 원활한 업무 흐름으로 바뀌지는 않을 것이다. 좋은 업무용 소프트웨어를 구축하려면 단순히 현재 상황을 모델링하는 일 그 이상을 해야 한다. 미래의 업무처리 방식을 설계해야 한다. 도메인 스토리는 이를 수행하고 새로운 소프트웨어가 사람들이 업무를 처리하는 방식을 어떻게 변화시킬지 가시화하는 데 도움이 된다. 업무처리 과정을 최적화하거나, 새로운 소프트웨어를 출시하거나, 업무처리 과정의 변화를 논의하거나 촉진하고 싶다면 13장을 읽어 보자.

14장. 소프트웨어 제작 또는 기성 소프트웨어의 구매 결정과 선택: 모든 소프트웨어가 사용자에게 맞춰 제작되는 것은 아니다. 많은 도메인을 기성 소프트웨어로 처리할 수 있다. 새로운 소프트웨어 시스템을 개발할지, 기성 제품을 구매해야 할지 결정하는 일에 도메인 스토리가 도움이 될 수 있다. 기존 솔루션을 구매하기로 결정한 경우라면 일반적으로 여러 공급업체에서 제품을 공급할 것이다. 이런 경우에도 도메인 스토리는 결정을 내리는 데 유용할 수 있다.

15장. 그림자 전산(IT) 찾기: 소프트웨어 애플리케이션 환경을 통합하거나 디지털화를 촉진하려고 할 때 그림자 전산shadow IT이 방해가 된다. 회사가 일정 규모 이상이 되면 IT 부서에서 미처 파악하지 못하는 소프트웨어를 업무 담당 부서에서 사용하는 경우가 생긴다. 업무 담당 부서에서 실행하고 있지만, 정작 IT 담당 부서에서는 아는 사람이 거의 없는 모든 작은 솔루션이 오히려 종종 해당 부서에 중요할 때가 있다. 도메인 전문가는 무의식적으로 이런 그림자 전산을 사용하기 때문에 이 점을 간과하기 쉽다. 도메인 스토리는 IT 담당 부서와 경영진이 이러한 그림자 IT를 찾고 전체 IT 환경을 보는 데 도움이 될 수 있다.

16장. 결론: 도메인 스토리텔링의 미래를 살펴보고 그 본질을 요약한다.

표기 방식

새로운 용어를 정의할 때는 볼드체로 표시한다(예: **행위자**). 다른 저자가 정의한 용어는 처음 사용할 때 고딕체로 표시한다(예: 바운디드 컨텍스트). 범위 요인scope factor에 대해서는 고딕 볼드체로 표시한다(예: **잘게-세분화한**FINE-GRAINED). 코드는 `MovieTicket`처럼 고정폭 글꼴로 표시한다.

중요한 메모를 나타낼 때는 전구 모양 그림(💡)으로 표시한다. 구체적인 조언을 제공할 때 각 요령에는 체크 표시 아이콘(✅)을 사용한다.

우리는 사례 연구 형태와 '심도 있는 분석을 통해 나온 이야기' 형태로 여러 가지 예시를 든다. 사례 연구 '알폰 자동차 리스 주식회사'에 대한 사례 연구를 표시할 때는 자동차 아이콘(🚗)으로 표시했다. 심도 있는 분석을 통해 나온 이야기를 표시할 때는 해바라기 아이콘(🌻)으로 표시한다.

'오프닝 스토리'를 위한 범례

우리는 모델러이기 때문에 도메인 스토리텔링 자체를 도메인 스토리로 설명하고 싶은 유혹을 거부할 수 없었다. 그렇기 때문에 이 책에 포함된 여러 장에서는 해당 장의 내용을 설명하는 짧은 도메인 스토리, 즉 '오프닝 스토리'로 시작한다. 표 P.1에 나오는 범례는 우리가 그 스토리에서 사용하는 아이콘을 해석하는 데 도움이 될 것이다.

표 P.1 '오프닝 스토리'에 사용된 아이콘

아이콘	의미
	도메인 스토리 다이어그램
	기타 유형의 다이어그램
	도메인 스토리 다이어그램의 빌딩 블록
	도메인 스토리 다이어그램의 활동
	유저 스토리 또는 소스 코드 파일 등과 같은 텍스트

보충 자료

www.domainstorytelling.org/book에 이 책의 웹사이트를 만들어 두었다. 이 사이트에는 책에서 보여주는 예제 도메인 스토리가 포함되어 있다. 우리 회사인 WPS^{Workplace Solutions}에서 제작한 오픈 소스 모델링 도구인 Egon.io^{https://egon.io/}로 예제를 제작했다. 이 책의 소스 파일을 Egon.io로 가져와 도메인 스토리를 '재생'할 수 있다(지침은 웹사이트에 있다).

이 책과 연동된 웹사이트에는 온라인 리소스에 대한 링크와 함께 이 책의 참고 문헌도 기재되어 있다.

또한 www.domainstorytelling.org에서 동영상 및 기사 모음을 포함해 유용한 자료에 대한 링크를 찾을 수 있다^{참고문헌의 [DomainStorytelling Website]를 참조할 것}

표지 설명

본 버전의 시그니처 시리즈에 포함된 책 표지는 모두 유기적인 주제를 가진 이미지를 사용한다. 도메인 스토리도 유기적인 방법으로 개발하기 때문에 우리는 기쁘게 여겼다. 표지에 나오는 해바라기처럼 도메인 스토리는 작은 씨앗에서 시작해 자라나다가 별문제가 없으면 아름다운 꽃으로 피어난다. 도메인과 도메인 스토리의 관계는 태양과 해바라기의 관계와 비슷하다.

- 해바라기는 태양 없이 존재할 수 없다. 마찬가지로 도메인 스토리도 도메인을 바라보지 않는다면 말라비틀어지고 말 것이다.

- 해바라기의 모양은 태양을 닮았다. 마찬가지로 도메인 스토리 또한 도메인을 닮은 모양으로 형성된다.

- 해바라기는 낮에 머리를 돌려 태양을 따라간다. 마찬가지로 도메인 스토리 또한 도메인을 따른다.

- 해바라기는 흔히 들판에서 여러 해바라기와 함께 자란다. 마찬가지로 도메인 스토리 또한 일반적으로 단독으로 생기기보다는 다른 스토리와 함께 나온다.

이러한 모든 속성으로 인해 해바라기를 멋진 표지 그림 식물로 사용했을 뿐만 아니라, 친근하게 보이는 도메인 스토리텔링의 상징으로 만든 것이다.

그건 그렇고, 이 '해바라기 책'에 입문한 것을 환영한다. 이 책을 즐겁게 읽고 나서 모델링을 즐기기를 바란다.

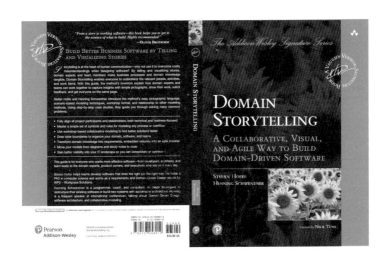

감사의 말

많은 사람이 이 책을 쓰도록 격려하고 귀중한 의견을 제공해 책을 개선하는 데 도움을 줬습니다. 모든 분께 감사드립니다!

특히 Jörn Koch, Dorota Kochanowska, Carola Lilienthal, Carsten Lill, Kai Rüstmann, Martin Schimak, Heinz Züllighoven처럼 여러 친구와 동료가 자신의 경험과 스토리를 공유해 주었는데, 여기에 사전 순으로 목록을 만들어 감사를 전합니다. Heinz는 특히 끝없이 지원해 주었는데, 이에 큰 고마움을 전합니다. Isabella Tran과 Samaneh Javanbakht는 언어 구사력을 발휘해 도와줬습니다.

우리 회사 WPS의 CEO인 Carola Lilienthal과 Guido Gryczan은 현재 10년 반 이상 우리 부서장으로 일하고 있습니다. 무엇보다도 그들이 지속적으로 지원해준 덕분에 이 책을 쓸 수 있었습니다.

도메인 스토리텔링이라는 이름을 짓고 이를 주제로 하는 첫 책을 쓰기는 했지만, 우리가 도메인 스토리텔링을 발명한 것은 아닙니다. 오히려 그 밖의 모델링 방법에서 유기적인 과정을 통해 도메인 스토리텔링 기법이 나타났습니다. 도메인 스토리텔링의 씨앗이라고 부를 만한 것을 1990년대에 함부르크 대학에서 심었고 많은 사람이 이 씨앗을 자라게 하는 데 도움을 줬습니다. 우리는 그들을 신뢰하고 그들에게 감사를 전하는 게 마땅합니다. 그래서 부록 '도메인 스토리텔링의 역사'를 실어 그들에게 헌정했습니다.

이 책의 이전 판은 자가 출판 플랫폼인 린퍼브^Leanpub에서 전자책으로 처음 출판됐습니다. 그 책을 내려받아 읽어준 모든 분에게 감사드립니다. 내려받은 횟수가 오를 때마다 우리는 자신감을 더 많이 지닐 수 있게 되었고 40쪽에 달하는 원본 소책자를 바탕으로 적절한 책을 만들기 위한 동기가 생겼습니다. 피어슨을 통해 책을 내려고 했을 때 Cyrille Martaire가 제공한 유용한 조언에 감사드립니다.

오픈 소스 소프트웨어가 아니었다면 이 책을 쓸 수 없었을 것입니다. 판독^Pandoc과 펄^Perl을 사용해 마크다운^Markdown에서 소스를 작성할 수 있었습니다. 많은 그림을 잉크스케이프^Inkscape와 드로닷 아이오^Draw.io에서 만들었습니다. 이 훌륭한 도구를 제공해 준 제작자에게 진심으로 감사를 전합니다.

Altuğ Bilgin Altıntaş, Jim Banister, Mike Cohn, Oliver Drotbohm, Zsófia Herendi, Mufrid Krilic, Julie Lerman, Paul Rayner, Mathias Verraes, Xin Yao에게 감사를 전합니다. 그들은 우리가 깊이 관심을 갖고 있는 여러 소프트웨어 커뮤니티를 대표합니다. 도메인 주도 설계 실무자 모임은 이 책이 성공하는 데 결정적인 역할을 했습니다. 우리는 아이디어를 토론할 수 있게 하는 플랫폼을 제시해준 회의 주최자와 모임 주최자, 특히 DDD Europe에서 첫 번째 국제 무대를 제공하고 우리와 함께 이 책의 인쇄판 소책자를 제작한 Mathias Verraes를 친절하게 맞이해 준 모든 주최자에게 감사를 전합니다.

우리를 믿어준 본 버논에게 감사드립니다. 그의 애디슨-웨슬리 시그니처 시리즈에 참여하게 되어 영광입니다. 닉 툰이 멋진 서문을 써 주었는데, 영감이 가득하고 친밀감이 깃들어 있습니다. 2018년에 덴버에서 그랬던 것처럼 앞으로도 자주 만나게 되기를 바랍니다.

글을 쓰는 일과 글을 바탕으로 책을 만드는 일은 별개입니다. 그렇기 때문에 함께 즐겁게 일할 수 있었던 피어슨 직원들에게 감사 인사를 전하고 싶습니다. 편집장인 Haze Humbert와 콘텐츠 프로듀서인 Julie Nahil은 이 책을 개발하고 제작하는 과정을 능숙하게 이끌었습니다. 개발 편집자인 Adriana Cloud는 우리의 의견을 놓치지 않으면서도 글의 흐름을 개선하고 명확성을 띠게 했습니다. Matt Takane은 매우 유용한 검토 의견을 제시했습니다. 편집자인 Kim Wimpsett은 우리의 완고함을 참을성 있게 견디고 글을 상세하게 조율해 주었습니다. Aswini Kumar와 그녀의 팀은 이 책을 구성해 주었습니다.

이 책을 쓰는 동안 우리가 사랑하는 사람들이 수많은 저녁과 주말을 우리 없이 보내야 했습니다. 스테판은 그의 아내 Samaneh에게 감사와 사랑을 전합니다. 헤닝은 그의 자녀 Lennart, Joris, Friedo, Tara, Aurelia와 배우자 Julia에게 감사와 사랑을 전합니다. 사랑하는 우리 가족이 보여 준 인내심과 이해, 지원에 고마움을 표합니다!

저자 소개

스테판 호퍼 Stefan Hofer는 그림을 잘 못 그린다. 그러나 그는 도메인 스토리를 그림으로 나타냄으로써 도메인 지식을 쌓을 수 있다고 생각한다. 오스트리아에서 소프트웨어 공학을 공부하고 컴퓨터 과학 분야에서 박사 학위를 받았다. 2005년부터 독일 함부르크에 있는 WPSWorkplace Solutions에서 일하고 있다. 팀이 올바른 방식으로 올바른 작업을 수행하는 소프트웨어를 개발하도록 돕는 게 그의 직무다. 그는 domainstorytelling.org를 관리하며, 트위터(@hofstef)나 이메일(stefan@domainstorytelling.org)로 연락할 수 있다.

헤닝 슈벤트너 Henning Schwentner는 90년대 초에 Amiga 500을 구입한 이후로 컴퓨터에 변함없는 관심을 갖고 있는 프로그래머다. 운 좋게도 이 열정을 발휘할 직업을 얻었고 WPS에서 코더이자 코치 및 컨설턴트로 일하고 있다. 팀이 기존 소프트웨어에 구조를 도입하거나 처음부터 지속 가능한 아키텍처로 새로운 시스템을 구축하도록 돕는다. LeasingNinja.io의 저작자이자 *Domain-Driven Design Distilled* [Vernon 2016]의 독일어판 번역자이며, 코모캠프CoMoCamp의 공동 주최자다. 트위터 주소는 @hschwentner이고 이메일 주소는 henning@domainstorytelling.org이다. 헤닝은 매우 특별한 가족 구성 상황에서 다섯 자녀의 자랑스러운 아버지가 되었다.

옮긴이 소개

트랜스메이트

다양한 IT 기술과 주제에 관심 있는 사람들이 함께하는 번역가 모임이다. 시시각각 변화하는 IT 분야에 발맞춰 정확하게 이해하고 편안하게 읽을 수 있는 기술서로 거듭날 수 있게 노력하고 있다.

1부

도메인 스토리텔링 설명

이 1부에서는 이 책을 읽기에 앞서 알아야 할 모든 것을 다룬다. 이 책에서는 다음 내용을 배운다.

- 도메인 스토리텔링이 조직, 비즈니스 전문가 및 개발 팀에 유용한 이유

- 도메인 스토리를 논의하고 시각적으로 모델링하기 위한 워크숍을 준비하고 운영하는 방법

- 도메인 스토리에 사용할 예시 선택 방법(그리고 발생할 수 있는 다른 모든 문제를 처리하는 방법)

- 도메인 스토리의 세부 수준 및 기타 속성을 결정하는 방법

- 선택할 수 있는 모델링 도구 옵션

- 도메인 스토리텔링을 다른 방법과 함께 사용하는 방법과 상황에 따른 선택법

1부를 읽고 나서 연습까지 약간 더 한다면 일반적인 도메인 스토리텔링 워크숍을 진행할 준비가 될 것이다.

01

소개

구어체는 매우 인간적이다. 어떤 생각은 글로 담기에는 어려워서 말로 전달해야만 한다.

—아브라함 푸프코 [Poupko 2018]

도메인 스토리텔링이란?

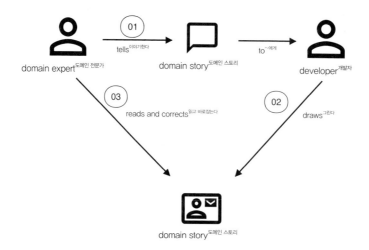

도메인 스토리텔링은 사람들이 함께 일하는 방식을 강조하는 협업 모델링 기술이다. 주요 목적은 도메인 지식^{domain knowledge: 업무 분야에 관한 지식}을 비즈니스 소프트웨어^{business software: 업무용 소프트웨어}로 변환하는 데 있다. 서로 다른 배경을 가진 사람들을 한데 모아 그들이 스토리^{story: 이야기}를 말하고 가시화하여 서로 배우게 하는 것이 그 목적이다.

이야기를 하는 것(스토리텔링)은 인간이 의사소통을 하기 위한 기본 방식이다. 이 방식은 우리 조상이 동굴에 살던 때부터 모든 인류에게 본능처럼 깊숙이 뿌리 박혀 있다.[1] 현대 사회에서는 이야기를 하는 것이 한물 간 것처럼 보이거나 유치해 보일 수 있다. 이야기처럼 비공식적 활동이 물류나 자동차 제조, 전자 상거래, 은행 같은 분야의 업무 필수 소프트웨어를 구축하는 데 어떻게 도움이 될 수 있을까?

저자는 대화 내용을 공식적인 명세서로 대체하기 어렵다고 믿는다. 그렇게 하려고 시도하는 바람에 오히려 비즈니스와 소프트웨어 개발 사이의 격차가 더 크게 벌어졌다. 그것은 단지 저자만의 생각은 아니다. 애자일^{agile}, 도메인 주도 설계^{Domain-Driven Design: 도메인 중심 설계}, 행동 주도 개발^{Behavior-Driven Development: 행위 중심 개발} 같은 소프트웨어 개발 접근 방식을 생각해 보라. 이 철학적 방식은 모두 피드백과 이해관계자의 참여에 중점을 둔다. 훌륭한 비즈니스 소프트웨어를 만들기는 어렵지만, 그 이유가 기술 문제인 경우는 거의 없다. 그러면 왜 그럴까? 소프트웨어 개발자는 업무가 매일 어떻게 돌아가는지를 이해해야 하기 때문이다. 소프트웨어 개발자는 도메인을 전부 이해하지는 못하더라도 최소한 자신이 구축하고자 하는 소프트웨어와 관련된 분야^{domain}에 관해서만큼은 해당 도메인의 전문가가 돼야 한다. 알베르토 브란돌리니^{Alberto Brandolini}는 다음과 같이 말했다.

> 프로덕션^{제품출시} 과정에서 드러나는 것은 개발자의 전문 지식이 아니라 개발자가 얼마나 이해하고 있었는가(또는 오해하고 있었는가)이다. [Brandolini 2016]

스토리텔링은 소프트웨어 시대에도 여전히 유효하다. 경험에 따르면 이야기를 말하고 듣는 일은 다음과 같은 것에 도움이 된다.

- 도메인 이해

- 도메인 전문가와 전산(IT) 전문가 간의 공유 언어 구축

- 오해 극복

---

1 The Desirability of Storytellers [Yong 2017]을 볼 것.

- 소프트웨어 요구사항 명확화

- 올바른 소프트웨어 구현

- 해당 소프트웨어 구조화

- 실행 가능하고 소프트웨어로 지원할 수 있는 업무처리 과정^{business process} 설계

스토리텔링은 도메인 전문가의 머리에서 개발자, 테스터, 프로덕트 소유자, 프로덕트 관리자, 비즈니스 분석가 등 소프트웨어 개발에 관련된 모든 사람의 머리로 도메인 지식을 전달하는 수단이다. 물론 이제는 어둡고 습한 동굴의 모닥불 주변에 둘러앉는 것이 아니라, 워크숍에서 칠판을 앞에 두고 스토리를 공유한다. 도메인 전문가는 우리의 스토리텔러다. 추상적인 '만약'이나 추측성의 '할 수 있을 것 같을' 등의 스토리가 아니라, 현장 경험이 담긴 진짜 스토리를 들려주기를 바란다. 도메인에서 실제로 일어나는 일에 대한 구체적이고 실제적인 예시를 원한다. 우리가 원하는 것은 **도메인 스토리**^{domain story}다.

> 우리는 서투르게 추상화한 관념을 통해서 배우는 것보다 좋은 예시들을 보면서 더 많이 배울 수 있다.

한때 스토리텔링은 일종의 구두 활동(말로 하는 활동)이었다. 도메인 스토리텔링은 구두 활동이자 시각적 활동이며, 모델링의 한 형태다. 도메인 전문가가 말로 이야기하는 동안 워크숍 참가자 중 한 사람, 즉 진행자는 그 이야기를 간단한 아이콘이나 화살표, 텍스트로 구성된 다이어그램으로 기록한다. 이 방법으로 참가자는 스토리를 다른 방식으로 표현한 내용을 얻을 수 있으며, 그 과정에서 오해와 모순, 구성상의 허점을 알아낼 수 있다. 모든 참가자가 스토리와 함께 시각적 기록이 어떻게 발전해가는지 알게 되는데, 덕분에 피드백을 주거나 참여하기가 쉬워진다.

그리고 그것이 바로 도메인 스토리텔링이다.

여러분의 첫 도메인 스토리

매튜는 예술영화를 상영하는 메트로폴리스라는 작은 영화관을 운영하는데, 영화애호가들 사이에서 좋은 평판을 얻고 있다. 영화를 보고 나면 해당 지역에서 생산한 수제 맥주와 유기농 간식

을 제공한다. 어느 날 매튜는 학교 친구인 애나를 만난다. 애나가 거의 10년 동안 앱을 개발해 왔다는 것을 안 매튜는 한 가지 아이디어를 떠올린다.

영화관 관리자인 매튜: "영화관 손님들은 우리 극장의 예스러움에서 매력을 느껴. 그런데 옛날 방식의 매표소까지 좋아하지는 않아. 요새 관객들은 매표소에서 표를 사는 것에 익숙지가 않아. 영화표를 온라인으로 판매해달라고 요청해왔어. 그런 앱을 개발해 줄 수 있어?"

앱 개발자인 애나: "영화관이 하나고, 주 단위로 상영하는 영화 편수도 많지 않고, 매일 두세 번 상영하니 어렵지 않을 것 같아."

매튜: "잘됐다! 그런데 사소하지만 한 가지 알아 둬야 할 게 있어. 우리 극장에는 외국어로 상영되는 외화도 있어. 그리고 앱을 통한 온라인 판매와 더불어, 첨단 기술이 불편한 관객들을 위해 여전히 매표소에서도 표를 팔고 싶어. 그리고 앱 사용자가 연간 단위로 구독을 할 수 있었으면 해."

애나: "구독이라고? 온라인, 오프라인 동시 판매? 외화 상영? 그거 생각보다 복잡한데…."

워크숍 시작

다음 날, 매튜의 사무실에서 애나와 매튜가 다시 만났다. 그들은 칠판 앞에 서 있고, 애나 손에는 마커가 쥐어져 있다.

앱 개발자 애나: "어제 네가 앱에 기본적으로 세 가지 유스케이스use cases: 유즈케이스. 사용사례가 있다고 했어. 첫째 일반 영화표 판매, 둘째 외화를 위한 특별 영화표 판매, 셋째 연간 구독을 위한 가입 말이야."

영화관 관리자 매튜: "어, 그랬지, 맞아."

애나: "오늘 하루 메트로폴리스가 어떻게 운영되는지 알아보고 싶어. 그러면 네 요구사항에 맞는 앱을 개발하는 데 도움이 될 것 같아. 매표소에서 영화표를 어떤 식으로 파는지 설명해 줄래?"

매튜: "물론이지. 영화표가 팔리면 좌석 배치도에 팔린 좌석을 표시하고…"

애나: "잠깐. 표는 누가 팔아?"

매튜: "학생 두 명이 직원으로 있어. 가끔은 내가 직접 하기도 하고."

애나: "알겠어. 그러면 너나 학생들이 담당하는 직무가 뭐야?"

매튜: "매표원이지."

애나는 칠판에 막대기를 하나 그리고 그 아래에 '매표원'이라고 쓴다(그림 1.1).

그림 1.1 첫 번째 행위자

애나: "영화표는 누가 사는 거야?"

매튜: "영화 관객이 사지. 구독하지 않은 사람."

애나는 두 번째 막대기를 그리고, 그 아래에 'moviegoer관객'이라고 쓴다. 그리고 바로 옆에 '구독하지 않음'이라고 쓴다(그림 1.2).

그림 1.2 두 번째 행위자와 첫 번째 주석

애나: "관객이 표를 사려면 어떻게 해야 해?"

매튜: "매표원에게 보고 싶은 상영작이 무엇인지 말하지."

애나: "두 사람이 서로 말을 주고받으니 여기에 아이콘으로 말풍선을 그릴게."

애나는 계속해서 화살표를 그리고 번호를 매긴다(그림 1.3).

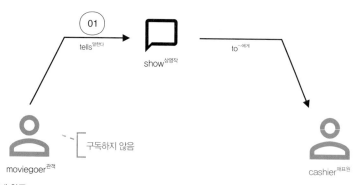

그림 1.3 첫 번째 활동

애나: "그런 다음에는?"

매튜: "보통 매표원이 남은 좌석 중 가장 좋은 좌석을 제시해."

애나: "아, 그럼 관객이 미리 좌석을 고르는구나! 매표원은 어떤 식으로 좌석을 제시해?"

매튜: "영화 좌석 배치도를 보고 남은 좌석을 찾아. 좌석 배치도에서 이미 판매된 좌석과 비어 있는 좌석을 확인할 수 있어."

애나가 아이콘을 그리고 설명한다.

애나: "여기에는 상영작이라는 의미를 나타내기 위해 말풍선을 쓰는 대신에 필름 아이콘을 넣어서 표시할 거야."

매튜: "좌석 배치도는 격자 모양으로 되어 있어. 좌석 배치도를 격자 모양으로 그려줄래?"(그림 1.4)

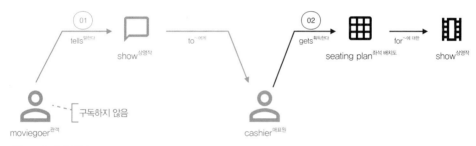

그림 1.4 두 번째 활동

그다음, 애나는 자신이 이해한 바를 다시 읽는다.

애나: "둘째, 매표원이 상영작의 좌석 배치도를 가져온다. 셋째, 매표원이 남은 좌석을 찾는다. 이러면 되지?"(그림 1.5)

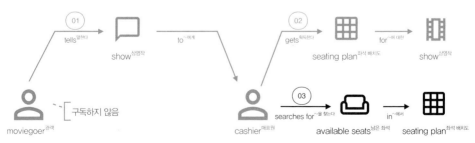

그림 1.5 3차 활동

매튜는 동의하며 고개를 끄덕인다.

애나: "이제 매표원이 관객에게 남은 좌석을 제시하는 거야?"

매튜: "맞아."

애나: "네 번째 문장을 쓸 자리가 부족하니까 '구독하지 않음'이라는 주석을 약간 위로 옮길게."(그림 1.6)

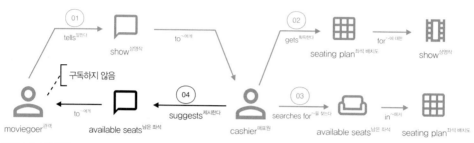

그림 1.6 4차 활동

그렇게 협의가 이어진다….

스토리를 다시 말하기

몇 분 안에 칠판은 관객이 매표소에서 매표원에게서 영화표를 사는 스토리로 채워졌다. 그 사이 아이콘과 화살표는 재배열된다. 마지막으로 애나는 처음부터 스토리를 다시 말한다(그림 1.7).

매튜: "그래, 맞아. 그런데 내가 외화에 대해 말한다는 걸 깜박했다."

애나: "외국어로 상영되는 영화 말이지? 나는 외화는 특별 영화표를 따로 파는 줄 알았어."

매튜: "아니, 아니야! 보통은 우리말로 영화를 상영해. 외화는 원어로도 상영하고. 영화표를 따로 팔지는 않아. 관객에게 영화가 어떤 언어로 상영될 것인지 알려 주기만 하면 그만이야."

애나: "매표원이 언제 그런 정보를 알려 주는 거야?"

매튜: "여기."

매튜가 숫자 4가 적힌 화살표를 가리킨다. 애나는 "매표원이 관객에게 남은 좌석을 제시한다"라는 문장을 수정해 "그리고 상영 언어를 알려준다"라고 적는다(그림 1.8).

애나: "이제 소소한 '영화 보러 가기' 스토리가 마무리된 것 같아. 물론, 가장 일반적인 결과에 대해서만 살펴본 건데, 나는 이것을 '정상 경로$^{happy\ path}$'라고 불러. 그 밖의 사례는 나중에 물어볼게."

매튜: "그래."

매튜가 더 이상 언급할 내용이 없어 보이자, 애나는 스마트폰으로 칠판 사진을 찍고 다음 단계를 진행한다.

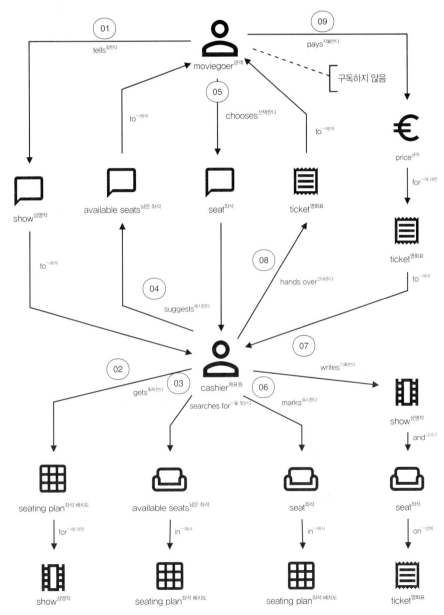

그림 1.7 전체 스토리

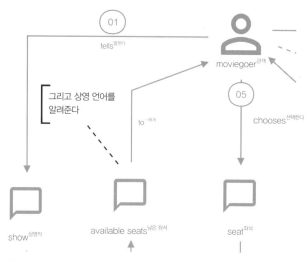

그림 1.8 다른 주석 추가하기

더 탐색하기

  애나: "관객이 영화표를 구매하면 그걸 가지고 어떻게 해?"

  매튜: "검표원이 대기하고 있는 상영관 입구로 가서…."

애나는 칠판 쪽으로 몸을 돌리고 매튜는 검표원이 영화표를 검표하는 방법을 알려준다.

몇 개의 **잘게-세분화한**[2] 메트로폴리스 도메인 스토리를 통해 애나는 영화관 도메인에 대한 좋은 통찰력을 얻었다. 애나는 '좌석 배치도', '상영작', '매표원', '남은 좌석 찾기', '좌석 표시'와 같은 용어를 알게 됐다. 또한 가장 중요한 업무처리 과정과 관련된 기본 사항을 이해하게 됐다.

애나는 업무처리 과정을 개관하는 일, 즉 모든 스토리를 담은 '큰 그림'을 갖는 것이 도움이 될 것이라는 점을 깨달았다. 애나와 매튜는 **거칠게-세분화한**COARSE-GRAINED '영화 보러 가기' 스토리를 모델링하기로 한다(그림 1.9).

---

2 (옮긴이) FINE-GRAINED를 우리나라에서는 '상세한'이나 '세밀한'으로 번역해서 쓰고, COARSE-GRAINED를 '거친'이나 '대략적인'으로 번역해서 쓰고 있는데, 이러다 보니 개념을 오해하는 경우나 개념이 제대로 전달되지 않는 경우가 가끔 있다. 이에 '입도'나 '세분성'으로 번역할 수 있는 granuality라는 개념이 드러날 수 있게 '잘게-세분화한'과 '거칠게-세분화한'으로 번역했다. 처음에는 개념을 더 잘 나타낼 수 있는 '잘게-갈아낸'과 '거칠게-갈아낸'으로 직역에 가까운 용어로 번역했지만 극단적인 직역과 극단적인 의역 사이를 취하기로 했다. 이렇게 최종 선정한 용어가 당장 현장에서 쓰는 용어와 달라 불편하겠지만, 이 책 전반에 걸쳐 나오는 다양한 용어들과 조합해서 사용하기에 알맞은 번역어일 뿐만 아니라 개념을 정확하게 전달하기 좋은 용어다. 그리고 이런 용어들이 특별하며 한 가지 개념을 나타내는 복합어라는 점을 나타내기 위해서 중간에 '-'을 추가했다.

앱의 사용 목적과 사용 맥락에 대한 지식을 이용해 애나는 앱이 어떻게 작동하고 업무처리 과정이 어떻게 바뀔지를 생각할 수 있다.

요약 및 전망

이번 단원의 제목은 '여러분의 첫 도메인 스토리'다. 이미 눈치챘겠지만, 이번 단원은 여러분의 첫 도메인 스토리텔링 워크숍인 셈이다.

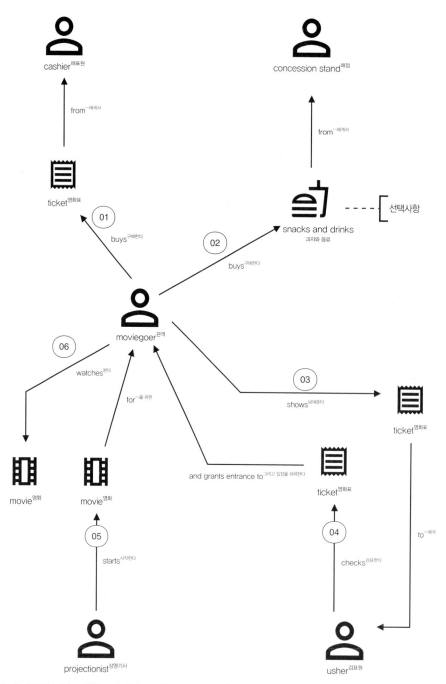

cashier^{매표원}

concession stand^{매점}

from^{~에게서}

from^{~에게서}

ticket^{영화표}

snacks and drinks^{과자와 음료}

선택사항

(01)

buys^{구매한다}

(02)

buys^{구매한다}

moviegoer^{관객}

(06)

watches^{본다}

for^{~을 위한}

(03)

shows^{보여준다}

ticket^{영화표}

and grants entrance to^{그리고 입장을 허락한다}

ticket^{영화표}

movie^{영화}

movie^{영화}

(05)

starts^{시작한다}

(04)

checks^{검표한다}

to^{~에게}

projectionist^{상영기사}

usher^{검표원}

그림 1.9 메트로폴리스 1: 영화 보러 가기 — **거칠게-세분화한**

물론 애나가 도메인 스토리텔링을 해 본 게 이번이 처음은 아니었다. 이 기법이 이 상황에서 애나에게 유용한 이유는 무엇일까? 첫째, 매튜는 자신이 원하는 바를 애나에게 설명하기 어려웠다. 머릿속에는 생각이 떠돌지만 실제로 그 생각을 실천하는 방법을 생각해 본 적은 없다. 매튜의 아이디어에 대해 대화하려면 애나는 먼저 공통 기반[3]을 마련해야 했다. 즉, 매튜가 비즈니스에 관해 이야기할 때 어떤 용어를 사용하며 그것이 뭘 의미하는지, 어떤 업무처리 과정[buiness proccess]과 관련이 있으며, 그 업무처리 과정에서 중요한 단계는 무엇일지, 누가 그 업무처리 과정에 관련이 있을지 알아야 했다.

거기에서 시작해 그들은 프로젝트 범위에 속하는 업무처리 과정과 그렇지 않은 과정에 대해 논의할 수 있을 것이다. 도메인 스토리텔링이 없었다면 서로 오해할 가능성이 크다. 예를 들어, 애나는 처음에 외화 표를 판매하는 일이 별도의 업무처리 과정이라고 생각했다.

다음 장에서 메트로폴리스라는 예시를 참조할 것이므로, 도메인 스토리에 '메트로폴리스 1'(그림 1.9) 및 '메트로폴리스 2'(그림 1.10)라는 이름을 지정해 더 쉽게 참조할 수 있게 하겠다.

첫 번째 예시를 통해서 얻은, 몇 가지 강조하고 싶은 점은 다음과 같다.

- 몇 가지 도메인 스토리를 다뤄 보기만 해도 도메인과 도메인 언어, 업무처리 과정에 대해 많은 것을 배울 수 있다.
- 도메인 스토리는 간단한 픽토그래픽 언어[pictographic language: 그림그래프 언어]를 사용해 사람과 그들의 활동 및 상호작용을 보여준다. 픽토그래픽 언어는 드러나지 않은 가정과 오해를 드러나게 한다.
- 도메인 스토리를 말하는 동안 그림 또한 스토리에 맞게 진화하고 변화할 것이다.
- 도메인 스토리는 그저 멋진 그림을 그리고자 하는 것에 그치는 것이 아니라, 사람들의 이해를 도모하는 것이다.
- 도메인 스토리는 그 세분성[granularity: 입도] 면에서 다양하다.
- 일반적으로 한 차례의 워크숍 과정에서 스토리를 한 개 이상 모델링하게 된다.
- 도메인 스토리에는 '만일'이나 '또는'이 없다. 그 대신에 가장 중요한 대안들만 별도의 도메인 스토리로 따로따로 모델링한다.
- 단순한 칠판도 도메인 스토리를 그리기에 충분한 도구가 된다.

---

3 (옮긴이) 함께 이해하고 쓸 수 있는 방법과 용어 같은 것

이어지는 장에서 이 모든 사항을 자세히 다룰 것이다. 픽토그래픽 언어에 관해서 논의하는 일부

터 해 보겠다.

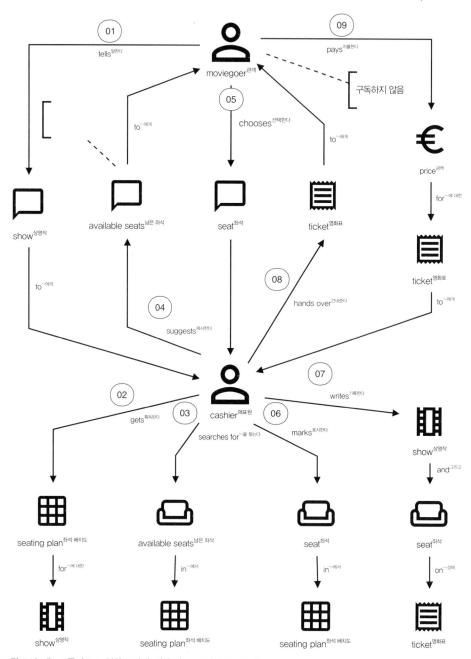

그림 1.10 메트로폴리스 2: 영화표 판매, 정상 경로 — 잘게-세분화한

픽토그래픽
언어

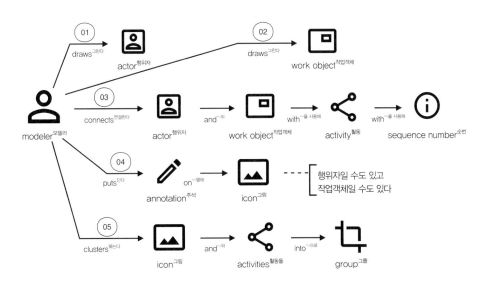

도메인 스토리텔링은 픽토그래픽 언어를 워크숍 형식과 결합한다. 이 두 가지는 각기 그 자체로 가치가 있지만 이 둘을 조합할 때 도메인 스토리텔링도 효과적이다. 여기서는 그래픽 표기법 graphical notation으로 시작하겠다. 도메인 스토리를 시각적으로 기록하려면 **빌딩 블록**(예: 기호[1])과 그것들을 결합하는 규칙이 필요하다. 기호는 아이콘, 화살표, 텍스트로 구성된다.

---

1 여기서 우리는 기호symbol라는 용어를 그 언어적 의미와 더불어 사용한다. 언어는 기호로 기록된다. 아이콘icon이라는 용어에는 픽토그래픽(픽토그램)이나 이미지라는 의미가 들어 있다.

행위자

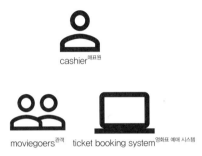

그림 2.1 전형적인 행위자들

도메인 스토리는 **행위자**^{actor} 관점에서 서술한다. 행위자는 사람(예: '매표원')이나 사람 그룹('관객'), 소프트웨어 시스템('영화표 예매 시스템')이 될 수 있다. 행위자마다 각기 다른 아이콘을 사용해 나타낸다. 행위자가 공통으로 가지고 있는 것은 그들이 도메인 스토리에서 적극적인 역할을 한다는 것이다.

아이콘에는 모두 도메인 언어에 있는 용어로 레이블이 지정되어 있다. 우리는 일반적으로 사람의 이름(예: '매튜') 대신 그 역할이나 기능(예: '매표원')으로 행위자에 레이블을 지정한다. 그러나 어떤 상황에서는 예외적으로 구체적인 인물이나 페르소나^{persona} [Cooper 1999]를 행위자로 사용하는 것도 유용할 수 있다(6장 '워크숍 형식' 참조).

작업객체

그림 2.2 전형적인 작업객체. 주의: '영화표'와 '금액'이 두 번씩 나오는데, 그 아이콘 모양은 다르다.

행위자는 **문서**[document], **물리적 사물**[physical thing], **디지털 객체**[digital object]와 같은 **작업객체**[work object](그림 2.2)를 만들고, 작업하고, 교환한다. 또한 작업객체에 대한 정보를 교환한다. 픽토그래픽 언어는 작업객체와 정보를 구분하지 않는다. 따라서 아이콘은 다음을 나타내는 데 모두 쓰일 수 있다.

- 실제 작업객체 자체(예: 종이에 인쇄된 영화표)

- 작업객체의 가상 표현(예: 소프트웨어 시스템에서 만든 디지털 영화표)

- 작업객체에 대한 정보를 교환하는 매체(예: 영화표를 구매하기 위한 전화 통화)

행위자와 마찬가지로 작업객체에 대한 레이블도 도메인 언어에 쓰이는 용어로 지정한다(예: 그림 2.2의 '상영 시간표', '영화표' 등). 동일한 도메인 스토리 내의 작업객체들일지라도 매체[2]가 바뀌면 다른 아이콘으로 표시될 수 있다. 예를 들어, 영화 관객이 영화표를 이메일로 받은 다음에 집에서 출력할 수 있을 것이다. 이럴 때는 동일한 영화표일지라도 서로 다른 아이콘으로 표시한다.

행위자 및 작업객체를 나타내는 아이콘

이 책의 예제에서는 구글의 머티리얼 아이콘인 [MaterialIcons Website]로 구성된 아이콘 세트를 사용한다. 아이콘 세트는 모델링하려는 도메인에 맞게 조정해야 한다. 예를 들어, 컨테이너 배송이 중요한 작업객체인 물류 분야에서 일하는 경우 도메인 스토리에 컨테이너 아이콘을 사용해야 한다. 행위자들(선박, 자동차, 스마트폰 등)도 마찬가지이며, 도메인에 따라 달라져야 한다. 그림 2.3은 메트로폴리스 극장에 대한 아이콘 세트를 보여준다.

그림 2.3 영화관 도메인의 아이콘

2부에서 다른 도메인의 두 번째 사례 연구를 소개할 때 다른 아이콘 세트의 예를 볼 수 있을 것이다(8장 '사례 연구: 알폰 자동차 리스 주식회사' 참조).

아이콘을 사용하면 시각적으로 깔끔하게 정리할 수 있다. 자신만의 고유한 아이콘 세트를 구성할 때는 다음 사항에 유의하자.

- 아이콘은 명확하게 구분할 수 있어야 하고 단순해야 한다.
- 서로 다른 아이콘을 너무 많이 사용하면 픽토그래픽 언어를 사용하는 목적이 흐려진다.
- 아이콘은 의미를 전달하고 도메인 스토리를 더욱 실감나게 만들어야 한다.
- 맥락에 따라 도메인의 개념을 행위자나 작업객체로 모델링할 수 있다. 예를 들어, 메트로폴리스에서는 관객의 스마트폰이 디지털 영화표용 지갑 역할을 할 수 있다. 그러면 스마트폰이 작업객체로 모델링된다. 또한 사용자 스마트폰에 새로 설치한 메트로폴리스 앱은 관객에게 취소 사실을 알릴 수 있다. 그 스토리에서 스마트폰은 행위자로 모델링된다.

활동

그림 2.4 전형적인 활동

행위자의 **활동**^{activity}(그림 2.4)을 표시할 때는 **화살표**^{arrow}를 사용하고 도메인 언어에 쓰이는 용어 중에 동사 역할을 하는 용어로 레이블이 지정된다(예: '제시한다', '구매한다', '추천한다'). 주의: 행위자와 작업객체를 나타낼 때는 명사로 나타내고 활동을 나타낼 때는 동사로 나타낸다.

순번

그림 2.5 전형적인 순번

스토리를 말하려면 한 문장 이상이 필요하다. 스토리가 한 문장 단위로 이어지기 때문에 문장에 번호를 매겨 순서를 정할 수 있다. 일반적으로 활동(문장의 술어에 해당)을 나타내는 화살표의 원점에 **순번**(그림 2.5)을 추가해 문장에 번호를 지정한다.

순번은 도메인 스토리에서 **시간**을 나타낸다.

대체로 활동에 연속적으로 번호를 매기게 되므로 각 번호를 한 번씩 사용하게 된다. 하지만 때로는 동시에 일어나는 활동이라는 점을 나타내야 할 때가 있다. 이러한 병렬 활동에는 같은 번호로 레이블을 지정하면 된다. 하지만 이처럼 특별한 경우가 되지 않게 하는 것이 좋다. 문장을 읽기가 어려워지고 스토리를 약화시키기 때문이다. 가능하면 모범적인 순서를 따르고, 스토리에 정말 중요한 경우에만 병렬 활동을 사용하자.

이 규칙의 예외는 단일 작업객체에 대해 여러 사람이 함께 일하는 경우다. 그런 경우라면 두 화살표에 동일한 숫자를 표기한다.

이 책에서는 모델링을 하면서 문장에 번호를 매긴다(모델링의 마지막 과정에서 모든 문장에 번호를 매기는 방식과는 반대되는 방식). 이렇게 하면 스토리를 더 쉽게 추적할 수 있다. 그러나 도메인 전문가라고 해서 처음부터 항상 적절한 순서를 매기는 것은 아니다. 때로는 문장을 나중에 넣어야 하거나 순서를 변경해야 하는 경우가 있다. 그러한 경우에는 문장의 번호를 다시 매겨야 한다.

주석

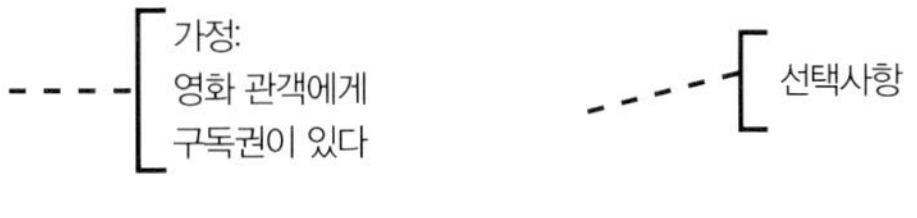

[그림: 가정: 영화 관객에게 구독권이 있다 / 선택사항]

그림 2.6 전형적인 주석

글로 된 **주석**annotation으로 픽토그래픽을 보완할 수 있다(그림 2.6). 여러 가지 변형에 대한 정보(기타 사례, 선택적 활동, 발생 가능한 오류)가 필요할 때 그 내용을 주석으로 기입한다. 또한 어떤 활동의 목표를 주석으로 달면 유용할 수 있다(6장 '워크숍 형식' 참조). 주석을 사용해 도메인 언어의 용어를 설명하고 가정이나 주목할 만한 사항을 문서화한다. 주석은 일반적으로 다음 중 하나와 관련된다.

- 행위자, 작업객체, 활동

- 하나의 문장이나 여러 문장

- 도메인 스토리 전체

전체 도메인 스토리와 관련된 주석은 시나리오로 하는 작업에서 특히 중요하다(3장 '시나리오 기반 모델링' 참조). 다음 질문에 해당하는 장면을 정하는 데 이런 주석이 도움이 된다. 무엇에 관한 스토리인가? 왜 관련이 있는가? 어떤 사건이 스토리를 촉발하는가? 어떤 제약 조건이 스토리의 줄거리를 결정하는가? 이 특정 스토리의 다른 가능한 스토리와의 차별점은 무엇인가?

메트로폴리스 2(그림 1.10)라는 예시를 다시 보면 앱 개발자인 애나와 영화관 관리자인 매튜가 스토리에 대해 다음과 같은 가정을 했음을 알 수 있다.

- 관객이 매표소에서 영화표를 구매한다.

- 관객은 구독을 하지 않는다.

- 스토리는 '정상 경로'에 해당하는데, 이는 매표원이 남은 좌석을 제시하고 관객이 영화표를 사서 받는 일을 의미한다.

또한 메트로폴리스 2(그림 1.10)의 문장 4('매표원이 관객에게 남은 좌석을 제시한다')에는 '그리고 상영 언어를 알려준다'로 주석이 달려 있다. 이것은 특정 활동과 관련된 주석의 예다.

도메인 스토리 전체에 대한 주석은 일반적으로 빈 공간이나 스토리 아래에 표시하면 된다. 스토리의 세부 사항에 대한 주석은 일반적으로 해당 특정 요소 바로 옆에 표시한다. 주석이 너무 지저분해 보인다면(이런 일은 아날로그 환경에서 자주 발생한다) 이러한 세부 주석도 참조용 순번에 따라 스토리 옆이나 아래에 배치하자. 다음 절에 주석을 여백에 넣는 예가 나온다(그림 2.8).

모델링 캔버스

도메인 스토리를 그리려면 이를 그릴 일종의 **모델링 캔버스**(그림 2.7, 그림 2.8)가 필요하다. 실제 캔버스일 필요는 없으며, 종이나 칠판 등을 써도 무방하다. 또한 아날로그 방식이어도 되고 디지털 방식이어도 된다. (5장 '모델링 도구'에서 더 자세히 다룰 것이다.)

일반적인 첫 번째 단계는 도메인 스토리에 **이름**을 지정하고 그것을 캔버스에 배치하는 것이다.[3] 이렇게 하면 스토리의 틀이 설정된다. 스토리가 발전하면서 이름은 바뀌거나 수정되기도 한다.

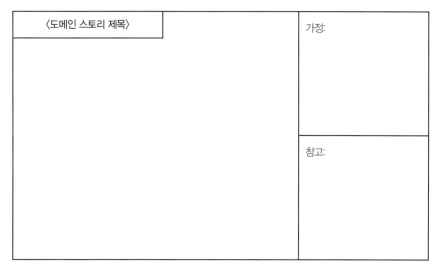

그림 2.7 모델링 캔버스에서 흔히 볼 수 있는 배치 방식

첫 이름은 도메인 언어의 단어를 사용해 무슨 일이 일어나고 있는지를 나타낼 수 있게 하는 게 좋다. 추후 회사, 번호, 케이스, 범위를 이름에 추가할 수 있다. (이후 장에서 더 자세히 설명한다.)

---

3   메트로폴리스 1(그림 1.9 참조)과 메트로폴리스 2(그림 1.10 참조)라는 도메인 스토리에서 봤듯이 이 책에서는 스토리 아래에 이름을 적어 해당 그림의 제목으로 삼고 있다. 모델링 워크숍에서는 스토리의 위쪽에 작성하는 것이 더 일반적이다.

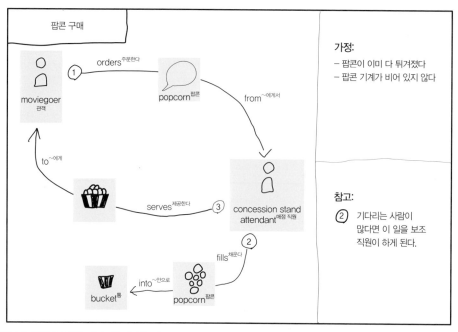

그림 2.8 칠판에 모델링 캔버스를 배치한 예

그룹

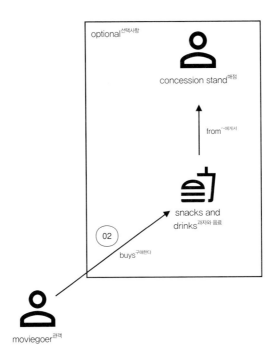

그림 2.9 전형적인 그룹

그룹(그림 2.9)은 함께 속하는 스토리의 일부를 선으로 묶어서 나타낸다. 그룹은 직사각형, 원, 자유형 모양 등 어떤 형태든 가능하다. 그룹의 의미를 설명하고 싶다면 그 의미를 잘 설명하는 레이블^{설명문}을 붙이자. 다음은 그룹으로 표현할 수 있는 몇 가지 예다.

- 반복적인 활동

- 선택적인 활동

- 다른 위치에서 일어나는 스토리 부분

- 조직 간 경계

- 부분 도메인

그룹들이 나오는 한 가지 예시를 보고 싶다면 그림 2.10을 참고하자. 그림 2.10을 통해 여러분은 관객이 영화관에서 체험하는 경험을 높은 수준에서 추상화하여 풍성하게 나타낸 내용을 볼 수 있다. 여기에서는 영화관 도메인에 속한 부분 도메인들을 4개의 그룹으로 나타냈다. 이번에 다루는 도메인 스토리는 메트로폴리스 1(그림 1.9)을 추가 개발한 내용이므로 이 책의 나머지 부분에서는 이 도메인 스토리를 '메트로폴리스 1a'라고 부르겠다.

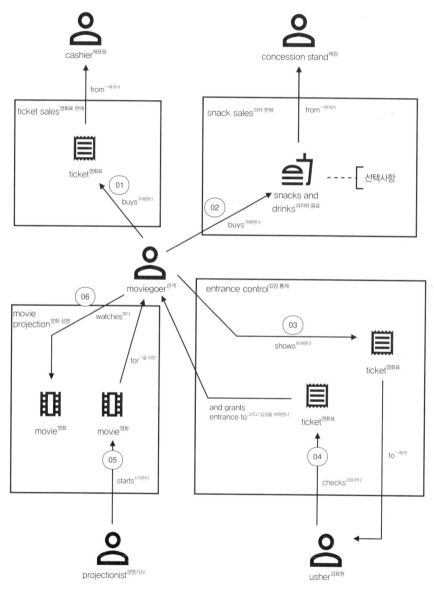

그림 2.10 메트로폴리스 1a: 영화 보러 가기 — **거칠게 세분화** — 부분 도메인별로 그룹화

색

그림 2.11 색을 사용하는 전형적인 예시

도메인 스토리 중 대부분에는 색을 칠하지 않는다. 하지만 때로는 **색**을 조금이라도 더 보태는 편이 좋을 때가 있다(그림 2.11). 다음과 같은 곳에 색칠을 하면 된다.

- 일부 요소를 강조할 때
- 차이점을 드러낼 때
- 그룹을 나타낼 때

1장에서는 메트로폴리스 1을 단계별로 개발하면서 회색과 검은색을 사용했었다(그림 1.1 ~ 1.9). 거기서 두 도메인 스토리 사이에서 변경된 사항을 강조하기 위해 두 가지 색을 사용했다.

이제 앱 개발자인 애나는 영화관 관리자인 매튜로부터 영화관에 적용되는 법률 규정을 듣고 싶어 한다. 매튜와 애나는 강조 표시를 사용해 도메인 스토리의 어느 부분이 어떤 규정을 따라야 하는지를 눈에 띌 수 있게 표시한다. 이로 인해 나온 결과는 식품 안전 및 화재 방지에 대한 요건을 보여주는 메트로폴리스 1b(그림 2.12)다.

이 책의 뒷부분에서 색상을 사용해 동일한 업무처리 과정 버전 간의 차이를 보여줄 것이다(13장 '조직 변화 지원' 및 14장 '소프트웨어 제작 또는 기성 소프트웨어의 구매 결정과 선택' 참조).

모델링 도구로 어떤 것을 선택하느냐에 따라 사용할 수 있는 색상이 정해진다. 흑백 색상을 쓰는 상황(인쇄된 책과 같은)에서는 회색조를 사용하는 편이 더 적절할 수 있다.

도메인 스토리에서 다른 색상을 사용할 때 각 색상의 의미를 나타내는 **범례**를 추가하면 더 도움이 될 수 있다. 그림 2.12는 범례를 왼쪽에 둔 예시다.

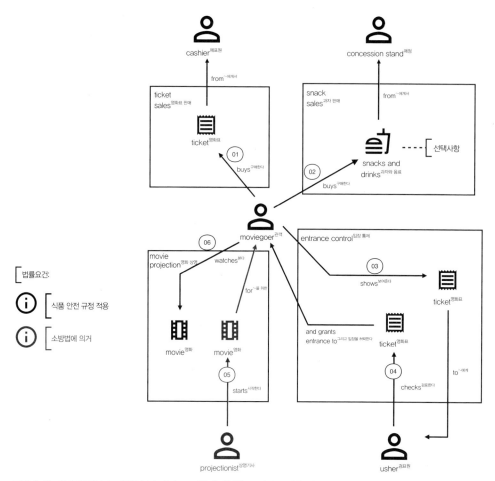

그림 2.12 메트로폴리스 1b: 영화 보러 가기 — **거칠게 세분화** — 법률 요건을 색상으로 표시

조건을 표시하지 않음

픽토그래픽 언어의 요소를 소개하는 것과 별개로, 픽토그래픽 언어에 속하지 않은 것도 알아 보자. 픽토그래픽에는 조건, 변형, 대안에 대한 기호가 없다. 그것들은 의도적으로 제외됐다. 이는 업무처리 과정을 위한 다른 많은 모델링 접근 방식과 비교할 때 큰 차이다. 예를 들어, BPMN[Business Process Model and Notation]에는 게이트웨이[gateways]가 있다(그림 2.13).

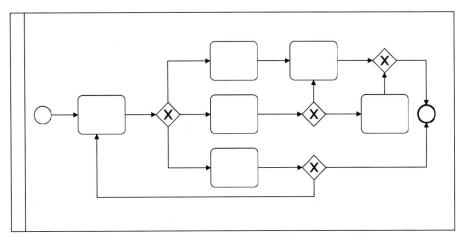

그림 2.13 고전적(비도메인 스토리텔링) 접근 방식: 하나의 다이어그램에서 다양한 사례를 모델링한다. (BPMN으로 모델링한 네 개의 게이트웨이가 있는 제어 흐름이다.)

우리는 조건을 제시하는 표기법이 있어서 대안을 모델링할 수 있게 한 경우에는 사람들이 그 대안을 사용하려고 한다는 점을 관찰했다.[4] 도메인 스토리텔링에서는 처음부터 끝까지 개별 도메인 스토리로 가장 중요한 대안만을 모델링한다. 이에 대해서는 3장 '시나리오 기반 모델링'에서 자세히 설명한다.

종합하기

도메인 스토리는 누가[who](행위자) 누구와[whom](다른 행위자) 무엇[what](작업객체)으로 무슨 일 [what](활동)을 하는지 가시화한다.

행위자는 문장의 주어가 된다. 도메인 스토리텔링 워크숍에서는 행위자를 표시하고 도메인 스토리에서 그 사이에 막대기 모양의 선을 그어 행위자들을 식별한다. 따라서 우리는 행위자를 쉽게 알아볼 수 있다. 행위자를 그릴 때는 작업객체보다 크게 그리는 것이 좋다.

---

4 공정하게 말하면 BPMN 및 이와 유사한 방법에서는 여러분이 게이트웨이를 사용하도록 강요하지 않는다. 사실, 일부 저자는 모델의 첫 번째 버전이 한 가지 경우에만 초점을 맞추는 것이 모범 사례라고 생각한다. 예를 들면 RealLife BPMN[Freund/Rücker 2019]의 경우가 있다.

도메인 스토리는 행위자를 중심으로 발전한다.

각 행위자는 도메인 스토리에서 딱 한 번만 나타난다. 그러나 작업객체의 경우에 우리는 각 활동 별로 따로 그린다(이전 문장에 동일한 작업객체가 이미 존재하더라도). 예를 들어, 메트로폴리스 1a 도메인 스토리를 다시 살펴보자(그림 2.10). 관객(행위자)은 한 번만 등장하지만, 관객이 여러 활동을 시작한다. 반면, 영화표는 여러 번 나타난다. 영화표는 구매되고 검표원에게 보여지고 검표된다.

행위자는 도메인 스토리당 한 번만 나타나는 반면, 작업객체는 여러 번 나타날 수 있다.

이 규칙을 따르면 작업객체와 화살표를 정렬하기가 훨씬 더 쉬워진다. 또 다른 이유도 있다. 스토리가 발전함에 따라 작업객체의 상태나 표현이 변경될 수 있다. 그림 2.14에서 메트로폴리스 2(그림 1.10)의 일부를 살펴보면 이 점을 알 수 있다.

여기에서 'available seats^{남은 좌석}'는 매표원이 검색할 때 3번 문장에서 좌석 아이콘으로 모델링된다. 4번 문장에서 매표원이 관객에게 자리를 제시하는 장면은 말풍선으로 모델링된다.

도메인 스토리를 위한 문법

활동은 행위자와 작업객체를 연결해 **문장**을 형성한다. 모든 문장은 활동을 시작하는 행위자로 시작한다. 즉, 누가(행위자) 무엇(작업객체)으로 누구(다른 행위자)와 무엇을 한다(활동)는 식으로 기술할 수 있다. 기본 구문은 주어 – 술어 – 목적어 순서로 나온다.⁵ 더 복잡한 구문도 허용된다. 그림 2.15는 도메인 스토리 문법에 맞는 문장을 목록 형태로 보여준다.

---

5 이 구문은 영어 문법에도 잘 맞는다. 물론 다른 구조의 문장을 사용하는 언어도 있을 것이다(예: 페르시아어의 경우에는 주어 – 목적어 – 서술어 순서로 문장이 구성된다). 그렇게 문장 구조가 다른 언어로 도메인 스토리를 작성하면 사람들이 하는 말의 순서와 픽토그래픽에서 사용하는 언어 순서 사이에 차이가 생긴다. 이에 대한 예시를 보고 싶다면 9장 '도메인 언어 배우기'를 참조하자.

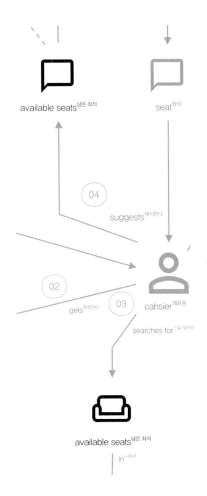

그림 2.14 작업객체의 표현 변경

그림 2.15에 나오는 문장을 다음과 같이 읽으면 된다.

1. 행위자 A는 작업객체 w에 대해 작업(생성, 구매, 처리, 검색 등)한다.

2. 행위자 A는 작업객체 w에서 일하면서 작업객체 v를 편집한다.

3. 행위자 A가 작업객체 w를 행위자 B에게 건네주거나 A가 B와 w에 대한 정보를 교환한다. 때때로 전치사
   (예: to, with, in)는 두 번째 화살표에 적합한 레이블이 된다.

4. 이것은 3번 문장과 동일하지만 수신자가 여러 명이다.

5. 두 행위자 A와 B는 w에 대해 협업한다(w에 서명하고, 동의하고, …).

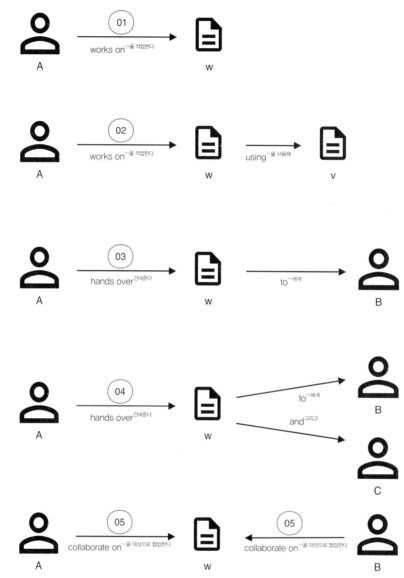

그림 2.15 생성 가능한 문장 구조

다양한 그림 형태

그림 2.15에 나오는 2번 문장부터 5번 문장까지는 행위자가 하나의 활동만 수행하더라도 두 개의 화살표를 사용한다. 모델링 도구를 사용하기 때문에 이처럼 사소한 불일치가 나타나는 것이다. 도메인 스토리를 손으로 기록한다면 어떤 한 행위자에서 또 다른 행위자로 쭉 이어지는 화살표를 하나만 그린 다음, 화살표 위에 작업 객체를 얹어 놓으면 된다(그림 2.16).

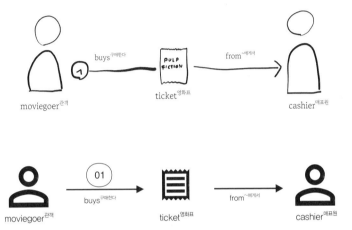

그림 2.16 다른 스타일, 같은 의미: 손으로 직접 그린 것과 도구를 사용해 그린 것

이 그림에서 여러분은 순번을 써 넣은 자리도 다르다는 점을 발견할 수 있다. 손으로 직접 그린 그림에서는 순번이 활동 화살표의 시작 부분에 위치한다. 도구를 사용해 그린 그림에서는 활동 레이블 위에 순번이 놓인다.

문법은 도메인 지식을 픽토그래픽 언어로 변환하는 데 도움이 될 것이다. 하지만 문법의 정확성보다 도메인 스토리의 표현력이 더 중요하다.

 각 문장을 소리 내어 읽었을 때 자연스러운 말이 되어야 한다는 점을 명심하자.

모델링하는 동안 '큰 소리로 발음해 가며 모델링'을 하는 것이 좋다. 도메인 주도 설계를 만든 에릭 에반스는 이를 다음과 같이 표현했다.

> 인간은 구어를 다루는 데 있어서 천재성을 지니고 있기 때문에 다른 의사소통 방식에서 말로 하는 방식을 쓰지 않는 것은 큰 손해가 난다. ... 모델을 개선하는 가장 좋은 방법 중 하나는 있음

직한 변형 모델에서 다양한 구성을 시도하면서 큰 소리로 내어 보는 식으로 탐색하는 것이다.
다듬어지지 않은 표현은 쉽게 분간할 수 있다. [Evans 2004]

요약하자면, 도메인 스토리는 구어를 바탕으로 모델링해야 한다는 점이다(자연어와 픽토그래픽 언어 간의 문법적 차이에 대해 앞서 언급한 제한 사항을 포함해서).

좋은 언어 습관

경험에 따르면 픽토그래픽은 엄격한 규칙을 준수하기 위한 것이라기보다는 도메인 스토리를 더 잘 표현하기 위한 것이다. 그러나 좋은 방식과 나쁜 방식의 예를 눈으로 보여주는 것이 유용할 것이라고 생각한다. 여러분이 충분히 경험을 쌓을 때까지 우리의 제안을 고려해야 하는 이유 또한 덧붙였다.

모든 문장에 자신만의 작업객체를 지니게 하기

메트로폴리스 1(그림 1.9)과 메트로폴리스 2(그림 1.10) 도메인 스토리를 다시 보면, '영화표' 및 '좌석 배치도'와 같은 작업객체가 여러 번 나타나는 것을 볼 수 있다. 영화표와 관련된 모든 활동에는 영화표를 나타내는 고유한 작업객체가 있다(전체 도메인 스토리에 대해 단 한 가지 '영화표' 작업객체가 있는 것이 아니라). 여기에는 그럴 만한 이유가 있다.

- 첫째, 하나의 작업객체를 여러 아이콘으로 나타내고 싶을 수 있다(예: 영화표를 QR 코드 형식으로 발행하고 나중에 인쇄할 수 있음).
- 둘째, 작업객체에 연결된 화살표가 여러 개가 되면 스토리의 가독성이 떨어진다.
- 셋째, 각 문장이 자체의 작업객체를 가질 때 그것들을 겹치지 않게 여러 그룹으로 묶을 수 있다.

그래서 이 책에서는 작업객체를 다시 사용하기보다는 문장별로 작업객체를 부여하는 편을 선호한다.

작업객체를 명시적으로 만들 것

앞에서 활동은 픽토그래픽 언어의 동사(술어)를 나타내고 작업객체는 목적어를 나타낸다고 말했다. 자연어에서는 한 문장에 목적어가 두 개 이상 나올 수 있는데, 이는 픽토그래픽의 경우에도 마찬가지다(예를 들어, 그림 2.15의 두 번째 문장 참조).

그러나 도메인 스토리텔링 초보자는 **행위자 – 활동 – 작업객체**라는 기본 문장 구조를 고수하는 경향이 있음을 알 수 있었다. 관련된 목적어가 하나 더 있는 경우에는 그것을 활동에 끼워넣어 만드는 경우가 많다. 그림 2.17의 예를 살펴보자.

그림 2.17 하지 말아야 할 일: 작업객체를 활동의 일부로 모델링하는 일

'~에서 남은 좌석을 찾는다' 활동에는 '좌석'이라는 단어가 포함되어 있다. 영화관에서 '좌석'은 중요한 도메인 언어의 하나다. 좌석은 검색되고, 예약되며, 판매되는 일 등에 쓰인다. 따라서 그림 2.18과 같이 그것을 작업객체로 모델링해 명시적으로 만드는 것이 더 합리적이다.

그림 2.18 해야 할 일: 작업객체를 활동에서 분리해 모델링하기

때때로 작업객체가 그림 2.19에서 보는 것처럼 활동 속이 아니라 다른 작업객체 속에 포함되는 경우도 있다. 이런 일 또한 피해야 한다.

그림 2.19 하지 말아야 할 일: 한 작업객체를 다른 작업객체의 일부로 모델링하기

이 책의 2부에서는 도메인 내에서 경계를 찾거나 도메인 스토리에서 구현 가능한 모델을 도출하는 일 같은, 도메인 스토리텔링을 특정 목적에 맞게 사용하는 방법을 배우게 된다. 이러한 연습을 할 때 여러분은 도메인 개념을 적절한 픽토그래픽 언어에 대응시켜야 한다.

모든 빌딩 블록에 대한 레이블 제공하기

모든 행위자, 활동, 작업객체, 그룹에 필요한 레이블을 달 때는 도메인 언어에서 사용할 수 있는 용어를 사용하는 게 좋다. 모델링을 빨리 끝내려고 뻔한 용어나 중요하지 않은 용어 중 몇 가지를 빼고 싶어질 수 있다. 하지만 여러분에게는 분명해 보이는 일이 다른 사람에게는 그렇지 않을 수 있다는 점에 주의하자. 용어를 글로 적어 놓으면 용어 속에 담긴 다양한 의미를 더 쉽게 알아낼 수 있다. 또한 지금 명백해 보이는 의미가 일주일이나 한 달 뒤에는 다시 혼란스러울 수도 있다. 나중에 가서 도메인 스토리를 다시 살펴봐야 할 때 모든 스토리가 명확하게 철자화되어 있다는 사실에 감사하게 될 것이다. 그런 의미에서 우리는 간결성보다는 가독성을 선호하는 편이다.

행위자별, 작업객체별로 다른 아이콘 사용하기

픽토그래픽 언어가 간결하다는 것이 장점이기는 하지만(즉, 기억해야 할 아이콘과 의미가 적다는 뜻), 행위자와 작업객체에까지 동일한 아이콘을 사용하는 일은 하지 말아야 한다. 그렇게 하면 혼동을 일으킬 뿐만 아니라 가독성까지 떨어뜨리게 된다.

'루프백' 피하기

소프트웨어 시스템의 활동을 모델링할 때 프로그래밍 배경이 있는 모델러는 때때로 그림 2.20과 같은 패턴을 적용한다.

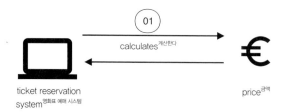

그림 2.20 하지 말아야 할 일: 함수 호출 모델링

그러나 픽토그래픽에 나오는 화살표는 함수 호출이나 메서드 호출 또는 프로시저 호출을 나타내는 게 아니다. 따라서 이 '루프백'[6] 패턴은 필요하지 않다. 가격을 계산하는 시스템을 그림 2.21과 같이 간단하게 모델링할 수 있다.

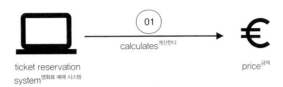

그림 2.21 해야 할 일: 활동 모델링

'요청 및 응답' 패턴 피하기

소프트웨어 개발자는 소프트웨어 시스템과 사용자 간의 상호 작용을 어떤 기술을 사용해 모델링하는 경향이 있다. 한 가지 예를 들면 시스템의 응답을 만족시키는 요청을 처리하는 기술 같은 것 말이다. 이런 방식으로 영화표 구매용 웹 앱을 모델링한다면 그림 2.22처럼 보일 것이다.

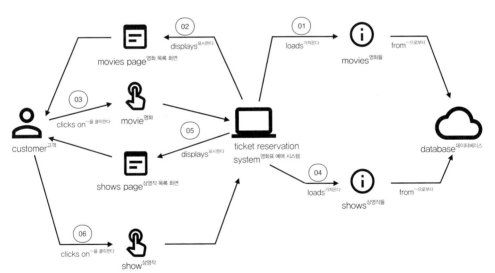

그림 2.22 하지 말아야 할 일: 사용자가 시스템과 상호 작용하는 방식에 대한 기술적 세부 사항까지 모델링하는 일

우리가 이 방식을 그다지 좋아하지 않는 이유로 몇 가지를 들 수 있다.

---

6 (옮긴이) 호출 후 반환값을 처리하는 과정

- 이런 방식으로는 스토리를 설득력 있게 전개하지 못한다. 이런 방식을 쓰면 도메인에 대해 흥미롭게 대화할 가능성이 거의 없으며 통찰력을 불러일으킬 가능성도 거의 없다.

- 모델의 목표가 시스템 구현을 문서화하는 것이라면 이를 달성하기에 더 좋은 방법이 있다. 예를 들면 UML^Unified Modeling Language 시퀀스 다이어그램 같은 것을 쓰는 편이 더 좋다.

- 사용자 인터페이스를 디자인하는 것이 모델링의 목표라면 목업이나 프로토타입을 제작하는 방법 같은 더 나은 방법이 있다.

- 소프트웨어 시스템을 구현하는 기술에 따라 모델이 달라지게 되므로 기술이 바뀌면 모델은 구식이 된다.

대신에 도메인 스토리텔링을 사용해 모델링을 할 때는 '사용자의 목표는 무엇일까?', '소프트웨어 시스템이 그 목표를 달성하는 데 어떤 식으로 도움을 주는가?' 같은 질문을 던지며 모델의 의도를 표현하는 데 더 힘써야 한다. 각 활동을 통해 스토리가 전개될 수 있게 해야 한다(그림 2.23).

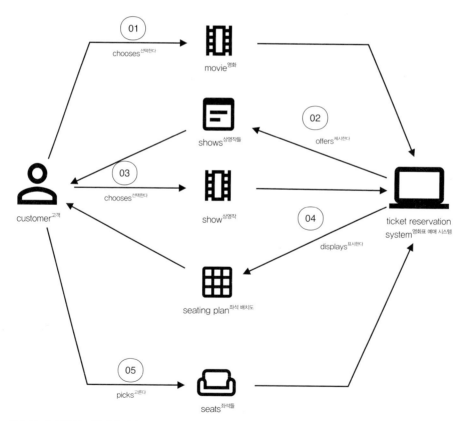

그림 2.23 해야 할 일: 사용자가 달성하고자 하는 의도에 맞게 모델링하기

이제 픽토그래픽 언어의 구성 요소를 알았으므로 다양한 사례를 모델링하는 특별한 도메인 스토리텔링 방식으로 넘어가 보자.

03

시나리오 기반
모델링

이전 장에서 설명했듯이 픽토그래픽 언어에는 조건, 변형, 대안을 나타내는 기호가 없다. 도메인 스토리텔링에서는 가장 중요한 대안만 각각 개별 도메인 스토리로 모델링한다. 시릴 마르테르[Cyrille Martaire]는 *Living Documentation*에서 "하나의 다이어그램, 하나의 스토리"라고 말했다 [Martraire 2019]. 순서도[flowchart]나 BPMN, UML 액티비티 다이어그램[UML activity diagram]에 익숙하다면 가능한 경로를 하나만 보여주는 다이어그램이 처음에는 어색해 보일 수 있다. 그러나 UML 시퀀스 다이어그램은 단일 실행 경로를 정확히 보여준다. 실제로 시나리오 기반 모델링은 소프트웨어 개발에서 오랜 전통을 가지고 있다. 예를 들어 유스케이스도 시나리오 기반이다.

시나리오란?

존 캐롤[John Carroll]은 **시나리오**를 다음과 같이 설명한다[Carroll 2000].

- 시나리오는 사람들과 그들의 활동에 대한 이야기다.
- 시나리오는 고정된 맥락에서 발생한다.
- 시나리오에는 일반적으로 목표가 있는 행위자가 포함된다.
- 시나리오에는 줄거리가 있다. 시나리오는 일련의 활동과 사건으로 구성된다.

그런 의미에서 보면 도메인 스토리도 시나리오다. 이 책에서는 스토리^{story}와 시나리오^{scenario}를 같은 의미로 사용한다. 스토리와 시나리오 모두 구체적이고 의미 있는 업무처리 과정의 예시다(그림 3.1).

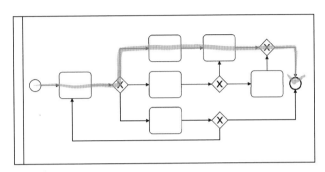

그림 3.1 시나리오는 업무처리 과정의 한 가지 사례^{instance}다.

시나리오로 도메인 탐색하기

그림 3.2 유럽 횡단 여행이라는 시나리오 예시. OpenStreetMap.org에서 가져온 사진

유럽을 여행하는 일[1]에 비유해 보자. 유럽은 여러분이 탐험하고 싶은 도메인이다. 그림 3.2의 지도에 표시된 경로를 따라 리스본에서 헬싱키까지 이동하면 많은 국가와 풍경(부분 도메인)을 살펴볼 수 있고 국경을 여럿 건너게 된다. 그럼에도 불구하고 많은 나라와 알프스 전체, 지중해 등 많은 것을 놓치게 될 것이다. 유럽의 경계를 제대로 이해하려면 국경을 두루 포함하는 여행을 여러 번 해야 한다. 즉, 여러 개의 시나리오를 모델링해야 한다.

---

1   이 비유에 대해 Jörn Koch에게 감사드린다.

도메인 스토리텔링의 시나리오들

업무처리 과정을 모델링할 때 그 과정에 대해 있음 직한 사례는 각기 시나리오나 도메인 스토리 형태로 설명될 수 있다. 그렇다면 여러 개의 중요한 대안을 처리해야 하는 경우에는 어떻게 할까? 방대한 사례 수를 어떻게 좁힐까? 우리의 접근 방식을 설명하기 위해 앞에서 든 영화관의 예를 다시 살펴보자.

메트로폴리스 영화관에서는 (a) 1회 관람 영화표와 (b) 연간 구독권을 판매한다. 이 말은 곧 앱 개발자인 애나가 영화관 관리자인 매튜에게 매표원에게 접근하는 관객에 대한 이야기를 들려 달라고 요청할 수 없다는 것을 의미한다. 대신 애나는 매튜에게 어떤 경우가 더 흔한지 묻고, 매튜는 1회 관람 영화표 판매 수익이 전체 수익의 75%를 차지한다고 대답한다. 따라서 애나는 매튜에게 이 사례에 대해 이야기해 달라고 요청한 후 도메인 스토리 이름인 '영화표 판매'라고 칠판에 적는다.

애나는 스토리를 기록하면서 다른 이야기로 화제가 바뀌는 일이 없게 몇 가지 가정을 추가했다. 예를 들어, 충분한 좌석이 남아 있고 관객은 매표원이 제시해 준 좌석을 선호한다고 가정하는 식이다. "아직 좌석이 있다고 가정하면 다음으로 어떤 일을 할 거야?" 애나는 이 모든 가정을 주석 형태로 기록한다.

 기본 사례^{default case}, 즉 '80% 사례'와 '정상 경로'를 먼저 모델링하기를 권한다.

일반적으로 이렇게 했을 때 업무처리 과정의 목적에 맞는 아이디어를 얻을 수 있을 것이다. 이는 행위자들이 왜 이런 일을 하는지를 이해하는 데 도움이 될 것이다. 예외가 없고 오류도 없으며 태양이 빛나고 모든 것이 정상인 사례로 좁히자. 이렇게 하면 나중에 무엇이 잘못될 수 있는지 물어볼 수 있고 중요한 변형 및 오류 사례를 별도의 도메인 스토리로 모델링할 수 있다. 예를 들어, 어떤 상영작에 초과 예약분이 있는 경우라면 여러분은 당연히 해당 사례를 살펴보고 싶을 것이다.

대개는 몇 가지 도메인 스토리만으로도 업무처리 과정을 충분히 이해할 수 있다. 한 개 또는 한 줌 가득한 분량의 **거칠게–세분화한** 도메인 스토리는 여러분이 더 깊이 파고들어야 할 곳을 파악하거나 그 밖에 필요한 다른 자원을 파악하는 데 도움이 될 것이다. 종종 프로토타이핑을 시작하려면 몇 가지 **잘게–세분화한** 스토리만 추가하면 된다.

업무처리 과정의 작은 변형, 예를 들면 선택적 활동 같은 것까지 별도로 모델링할 필요는 없다. 대신 주석을 사용해야 한다.

메트로폴리스 사례에서 애나와 매튜는 "더 이상 남은 좌석이 없다"는 이전 가정에 맞춰 변형한 자체 도메인 스토리를 새로 모델링한다. 그 결과로 생성된 것이 메트로폴리스 3이다(그림 3.3).

참가자가 하나의 스토리라인에 전념하는 데 도움이 된다면 스토리 전반에 대한 기본적인 가정을 세우고, 그러한 기본 가정이 실제로 적용될 만한 곳마다 주석을 기입하면 된다. 예를 들어, 메트로폴리스 3은 관람 좌석이 없는 경우(메트로폴리스 3이라는 도메인 스토리에 전반적으로 적용되는 기본 가정에 해당)에 대한 것이다. 그래서 세 번째 문장("매표원은 좌석 배치도에서 남은 좌석을 검색한다.")에 "가정: 남은 좌석이 없다"는 주석이 달린 것이다.

보다시피 이 메트로폴리스 3은 정상 경로인 메트로폴리스 2를 복사해서 작성한 것이다(그림 1.10). 처음 세 문장은 같다. 3단계에서 애나는 남은 좌석이 없다는 주석을 추가한다. 그때부터 스토리라인이 달라진다. 이를 가시화하기 위해 메트로폴리스 2(그림 1.10)와 메트로폴리스 3(그림 3.3)을 그림 3.4에 나란히 배치해 보자.

두 스토리의 많은 부분이 겹치는 경우 새로운 스토리의 모든 단계를 복제하지 않는 것이 좋다. 첫 단계에서 다른 스토리를 시작할 수도 있을 것이다. 성가신 복사 작업이 뒤따르는 아날로그 모델링 도구를 사용해 일해야 한다면 특히 그렇다.

물론 업무처리 과정에 대해 '알고리즘'을 동원해 설명한 내용도 가치가 있으며, 여러 가지 요건을 고려하지 않은 채로 소프트웨어를 개발할 수는 없다. 그러나 지나치게 일찍 추상화를 해 버리면 잘못을 저지르기 쉽게 되고 도메인을 이해하기도 어려워진다. 추상화를 잘못 하면 도메인이 모호해진다. 추상화를 잘 하면 도메인 언어가 더 정확해진다.

 먼저 **전형적인 사례를 온전히 이해하는 일**, 즉 스토리를 말로 해 보는 일을 먼저 하자. 그리고 나서 그 밖에 **일어날 수 있는 일**을 논의하는 일, 즉 규칙들을 수집하는 일을 하자.

그러한 규칙을 찾는 데 도움이 될 만 한 방법은 **이그잼플 매핑**$^{Example\ Mapping}$이다(자세한 내용을 알고 싶다면 7장 '다른 모델링 방법과의 관계' 참조).

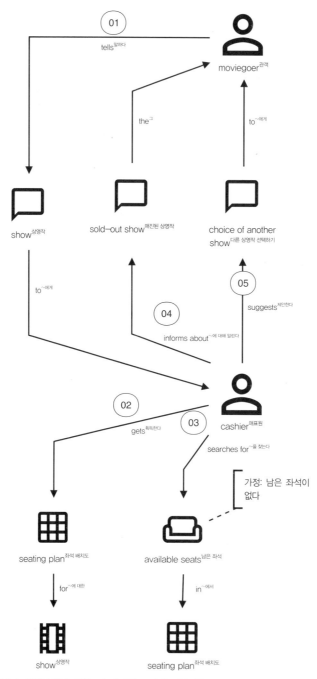

그림 3.3 메트로폴리스 3: 영화표 판매, 영화표가 매진됨 — 잘게-세분화한

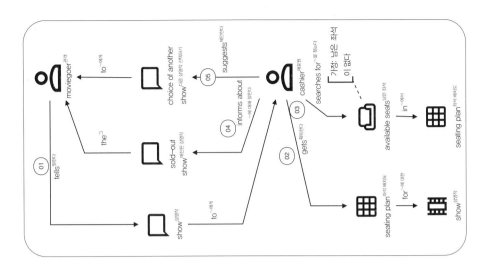

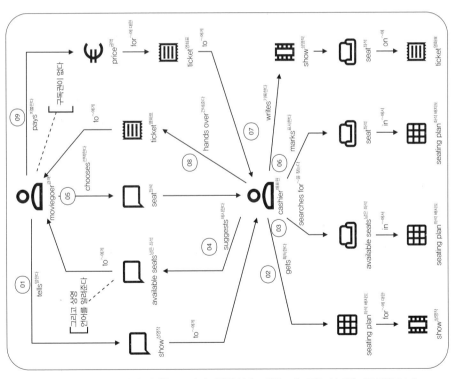

그림 3.4 도메인 스토리텔링 접근 방식: 다양한 스토리의 다양한 사례 모델링: 메트로폴리스 2와 메트로폴리스 3

구체적인 시나리오 예시

일부 도메인에서는 '전형적인 사례' 및 '정상 경로' 같은 시나리오를 식별해내기가 어려울 수 있다. 이러한 상황에서는 다른 접근 방식을 써 보기를 추천한다. 복잡성이 증가하는 여러 과거 사례를 간단한 사례, 보통으로 어려운 사례, 어려운 사례로 나눠 모델링해 보자.

언젠가 우리가 어떤 항구의 비상사태 특별 전담팀에서 쓸 소프트웨어를 개발할 때 순진하게도 우리는 도메인 전문가들에게 일반적인 사례와 정상 경로에 관해 물어본 적이 있다. 그들은 어깨를 들썩이며 "우리는 전적으로 예기치 않은 일과 규칙에 예외가 발생한 경우를 처리합니다."라고 말했다. 그래서 간단한 것부터 복잡한 것까지 작년에 처리해야 했던 비상 사태의 세 가지 예를 들어달라고 요청했다.

- 컨테이너 사슬이 풀려 항구에 떠다님
- 폭풍우가 몰아치는 동안 철도 시스템에 영향을 미치는 정전. 열차가 침수될 위험이 있는 지역에 갇힘
- 터질 위험이 있는 화물선이 좌초됨. 잠재적으로 항구를 오염시킬 위험이 있음.

그들은 시나리오별로 복잡도를 더해 풍부한 도메인 스토리를 우리에게 들려주었다.

개요 파악하기

압도적인 수의 시나리오를 모델링하지 않으려면 업무처리 과정의 가장 중요한 변형만 모델링하도록 제한해야 한다.

 완벽을 추구하기보다는 대표성을 띨 만한 본보기에 초점을 맞추자!

여러 개의 복잡한 비즈니스를 모델링해야 하고 각 비즈니스에 여러 가지 중요한 변형이 있는 경우라면 수십 개의 도메인 스토리가 생성될 것이다. 이럴 때는 전반적인 개요를 파악하는 데 도움이 되는 방식으로 도메인 스토리들을 구성하는 것이 유용하다. 우리에게 효과가 있었던 몇 가지 전략을 제시하면 다음과 같다.

- 이미 보았듯이 메트로폴리스 1(그림 1.9)처럼 **거칠게-세분화한** 도메인 스토리는 더 상세한 도메인 스토리(예: 그림 1.10의 메트로폴리스 2 및 그림 3.3의 메트로폴리스 3)의 닻(앵커) 역할을 할 수 있다.

- 많은 회사에서 위키를 사용해 지식을 구성하고 문서화한다. 위키를 사용하면 계층 구조를 쉽게 구축하고 하이퍼링크를 사용해 계층 구조 내에서 탐색할 수 있다. 위키를 사용하면 도메인 스토리도 구성할 수 있다. 이미 그려진 다이어그램에서 사진을 가져오거나 디지털 도구로 직접 만든 파일을 사용한다.

- 다양한 행위자가 참여한다면 누가 어떤 시나리오에 참여하는지 한눈에 확인할 수 있게 하는 게 좋다. UML의 유스케이스 다이어그램을 사용하면 이러한 개요를 파악할 수 있다[Rumbaugh et al. 2005]. 유스케이스 다이어그램에서는 도메인 스토리에서 어떤 역할을 하는 모든 행위자를 한곳에 모아 표시할 수 있다. 그림 3.5는 메트로폴리스 영화관의 예를 보여준다.[2] 여기에는 '영화표 판매'와 '구독권 판매'라는 두 가지 유스케이스를 타원 모양으로 표시하고 있다. 두 유스케이스 모두 매표원과 관객을 포함하며 막대기 모양으로 표시한다. '영화표 판매' 유스케이스는 두 가지 시나리오('정상 경로' 및 '전 좌석 매진')로 다루어졌다. 따라서 타원에는 유스케이스의 이름과 더불어 시나리오가 모델링된 도메인 스토리의 이름(메트로폴리스 2와 메트로폴리스 3)도 들어간다. 이러한 방식으로 두 가지 유형의 다이어그램이 연결되고 유스케이스 다이어그램은 어떤 행위자가 어떤 도메인 스토리에 관련되어 있는지 알려주는 개요를 제공한다.

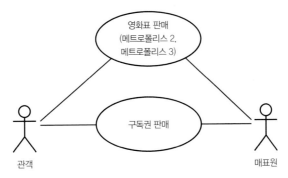

그림 3.5 메트로폴리스의 유스케이스 다이어그램

이제 **잘게-세분화한** 도메인 스토리의 개요를 얻는 방법을 알게 되었다. 도메인 스토리의 세분성과 기타 속성을 더 자세히 살펴보자.

---

2   실제로 도메인 스토리가 많지 않고 행위자가 두 명뿐인 경우라면 굳이 유스케이스 다이어그램을 모델링하지는 않을 것이다.

04

범위

도메인 스토리텔링은 '일률적으로 적용되는' 접근 방식이 아니다. 이번 장에서는 스토리가 지닌 세부사항의 수준(설명적이든 탐색적이든)과 스토리에 포함된 기술 정보의 양에 대해 논의할 것이다. 여기서는 이러한 요인들을 도메인 스토리의 **범위**^{scope}라고 부른다. 범위 또는 일부 범위는 종종 도메인 스토리의 이름에 반영된다. 범위를 결정하는 요인을 살펴보자.

도메인 세분성

지금까지 영화관 도메인에서 여러 도메인 스토리를 봤다. 메트로폴리스 1은 영화표 구매가 하나의 활동일 뿐인 상위 수준 뷰를 모델링한다. (여기서는 부분 도메인이 있는 변형인 메트로폴리스 1a를 살펴본다. 그림 2.10 참조.) 메트로폴리스 2(그림 1.10)는 해당 활동을 전체 도메인 스토리로 자세히 설명한다. 메트로폴리스 2에서는 관객이 매표소에서 어떻게 표를 사는지가 자세히 나타나 있다. 그림 4.1은 이러한 개선을 가시화한 것이다.

보다시피 세부 수준은 스토리마다 다르다. 이 세부 수준은 범위 요인 **세분성**^{granularity}으로 표현된다. 도메인 스토리는 **거칠게-세분화한**^{COARSE GRAINED} 것일 수도 있고, **잘게-세분화한**^{FINE-GRAINED} 것일 수도 있으며, 그 사이는 모두 **중간쯤-세분화한**^{MEDIUM-GRAINED} 수준이다. 스펙트럼은 연속적이다. 그러나 사용자와 시스템 간의 자세한 상호 작용(예: '고객이 버튼을 클릭한다')이나 객체간 상호 작용(UML 시퀀스 다이어그램에서와 같이)을 모델링하는 상황이라면 너무 멀리 간 셈이다.

항상 스토리 전체에 일관된 세부 수준을 목표로 하라. **잘게-세분화한** 활동과 **거칠게-세분화한** 활동을 혼합하면 혼란스러울 뿐만 아니라 그로 인해 더 큰 문제가 나타날 수 있다. 예를 들어, **거칠게-세분화한** 부분이 있다면 워크숍에 그 분야의 도메인 지식을 가진 사람이 없었음을 나타낼 수 있다. 이런 경우라면 스토리에 주석을 달아 두었다가 해당 분야에 필요한 지식을 가진 사람과 다시 회의를 열어 빈 부분을 채우면 된다.

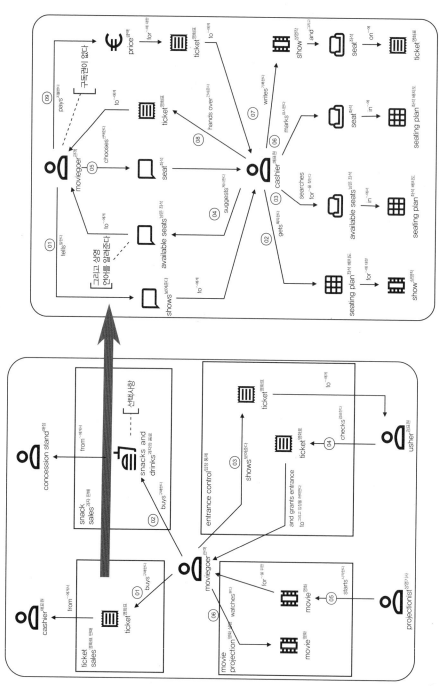

그림 4.1 메트로폴리스 1a에서 메트로폴리스 2로: **거칠게–세분화한** 스토리에서 나온 한 가지 활동이 **잘게–세분화한** 스토리 형태로 자세히 설명되어 있다.

세분성에 대한 유용한 은유

'잘게–세분화한'과 '거칠게–세분화한' 같은 용어로 서로 다른 수준의 세분성을 구별하기에는 표현에 한계가 있다. 앨리스터 콕번은 *Writing Effective Use Cases*에서 도메인 스토리에 도움이 될 수 있는 세분성에 대한 은유를 소개한다 [Cockburn 2001]. 콕번은 바다를 비유 삼아 소위 **목표 수준**을 정의한다(그림 4.2). 여러분은 **해수면 수준**에서 시작한다. 해수면 수준의 목표는 사용자가 달성하고자 하는 목표를 설명한다. 여러분이 더 **거칠게 세분화**하면 가오리연^{kite} 수준이나 **구름**^{cloud} 수준으로 올라가는데, 이는 해수면 수준 목표들을 요약하는 수준에 해당한다. 더 **잘게–세분화**하면 해수면 수준에서 **물고기**^{fish} 수준으로 내려가게 된다. 마지막으로, 바다 바닥에는 **조개**^{clam} 수준이 있다(콕번은 이를 '너무 낮은 수준'이라고 불렀다).

 구름 수준

 가오리연 수준

 해수면 수준

 물고기 수준

 조개 수준

그림 4.2 다양한 목표 수준[1]

물론 이러한 은유를 통해 세분성을 정확히 측정할 수는 없다. 그러나 다음 사항을 참고하여 몇 가지 아이디어를 생각해 보자.

- 콕번이 제시한 은유에 따르면 해수면 수준 유스케이스는 사용자가 한 번에 달성할 수 있는 것이다. 가오리연 수준의 유스케이스는 사용자가 소프트웨어를 한 번 이상 사용하게 된다.
- 우리의 경우 메트로폴리스 1 예제는 가오리연 높이에 떠 있고, 메트로폴리스 2 예제는 해수면에 떠 있다(그림 4.1).
- 구름 수준에서 전체 조직 메트로폴리스를 단일 행위자로 모델링할 수 있다(부서, 역할 및 소프트웨어 시스템을 구분하지 않음).

진행자로서 여러분은 범위가 불분명해 보일 때마다 이러한 은유를 사용할 수 있다. 그림 4.2에 나오는 아이콘을 접착식 메모지에 그려 회의실 벽에 붙이자. 아이콘들이 지속해서 상기시켜줄 것이다. "이 문제는 어느 정도 세부적으로 논의해야 하는가?" 이러한 은유를 설정해 놓으면 "이 가오리연을 해수면까지 끌어내리자!" 또는 "지금은 물고기 수준으로 뛰어들 때가 아니야!"와 같이 사람들이 하는 말을 듣게 될 것이다. 도메인 스토리에 목표 수준 은유를 아이콘이나 스토리 이름의 일부로 추가하는 것은 합리적이다.[2]

거칠게–세분화한 스토리에는 근거가 되는 내용이 많이 다뤄지므로 다른 부서나 심지어 다른 조직의 스토리텔러도 워크숍에 참여하는 것이 좋다. 이러한 경우 최대 15명의 스토리텔러가 참여하는 게 일반적이다. **잘게–세분화한** 스토리를 위한 워크숍의 스토리텔러 수는 일반적으로 2~7명

---

1 위키백과[Wikipedia Cockburn–Style]에서 아이콘을 가져왔으며 메너^{Menner}가 크리에이티브 커먼즈 CC0에 맞춰 만들었다.
2 최근 사용되는 유니코드에는 이모지(emoji)도 들어 있다. 이런 이모지를 파일 이름에 사용하지 않게 주의하는 편이 바람직하다.

정도로 더 적다. 종종 스토리텔러가 모두 1개(또는 소수) 사업부 소속일 수 있다. 그러나 모두 한 부서 출신일지라고 해도 그들이 다른 역할을 대표하는 경우도 있을 수 있다.

시점(있는-그대로인 vs. 있게-될)

메트로폴리스 1과 메트로폴리스 2(그림 4.1)는 현재 **있는-그대로인**[AS-IS] 업무처리 과정을 설명한 다. 도메인 스토리는 미래에 어떻게 보일지(가능성) 설명할 수도 있다. 이 **시점**은 도메인 스토리 의 또 다른 범위 요인이다(그림 4.3).

그림 4.3 범위 요인 중 하나인 시점

모델링의 의도는 잘못된 것을 개선하거나 문제를 해결하는 것이기 때문에 현재 상황을 종종 **문 제공간**[problem space]이라고 한다. 문제공간을 모델링하는 도메인 스토리를 **있는-그대로인** 스토리라 고 한다. 가능한 개선 상황 또한 도메인 스토리의 도움으로 탐색할 수 있다. 따라서 이러한 **있게- 될**[TO-BE] 업무처리 과정은 **해공간**[solution space]을 설명한다.

여기서 '**있는-그대로인**'과 '**있게-될**' 그리고 '**문제공간**'과 '**해공간**'이라는 단어 쌍을 선택했는데, 업 무처리 과정 모델링 커뮤니티와 도메인 주도 설계 커뮤니티에서 그 표현이 인정받고 있기 때문 이다(예를 들어 *Implementing Domain-Driven Design* [Vernon 2013]을 참고). 설명적 [descriptive] 대 **탐색적**[exploratory], 또는 **정보적**[informational] 대 **열망적**[aspirational] 등 같은 의도를 가진 다른 단어 쌍을 접했을 수도 있다.

일반적으로 '**있는-그대로인**'은 특정 시점에서 모델링할 때의 상황을 의미한다. 반면 '**있게-될**'은 앞 을 내다보는 것이다. 미래에는 다른 '**있게-될**' 도메인 스토리로 모델링하는 데 흥미로운 여러 시 점이 있을 수 있다(그림 4.4). 또한 동일한 시점을 탐색하는 대체 모델을 찾을 수도 있다. 이는 여러 가지 가능한 솔루션을 비교하고 최상의 솔루션을 찾는 데 유용하다.

종종 다른 시점이 선택되는 이유는 그때까지 무언가가 성취되거나 변경될 것이기 때문이다. 예를 들어, 새로운 소프트웨어 시스템이 작동될 수도 있다. 특정 시점이 도메인 스토리의 이름에 추가되는 경우도 있다.

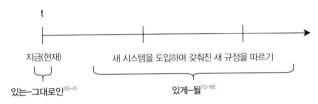

그림 4.4 어떤 도메인 스토리의 시점 예시

있게−될 스토리를 들려주는 워크숍에는 개발 중인 소프트웨어 시스템의 (미래) 사용자 같은 미래 행위자가 포함되어야 한다. 프로덕트 소유자 같은 다른 이해관계자가 이런 행위자에 포함되어도 된다.

도메인 순도(순수한 vs. 디지털화된)

메트로폴리스 예제를 다시 살펴보면 앱 개발자인 애나와 영화관 관리자인 매튜가 첫 번째 워크숍에서 두 가지 **있는−그대로인** 스토리, 즉 **거칠게−세분화한**(다시 말하면 가오리연 수준) 메트로폴리스 1과 **잘게−세분화한**(다시 말하면 해수면 수준인) 메트로폴리스 2(그림 4.1)를 모델링한 것을 볼 수 있다. 애나는 매튜가 사용한 소프트웨어 시스템을 모델링하지 않았다는 점을 눈치챘는가? 메트로폴리스처럼 작은 영화관도, 그저 스프레드시트만 사용하는 수준의 작은 영화관일지라도 어떻든 간에 일종의 전산을 사용해야 한다. 그러나 애나는 매튜가 사용하는 소프트웨어에 대해 매튜에게 물어보는 것을 잊지 않았다. 사실, 애나는 일부러 그렇게 한 것이다. 도메인 스토리를 모델링할 때는 (기존 또는 아직 구축되지 않은) 소프트웨어를 포함하거나 생략한다. 이 범위 요인을 **도메인 순도**domain purity라고 한다. 이때 소프트웨어 시스템이 없는 도메인 스토리를 **순수한**PURE 도메인 스토리, 소프트웨어 시스템이 있는 도메인 스토리를 **디지털화된**DIGITALIZED 도메인 스토리라고 부른다.

순수한 도메인 스토리는 새로운 소프트웨어 시스템을 구축하기가 무척 좋다. 이를 통해 기존 소프트웨어에 의해 추가된 우발적인 복잡성을 내부화하지 않고도 도메인을 이해할 수 있다. 도메인에서 소프트웨어라는 포장지를 벗기려면 모든 활동이 기존 소프트웨어 시스템이 아닌 도메인에서만 동기가 부여된 경우 작업이 어떻게 수행되는지를 전문가가 이야기해줘야 한다.

 소프트웨어가 보편화되기 전에 존재했던 도메인에 대해 사고 실험을 해 보자. 펜과 종이를 쓰던 시절에 어떤 식으로 일을 처리했는지를 이야기하는 스토리를 구해 보자. 그 시절의 이야기가 정확해야 한다는 데 초점을 맞추지 말고 그 시절 이야기를 통해서 얻을 수 있을 법한 참신한 생각에 집중하라.

디지털화된 도메인 스토리에서 행위자는 사람일 수도 있고 소프트웨어 시스템일 수도 있다. 이는 소프트웨어의 기능과 그 단점이 스토리의 일부임을 의미한다. 예를 들어 그림 4.5에서 '영화관 웹사이트'라는 전산 시스템은 행위자로 모델링된다.

많은 조직에서 도메인 모델은 수십 년 동안 잘못 모델링된 소프트웨어 시스템에 묻혀 있었다. **디지털화되고 있는–그대로인** 도메인 스토리를 사용해 이 혼란을 가시화하고 이에 대해 이야기할 수 있다. 도메인에서 동기를 부여하지 않았지만 현재 소프트웨어 시스템으로 작업하는 데 필요한 활동을 찾아보자. 소프트웨어 개발자가 도입했지만 도메인에 뿌리를 두고 있지 않은 언어를 찾아보자. 이때 주석을 사용하면 사람들이 지금 하고 있는 일을 왜 하는지 설명하는 데 도움이 된다.

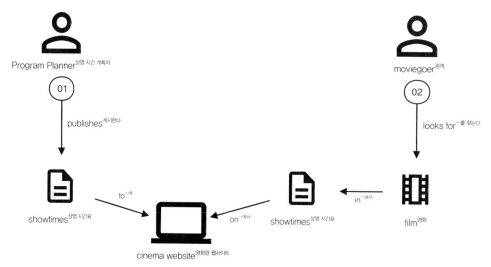

그림 4.5 소프트웨어 시스템을 행위자로 삼는 도메인 스토리를 **디지털화된** 도메인 스토리라고 한다.

새로운 소프트웨어 시스템이 작업을 어떻게 변화시킬 것인지 탐색하거나 보여주고 싶을 때 **디지털화되어 있게—될**[DIGITALIZED TO–BE] 도메인 스토리가 도움이 될 것이다. 이처럼 **디지털화되어 있게—될** 도메인 스토리라고 하는 것은 **순수하게 있는—그대로인**[PURE AS–IS] 스토리에 시스템을 추가해서 더 개발한 것을 의미한다.

범위 요인 결합하기: 일반적인 여정

범위를 결정하는 요인은 여러 가지 방법으로 결합할 수 있다. 수학적으로 말하면 범위는 일종의 교차곱(벡터곱, 외적)이다.

$$범위^{Scope} = 세분성^{Granularit: 입도} \times 도메인\ 순도^{DomainPurity} \times 시점^{PointInTime}$$

여기서는 도메인 스토리의 일반적인 범위를 설명하고, 어떤 범위에서 그다음 범위로 옮겨 가는 방법을 설명한다.

- 거칠게—세분화한, 순수한, 있는—그대로인
- 잘게—세분화한, 순수한, 있는—그대로인
- 잘게—세분화한, 디지털화된, 있게—될

이는 엄격한 정의가 없는 다양한 유형의 도메인 스토리의 예일 뿐이다. 따라서 이것이 유일하게 따라 갈 수 있는 여정은 아니다. 그러므로 자유롭게 적용해 보자. 또한 반드시 **거칠게—세분화한** 도메인에서 **잘게—세분화한** 도메인이라는 순서로 도메인 스토리텔링을 사용할 필요가 없다. 모델링은 일반적으로 반복 과정을 통해 이뤄지며 필요에 따라 범위를 변경할 수 있다. 이 책의 2부 '다양한 목적을 위한 도메인 스토리텔링 사용 및 조정'에서 다양한 범위를 통한 여정의 또 다른 예를 보여준다.

신규 도메인 탐색(거칠게—세분화한, 순수한, 있는—그대로인)

회사나 부서, 또는 개발 프로젝트의 첫 번째 도메인 스토리텔링 워크숍에서는 문제 영역에 대해 **거칠게—세분화한** 관점을 취할 때가 많다. 그런 스토리를 통해 우리는 전반적인 방향을 잡을 수 있다. 일반적으로 도메인 그 자체를 적나라하게 살펴보고 싶다면 소프트웨어 시스템을 배제하는 것이 도움이 된다.

조직에는 달성하려는 목적이 있게 마련이므로, 해당 조직의 고객 관점에서 일차 목적을 살펴보는 게 바람직하다. 따라서 **거칠게–세분화한** 도메인 스토리에는 종단 간$^{end-to-end}$ 업무처리 과정이 드러날 때가 많다. 이것이 메트로폴리스 1(그림 1.9)에서 영화표를 구매하는 일부터 영화를 보는 일까지 모두 스토리텔링이 되어 있는 이유다. '종단 간'이라는 말이 실제로 무엇을 의미하는지 확실하지 않은 경우 시작과 끝에 몇 개의 문장을 명시적으로 추가해 대화를 이끌어 나갈 수 있다.

거칠게–세분화한, 순수한, 있는–그대로인 스토리는 다음과 같은 여러 목적을 달성할 수 있다.

- 이는 도메인을 탐색하기 위한 출발점이다(지식 소화 과정$^{knowledge\ crunching}$).

- 이를 이용해 몇 가지 **잘게–세분화한** 도메인 스토리를 훑어볼 수 있다(3장 '시나리오 기반 모델링' 참조).

- 이를 분석해 도메인 간 경계를 찾아낼 수 있다(10장 참조). 영화관 도메인의 부분 도메인을 보여주는 메트로폴리스 1a(그림 2.10)에서 이에 대한 간단한 예시를 살펴봤다. 부분 도메인을 각 팀 간 경계와 소프트웨어 내 여러 경계로 사용할 수 있다. 예를 들어, 새로운 시스템을 모듈 방식으로 설계하거나 진흙덩어리$^{big\ ball\ of}$ ^{mud}[Foote/Yoder 1997]를 모듈로 분할하거나, 모놀리스$^{monolith:단일체}$를 여러 마이크로서비스로 분할하는 경우 등이 있다.

부분 도메인으로 파고들기(잘게–세분화한, 순수한, 있는–그대로인)

도메인에 대한 대략적인 접근 방법을 찾았고 프로젝트 범위를 상식적인 수준에서 이해할 수 있게 되었다면 이제 세부 정보로 더 파고들 수 있다. 도메인 전체를 보는 대신, 우리가 선택한 부분 도메인에 집중해야 한다. 예를 들어 애나와 매튜는 메트로폴리스 2(그림 1.10 참조)와 메트로폴리스 3(그림 3.3 참조)을 모델링할 때 영화표 판매라는 부분 도메인으로 그 범위를 좁혔다.

많은 회사는 부분 도메인으로 구성된다. 즉, **잘게–세분화되고 있는–그대로인** 스토리가 한 부서 내에서 발생하는 경우가 많다. 그러나 이 스토리의 시작과 끝에 부가적인 문장을 추가해 두면 흥미를 끌 수 있다. 이렇게 함으로써 여러분이 부분 도메인 간 인터페이스나 부서 간의 인터페이스를 살펴볼 수 있을 것이기 때문이다. 이렇게 하면 사람들이 부서 경계를 넘어 어떻게 협력해서 일하는지를 이해할 수 있다.

잘게-세분화되고 순수하게 있는-그대로인 스토리를 통해 사람들이 오늘날(즉, 문제공간에서) 서로 어떻게 협력하고 있는지를 볼 수 있다. 이러한 스토리는 여러 면에서 유용하다.

- 개선된 소프트웨어 지원으로 어떤 업무처리 과정이 혜택을 보는지 확인할 수 있다. 이것은 종종 소프트웨어 요구사항에 관한 대화를 시작하는 출발점이 된다(11장 참조).
- 기술적으로 오염되지 않은 도메인 모델을 추출하고 코드를 작성해 모델을 구현할 수 있다(12장 참조).
- **있는-그대로인** 도메인 스토리와 **있게-될** 도메인 스토리를 비교함으로써 업무가 어떻게 변경될지 가시화할 수 있다(다음 절 참조).

신규 소프트웨어 도입(잘게-세분화한, 디지털화된, 있게-될)

도메인 스토리를 이용하는 일반적인 방법은 상황이 어떻게 변경되어야 하는지를 말하는 것이다. 스토리는 개선된 업무처리 과정에 관한 이야기일 수도 있고, 새로운 역할이나 소프트웨어에 관한 이야기일 수도 있다.

예를 들어, 메트로폴리스라는 영화관에서는 관객을 위해 앱을 도입하려고 한다. 분명히 애나와 매튜는 관객이 앱을 어떻게 사용할지를 **잘게-세분화되고 디지털화되어 있게-될** 도메인 스토리로 모델링하기를 원할 것이다. 그러나 앱은 매표소에도 영향을 미친다. 어쨌든 같은 영화의 표가 현장 구매 관객 앱과 매표소라는 두 가지 판매 경로를 통해 판매될 것이다. 매표원이 관객 앱과 함께 작동하는 매표소 앱을 사용해야만 잘 돌아갈 것이다. 따라서 애나와 매튜는 **순수하고 있는-그대로인** 도메인 스토리인 메트로폴리스 2(그림 1.10)의 매표소 판매 업무처리 과정을 다시 검토한다. 그로부터 그들은 매표소 판매 업무처리 과정인 메트로폴리스 4의 **디지털화되어 있게-될** 버전을 도출한다(그림 4.6).

보다시피 2, 3, 6번 문장은 반드시 매표소 앱에서 지원해야 한다. 다음은 해당 앱의 첫 번째 요구사항이다.

잘게-세분화되고 디지털화되어 있게-될 스토리는 사람과 소프트웨어 시스템이 미래에 어떻게 함께 작동해야 하는지를 보여준다. 이는 다양한 목적에 유용하다.

- 개선 사항이 구현되고 나서 업무가 어떻게 변경되는지 가시화하기. **잘게-세분화되고 디지털화되어 있게-될** 스토리는 **잘게-세분화되고 순수하게 있는-그대로인** 스토리를 보완할 때가 많다. 이 스토리는 동일한

세부 수준(해수면 수준)에 있지만, 어디까지나 시스템이 있고 해공간에 해당한다(13장 '조직 변화 지원'에서 관련 내용을 계속 읽어볼 수 있다).

- 요구사항으로 작업하기(11장 참조).

- 코드로 도메인 모델링하기(12장 참조).

- 소프트웨어를 만들지, 아니면 기성 소프트웨어를 선택할지 결정하기(14장 참조).

여정 요약

이제 세 가지 서로 다른 범위에 관해 알게 되었는데, 각 범위는 메트로폴리스에 대한 도메인 스토리로 설명할 수 있다. 표 4.1은 여정의 개요를 보여준다.

표 4.1 메트로폴리스 도메인 스토리의 개요

목표	도메인 스토리	세분성	시점	도메인 순도
새로운 도메인 탐색하기	메트로폴리스 1(그림 1.9)과 1a(그림 2.10)	거칠게–세분화한	있는–그대로인	순수한
부분 도메인 파고들기	메트로폴리스 2(그림 1.10)와 3 (그림 3.3)	잘게–세분화한	있는–그대로인	순수한
새 소프트웨어 도입하기	메트로폴리스 4(그림 4.6)	잘게–세분화한	있게–될	디지털화된

이번 장의 내용이 모델링 문제를 해결하는 데 도움이 되는 범위를 재기 위한 잣대가 되기를 바란다.

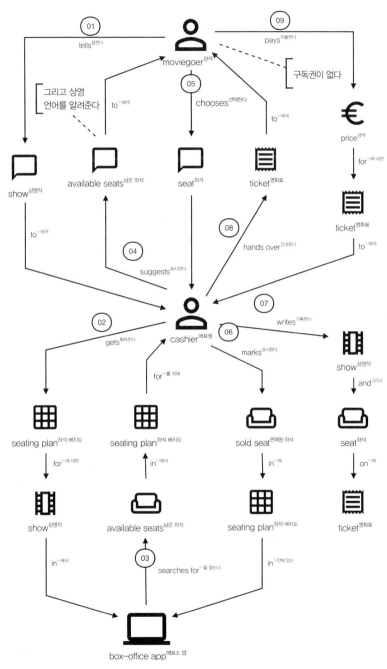

그림 4.6 메트로폴리스 4: 영화표 판매, 정상 경로 — **잘게-세분화한, 디지털화된, 있게-될**

05

모델링 도구

지금까지는 도메인 스토리가 칠판이나 소프트웨어 같은 모델링 캔버스에 문서화되어 있다고 가정했다. 우리는 수년에 걸쳐 다양한 도구를 써봤다. 이제 선택해서 사용할 수 있을 만한 **도구**와 그 장단점을 자세히 살펴보자. 먼저 아날로그 도구를 살펴보겠다. 그런 다음, 소프트웨어 도구 몇 가지를 소개한다. 이번 장은 도구 선택을 위한 몇 가지 요령을 소개하며 마무리한다.

종이나 보드에 모델링하기

종이, 플립 차트, 보드 등은 저렴하고 보편적인 모델링 도구다(그림 5.1). 소수 인원이 즉흥적으로 모델링을 논의하기에 적합하다. 몇 가지 제한 사항도 있으므로 모델링 시 다음을 추천한다.

- 연필과 종이
- 플립차트나 종이 두루마리에 붙여 쓰는 접착식 메모지
- 그냥 칠판
- 칠판에 붙인 접착식 메모지
- '칠판 키트'

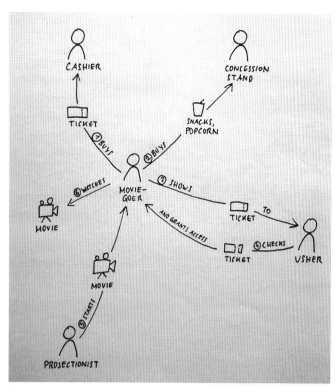

그림 5.1 종이에 모델링하기

혼자 모델링하면서 생각의 도구로 도메인 스토리텔링을 사용하려는 것이라면 연필과 종이만 있으면 된다. 한 사람이 더 참여해 모델링하더라도 종이 한 장이면 충분하다. 그러나 세 명이 넘는 사람이 참여하면 모든 사람이 도메인 스토리를 볼 수 있게 더 큰 모델링 캔버스가 필요하다. 이럴 때는 플립 차트나 종이 두루마리가 알맞다.

모든 종이 기반 모델링에는 그림을 고쳐 그리기 어렵다는 명백한 단점이 있다. 도메인 전문가는 진행하면서 스토리를 수정하기 때문이고 숙련된 모델러도 실수할 수 있기 때문에 자주 수정할 일이 생긴다. 진행자는 미리 그림의 틀을 생각해 둬야 한다. 예를 들어 스토리의 중심에 있는 행위자는 들고 나는 화살표를 많이 그릴 수 있는 공간이 충분하도록 중간에 배치해야 한다.

행위자와 작업객체를 접착식 메모지를 사용해 나타내면, 특히 종이 대신 칠판에서 그런 식으로 활용하면 훨씬 더 수월하게 진행할 수 있다(그림 5.2).

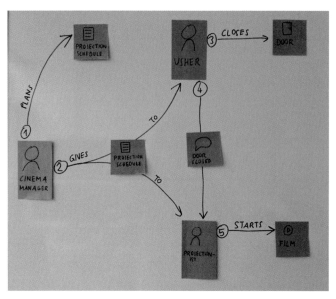

그림 5.2 칠판에 접착식 메모지를 붙여서 쓰는 예시

우리는 도메인 스토리텔링을 하면서 칠판에 접착식 메모지를 사용하는 다양한 방법을 시도해봤다. 그중에서 가장 효과가 있었던 방식을 여기서 소개하겠다.

우선 접착식 메모지에 행위자와 작업객체를 그린다. 활동(화살표와 레이블) 및 순번을 칠판에 직접 표시한다. 경험상 이 방법을 쓰면 다시 구성하기가 쉬워질 뿐 아니라 깔끔하고 일관된 모양을 유지할 수 있어 이 방법은 최상의 절충안이다. 작업객체에는 정사각형 접착식 메모지(그림 5.3)를 사용하고 행위자에는 그보다 큰 직사각형 접착식 메모지(그림 5.4)를 사용하기를 권한다. 그러면 행위자를 쉽게 알아볼 수 있다. 현장에서는 다른 색상을 사용해 행위자를 작업객체와 구별하는 것을 선호하는 사람도 있다.

또 다른 권장 사항은 활동을 시작한 행위자 옆의 화살표 시작 부분에 문장의 번호를 쓰는 것이다. 동그라미 안에 숫자를 쓰는 방식으로 표시하면 누구나 쉽게 알아볼 수 있다.

나름대로 어떤 스타일을 개발하든 그 스타일을 일관되게 적용하는 게 도메인 스토리를 이해하기 쉽게 만들어주는 핵심이다.

그림 5.3 정사각형 접착식 메모지에 작업객체를 그려 넣기

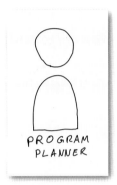

그림 5.4 직사각형 접착식 메모지에 행위자를 그려 넣기

칠판에서 접착식 메모지로 실험하기

우리는 무엇이 효과적이고 무엇이 그렇지 않은지 알아내기까지 시간이 좀 걸렸다. 여러분이 그런 시행착오를 겪지 않도록 여기서 실패담을 공유하고자 한다.

- **모든 내용을 접착식 메모지에 적기**: 활동(화살표 및 레이블)에는 큰 접착식 메모지를 사용하고 다른 모든 작업에는 작은 접착식 메모지를 사용했다. 접착식 메모지를 너무 많이 쓰게 되자 도메인 스토리를 기입해 넣는 공간이 크게 줄어들게 되었고, 그러는 바람에 정작 효과가 없었다.

- **화살표를 제외한 모든 사항을 접착식 메모지에 적기**: 행위자, 작업객체, 순번 및 활동 레이블에 접착식 메모지를 사용하고, 활동 화살표만 칠판에 직접 그렸다. 그 결과, 활동의 화살표와 레이블 사이가 시각적으로 너무 많이 분리되었다.

- **작업객체들만 접착식 메모지에 적기**: 도메인 스토리는 행위자를 중심으로 진화하기 때문에 행위자의 위치를 변경할 필요가 줄어들 것이라고 생각했지만, 그 생각은 틀렸다. 또한 일부 아이콘은 접착식 메모지(작업객체용)에 있고 다른 아이콘은 칠판(행위자용)에 있으면 스토리가 이상하게 보인다.

- **행위자, 작업객체 및 순번을 접착식 메모지에 적기**: 우리는 숫자를 아주 작은 접착식 메모지를 사용해 표시했다(화살표 옆에 숫자를 쓰는 대신). 숫자를 더 쉽게 식별할 수 있게 하기 위해 이렇게 한 것이다. 그러나 세 종류의 접착식 메모지를 다루기가 어렵고 작은 메모지들 때문에 어수선해졌다.

접착식 메모지를 사용하면 실수를 수정하고 쉽게 배치를 변경할 수 있지만, 여전히 아이콘을 직접 그려야 한다. 우리는 많은 진행자가 아이콘을 몇 개만 그려놓은 채로 행위자와 작업객체의 텍스트 표현에 의존하는 경향이 있음을 알아냈다. 이 방식이 달성해야 할 목적에 맞는 것이라면 모르겠지만, 우리는 그런 그림의 표현력이 떨어진다고 생각한다. 그럴 경우 작업객체를 표현하는 방식을 논의하다 보면 감춰져 있던 가정이 드러난다. 아이콘을 그리면 그러한 토론을 하기가 더 쉬워지므로 아이콘을 그리는 게 바람직하다.

아이콘을 일일이 손으로 그리는 단점을 극복하기 위해 스테판은 종이에 아이콘을 인쇄한 다음에 테이프를 사용해 모델링 캔버스에 붙였다. 그리고 나서 이 방식을 더 정교하게 만들어 **칠판 키트**를 만들었다(그림 5.5 참조). 약간 두꺼운 종이에 아이콘을 인쇄하고 필름을 붙인 다음에 뒷면에는 작은 평면 자석을 붙였다. 이 카드를 칠판에 붙인 다음에 마커를 사용해 나머지 사항을 기입하면 언제든 다시 이 카드를 사용할 수 있다. 도메인 스토리텔링 웹사이트(www. domainstorytelling.org)에 칠판 키트용 템플릿을 게시해 두었다. 물론 도메인에 맞게 아이콘 세트를 조정할 수 있으며 실제로 그래야 할 것이다.

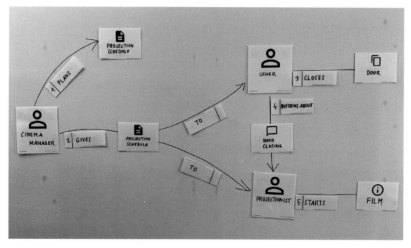

그림 5.5 코팅되고 자석으로 붙일 수 있는 칠판 키트

칠판이나 큰 종이에 모델링을 하는 방식은 디지털 도구를 사용하는 방식에 비해 더 나은 점이 있다. 모든 참가자가 모델에 무엇인가를 '기입'할 수 있다는 점이다. 이것은 아날로그 도구를 사용하게 된다면 최소한 많지 않은 사람만큼은 모델을 서로 공유하면서 협업할 수 있다는 점을 의미한다(6장 '워크숍 형식' 참조).

소프트웨어 도구를 활용한 모델링

소프트웨어 도구는 다음 범주에 속한다.

- 디지털 기기를 사용해 손으로 그리기(예: 태블릿 및 디지털 펜 사용)

- 범용 그리기 도구 활용

- 가상의 협업용 칠판 활용

- 특수 목적 모델링 도구 사용(예: 우리가 만든 Egon.io – 도메인 스토리 모델러 [Egon.io 웹 사이트])

소프트웨어 도구 중 대다수는 단 한 사람이 입력 장치(마우스, 키보드, 펜 등)를 이용해서 다루도록 설계되었다. 이러한 도구로는 모델을 공유해서 작업할 수 없으므로 한 사람이 모델러 역할(6장 '워크숍 형식' 참조)을 수행하면서 그림을 그려야 한다. 아날로그 도구와 마찬가지로 모델을 모든 참가자가 볼 수 있어야 한다. 즉, 모델러의 컴퓨터를 프로젝터에 연결해야 한다. 가상 칠판과 디지털 칠판은 예외다.

디지털화된 손그림

마이크로소프트 서피스 허브^{Microsoft Surface Hub} 같은 대형 터치스크린과 디지털 펜 또는 아이패드 같은 태블릿과 애플 펜슬 같은 디지털 펜 등의 디지털 장치를 이용해서도 그림을 그릴 수 있다(그림 5.6). 이 방식을 따른다면 여러분이 그리려고 하는 모든 것을 그릴 수 있을 뿐만 아니라 이미 그린 그림을 언제든 쉽게 변경할 수 있다(즉, 도메인 스토리의 일부를 다시 그릴 필요 없이 옮기기만 해도 되는 방식). 이 방식을 이용할 경우 일부 모델링 도구에서 강요되는 규칙과 제한 사항을 따를 필요가 없으므로 이 방식을 좋아하는 사람도 있다.

범용 그리기 도구

도메인 스토리를 그림으로 기록하는 데 사용할 수 있는 범용 그리기 도구는 많다. 이 범주에 속하는 몇 가지 인기 있는 도구로는 글리피^{Gliffy}, 와이에드^{yEd}, 다이어그램스닷넷^{diagrams.net}, 마이크로소프트 비지오 및 마이크로소프트 파워포인트를 들 수 있다(그림 5.7).

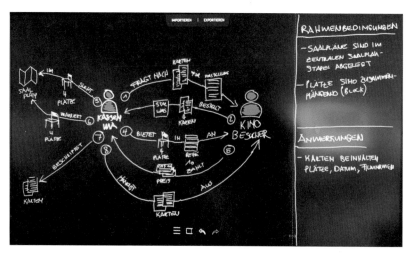

그림 5.6 디지털 칠판을 사용해서 도메인 스토리텔링 하기

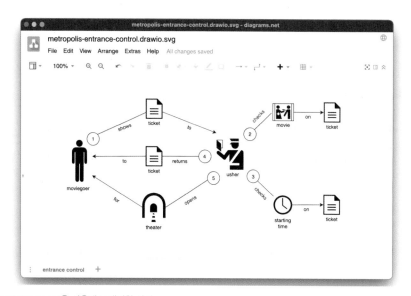

그림 5.7 diagrams.net을 사용해 모델링한 사례

경험상 도메인 스토리 모델링과 관련해 눈에 띄는 범용 도구는 없다. 따라서 여러분이 다룰 도메인에 맞는 아이콘 세트를 사용하는 일 외에 권장할 만한 것은 없다.

가상 칠판

가상 칠판은 일반적으로 실시간 협업이 가능한 범용 그리기 도구다. 이미 이 방식의 두 가지 특성을 언급했다. 첫째, 모델링은 협업이 될 수 있다. 둘째, 칠판(아날로그 및 디지털)을 사용하면 사용자는 아이콘을 완전히 생략하고 텍스트와 함께 (디지털 방식의) 접착식 메모지만 사용하게 된다(그림 5.8 참조).

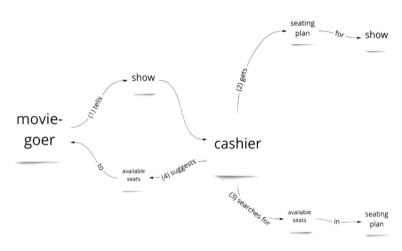

그림 5.8 디지털 칠판에 아이콘 없이 그린 메트로폴리스 2

이런 방식이 먹힌다면 그것으로 충분하다. 그러나 2장 '픽토그래픽 언어'에서 논의했듯이 아이콘은 단순히 보기 좋으라고 쓰는 게 아니다. 의미를 전달하고, 토론을 가능하게 하며, 더 잘 인식할 수 있게 도와준다. 수고로움을 조금 더 보태면 마이로[Miro], 뮤랄[Mural], 컨셉보드[Conceptboard] 같은 도구를 사용해 자신만의 아이콘 세트를 만들 수 있다(그림 5.9).

가상 칠판을 다른 모델링 도구와 결합할 수 있다. 예를 들어, 아날로그 칠판에서 모델링한 도메인 스토리의 사진을 업로드할 수 있다. 이를 통해 여러 도메인 스토리를 쉽게 비교하고 공동으로 주석을 달 수 있다. 그림 5.10에서 도구를 결합한 결과의 예를 참조하자.

그림 5.9 마이로에서 아이콘을 사용하는 방법

특수 목적 모델링 도구

도메인 스토리텔링을 진정으로 지원하는 도구라면 다음을 수행해야 한다.

- 도메인 스토리의 구문 규칙을 적용한다. 우리는 그리기 도구가 아닌 모델링 도구를 원한다.
- 문장에 자동으로 번호를 매기고 문장의 순서를 쉽게 변경할 수 있다.
- 문장의 순서에 애니메이션을 적용해 스토리텔링을 돕는다.

우리 회사인 WPS에서 Egon.io(도메인 스토리 모델러)라는 이름으로 그러한 모델링 도구를 만들었다(그림 5.11). 이 도구를 사용해 번호를 매기고 모델을 재구성할 수 있고 재생 모드로 문장별로 스토리를 다시 말할 수 있다. 이 책에 나오는 도형을 무엇을 사용해 그렸는지 궁금했다면 이제 그 답을 알 것이다.

Egon.io는 소스 코드를 공개하고 있다. 자유롭게 사용하면서 자신의 업무에 적용해 보자. 소스 코드와 바로 사용할 수 있는 패키지 버전을 깃허브 저장소[Egon.io Sources]에서 내려받을 수 있다. 또는 Egon.io 웹 사이트에서 온라인으로 사용해볼 수도 있다.

도구 선택

표 5.1에는 이번 장에서 논의한 모든 도구들이 범주별로 나열되어 있다. 각 범주별로 최대한 많은 도구를 추천했다. 물론 반드시 이런 식으로 분류해야 한다는 뜻은 아니다.

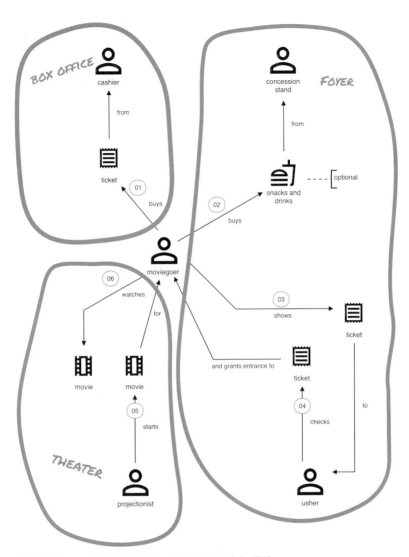

그림 5.10 도구 결합: Egon.io로 모델링한 도메인 스토리를 마이로에서 그룹화

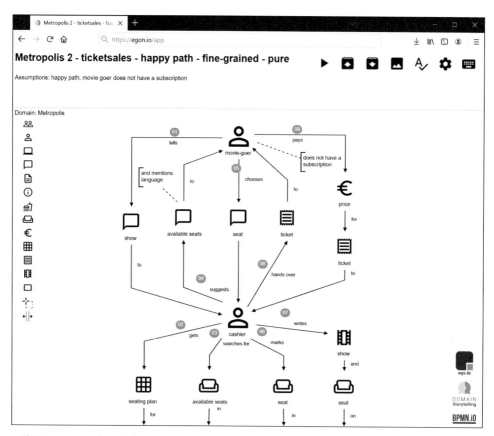

그림 5.11 Egon.io로 메트로폴리스 2를 모델링한 것

 스테판의 플립 차트 이야기

언젠가 25명이 되는 사람들과 함께 플립 차트에 접착식 메모지를 사용해 도메인 범위 간의 경계를 찾기 위해 거칠게−세분화한 도메인 스토리텔링을 수행한 적이 있다(10장 참조). 이는 쉽지 않았고 진심으로 추천하고 싶지 않다. 하지만 결국 목표에 도달했고 잘게−세분화한 스토리들을 작성하기 위해 나는 각 범위를 더 작은 그룹으로 나눴다.

사용할 도구를 결정하는 데 도움이 되도록 도메인 스토리를 수정하거나 재구성하기가 얼마나 쉬운지를 '쉬움', '괜찮음', '어려움' 등급으로 표시해 두었다. 또한 상황에 따라 어떤 도구가 가장 유용할지를 추천해 두었다. 즉흥적 상황(준비 작업이 거의 필요치 않거나 전혀 필요하지 않는 상황), 가끔 필요한 상황(이럴 때는 필요한 도구에 익숙해야 함), 자주 필요한 상황(도메인 스토리의 변형을 만들고 도메인 스토리를 비교해야 하는 경우 같은 '기업 전체 수준의 환경' 등)이 그것이다. 또한 모델링을 할 때 지원받을 수 있는 작업(구문 규칙 시행, 활동 번호 지정, 활동 시퀀스 애니메이션)의 지원 여부도 표시했다.

표 5.1 모델링 도구 비교

도구	그룹 규모	수정	용법	모델링 지원
종이	3	어려움	즉흥적	없음
플립 차트(접착식 메모지 포함)	5	어려움	즉흥적	없음
칠판(접착식 메모지 포함)	7	괜찮음	즉흥적	없음
칠판(키트 이용)	7	괜찮음	가끔	없음
디지털화된 손그림	10+	괜찮음	가끔	없음
그리기 도구	10+	쉬움	자주	없음
가상 칠판	10+	쉬움	자주	없음
Egon.io	10+	쉬움	자주	좋음

어떤 도구를 선택하느냐에 따라 도메인 스토리를 가시화하는 방식이 달라진다. 원칙적으로 모든 활동에서는 활동 화살표의 원점에 순번을 나타내는 숫자를 기입해야 한다. 일부 도구를 사용하면 활동에 사용되는 작업객체에 번호를 더 쉽게 붙일 수 있다. (그림 2.16에서 이 두 가지 변형의 예를 보았다.) 의미론적으로 보면 의도된 차이는 없다.

고려해야 할 또 다른 사항으로는 어떤 도구를 선택하느냐에 따라 모델에서 사용할 수 있는 공간이 결정된다는 점을 들 수 있다. 플립 차트나 칠판에서 모델링하는 경우에는 공간이 제한된다. 모델링 공간이 제한되는 게 반드시 단점인 것만은 아니다. 실제로 제한된 모델링 공간은 도메인 스토리를 깔끔하고 간결하게 유지하는 데 도움이 될 수 있다. 디지털 도구를 사용하면 가상 모델링 공간에 제약이 없을 때가 많고, 그 공간을 확대하거나 축소하는 기능이 들어 있을 수도 있다. 그러한 도구를 사용할 때는 진행자는 해당 도구를 능숙하게 다룰 줄 알아야 한다. 일반적으로 도메인 스토리를 화면 크기(또는 플립 차트나 칠판 또는 종이 같은 것의 크기)로 제한하거나 약 20문장 이하로 제한해야 한다. 도메인 스토리가 그보다 훨씬 더 긴 경우 여러 스토리로 분할하는 것을 고려해야 하고, 도메인 스토리텔링처럼 시각적으로 '장황한' 방식에 대해 너무 세분화하지 않았는지 점검하자. 6장 '워크숍 형식'에서 스토리를 나누는 방법을 제시하겠다.

06

워크숍 형식

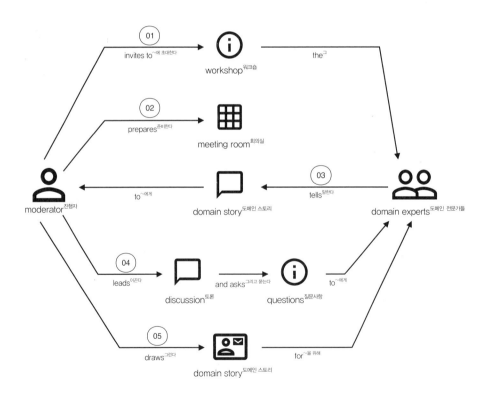

도메인 스토리텔링을 그래픽 표기법의 하나로 사용할 수도 있다. 하지만 도메인 스토리텔링은 그 이상이다. 도메인 스토리텔링은 업무처리 과정에 관해 의미 있는 대화를 나누기 위한 방법이

다. 그렇기 때문에 일반적으로 혼자서 도메인 스토리텔링을 하지 않는 것이다. 가장 중요한 요인은 회의장에 꼭 필요한 사람이 오게 하는 것이다. 워크숍에 실제 도메인 전문가가 있으면 도메인 스토리텔링을 통해 지식을 통찰할 수 있다.

도메인 스토리텔링은 대화 기술이다.

워크숍을 열기 전

도메인 전문가와 보낼 수 있는 시간은 대개 부족하다. 따라서 워크숍을 모두에게 흥미로운 경험으로 만들고 좋은 결과를 얻기 위해 약간의 계획이 필요할 수 있다.

워크숍은 관련 있는 것을 하나로 불러 모은다. 즉, 특정 목적을 위해 도메인 스토리텔링으로 지식을 교환하고자 하는 사람들을 불러 모은다. 그 목적은 이 책의 2부 전체를 할애해 설명할 정도로 매우 중요하다. 또한 그 목적은 스토리의 세분성을 결정하고(4장 '범위' 참조) 참가자 구성에도 영향을 끼친다.

도메인 스토리텔링 워크숍을 진행하기 위한 조직에 속하게 되었다면, 이는 일반적으로 어떤 한 사람(비즈니스 담당자나 전산 담당자)이 초대했기 때문일 것이다. 그 사람을 **주최자**^{host}라고 하자. 주최자는 회의를 조직하고 참가자를 초대하는 사람이다. 주최자는 일반적으로 무엇을 모델링해야 하는지를 어느 정도 알고 있다. 그러나 경험에 따르면 특정 질문과 주제가 늘 중요하다. 진행자는 다음과 같은 질문을 통해 주최자를 도울 수 있다.

- 어떤 질문에 답해야 하는가?
- 가장 큰 문제는 무엇인가?
- 현재 이 문제를 해결하기 위해 누가 참여하고 있는가?
- 어떤 사람의 관점을 고려해야 하는가? 누가 주최자의 의견에 참여해야 하는가?
- 조직의 핵심 부분에 어떤 주요 활동이 있는가?

그런 다음 주최자와 진행자는 다루고자 하는 주요 활동, 유스케이스, 업무처리 과정을 명확히 해야 한다. 한 차례 워크숍에서 도메인 스토리 하나가 아니라 여러 개를 놓고 토론하게 된다. 도메인 스토리의 범위(4장 참조)가 어떠해야 하는지를 결정하라. 이러한 질문에 대한 답변을 하다 보면 알맞은 참가자를 선택할 수 있을 것이다.

적합한 참가자 초대하기

적합한 사람들이 워크숍에 참여해야 하므로 초대할 사람을 신중히 골라야 한다. 이는 도메인 스토리텔링뿐만 아니라 다른 협업 모델링 방법에서도 명심해야 할 사항이다.[1]

적합한 사람이란 누구를 말하는 것일까? 어떤 경우에는 한 사람이 전체 도메인 스토리를 말해줄 수 있다. 그러나 일반적으로 중대한 업무처리 과정을 처리하려면 서로 협력해야 한다. 따라서 참가자 중 몇 사람은 이야기를 전하는 사람들이 공유하는 내용을 도메인 스토리가 될 수 있게 하는 일에 기여해야 한다.

> 도메인 스토리텔링은 대개 공동 작업으로 이뤄진다.

조직 간에 벽을 둠으로써 자신을 제한하지 말자. 특히 업무처리 과정을 처음부터 끝까지 **거칠게–세분화한** 수준으로 다루는 도메인 스토리의 경우 일반적으로 한 사람이 모든 업무처리 과정을 전문적으로 다룰 수는 없다.

부서별로 도메인 지식이 서로 격리되어 있는 조직이라면 각 사일로에 해당하는 업무 분야별 전문가를 초빙해 모두가 참여하도록 해야 한다. 이렇게 하면 사일로 간의 격차와 연결 관계를 파악할 수 있을 것이다.

또한 도메인을 피상적으로 아는 대리인을 초대하지 말고, 현장에서 일하는 진정한 전문가를 초대하려고 애써야 한다. 워크숍 참가자에는 일반적으로 다음이 포함된다.

- 지식을 공유할 수 있는 **스토리텔러**storyteller: 이야기꾼(종종 여러 부서에서 오는 도메인 전문가들이 이에 해당)
- 도메인 지식을 배우고자 하는 **청취자**(흔히 개발 팀이 이에 해당)

---

1 협업 모델링 커뮤니티의 다른 저자가 제안한 내용에 관심이 있다면 알베르토 브란돌리니의 Introducing EventStorming [Brandolini 2021]과 케니 바스 슈베글러(Kenny Baas–Schwegler)와 조앙 로사(João Rosa)가 큐레이팅한 Visual Collaboration Tools [Baas–Schwegler/Rosa 2020]라는 책을 보자.

- 워크숍을 진행하는 진행자 및 모델러

- 주최자

결국 모든 참가자는 그 목적이 공유든, 학습이든, 촉진이든 상관없이 워크숍에서 새로운 통찰력을 얻고 가게 될 것이다.

'소프트' 팩터와 정치

일반적으로 사람을 적게 초대하기보다는 많이 초대하는 편이 더 좋다. "잠자는 숲속의 공주"에 나오는 말레피센트가 그랬듯이, 초대받지 못한 전문가가 뒤에서 워크숍을 저주하기를 바라지 않을 것이다. 또한 사람들은 초대받지 않는 경우보다, 비록 초대를 거절해야 하더라도 일단 초대받은 경우에 기분이 더 좋은 법이다. 초대되지 않은 경우 불쾌해할 만한 사람이 누구인지 진행자는 주최자와 함께 논의해야 한다.

협업 모델링 워크숍에 경영진을 참여시키는 일은 조직 문화와 참가자의 성격에 따라 도움이 될 수도 있고 문제가 될 수도 있다. 일부 조직에서 도메인 전문가는 상사가 있을 때 문제를 드러내 말하지 않는다. 도메인 전문가가 상사의 실수를 지적해야 하는 상황이나 실제로 표준 절차나 규정, 회사 지침을 따르지 않은 일을 말해야 하는 상황에 직면한 적도 있다. 이러한 상호작용은 안전한 공간에서만 일어나야 하며 심리적 안정감이 필요한데, 안타깝게도 모든 직장이 그렇지는 않다.

회사 자체가 열린 의사 소통과 아이디어의 자유로운 공유를 장려하지 않는다면 최소한 도메인 스토리텔링 워크숍에서 제안할 수 있다.

많은 고객을 위한 제품을 구축하는 경우 일반적으로 다음과 같은 문제에 직면하게 된다. 즉, 워크숍에서 고객의 관점을 들어보는 것이 좋겠지만 그저 고객 몇 명을 무작위로 골라 초대할 수는 없다. 이 경우 고객과 직접 접촉해 일하는 도메인 전문가(예: 고객 서비스, 영업 등)나 고객 행동에 대한 정보가 있는 도메인 전문가(예: 비즈니스 인텔리전스 팀이나 분석 팀)를 초대하는 편이더 좋다.

기존 소프트웨어를 운영하는 조직에서 이러한 시스템을 유지 관리하는 개발자는 귀중한 정보를 제안할 수 있으며 참여를 요청해야 한다. 그들의 관점이 중요한 이유는 그들이 데이터베이스를 프로그래밍하거나 관리하는 방법을 알고 있기 때문만은 아니다. 때로는 그들이 부서의 경계 내에서 생각하도록 수 년에서 수십 년 동안 훈련받은 도메인 전문가보다 비즈니스를 더 전반적으로 보는 경향이 있다.

얼마나 걸릴까?

경험에 따르면, 30~45분이면 한 개의 **거칠게―세분화하고 있는―그대로의** 스토리 또는 한 개의 **잘게―세분화하고 있는―그대로의** 스토리 하나를 다루기에 충분하다. **있게―될** 스토리는 기본적으로 설계 세션에 해당해서 상당히 많은 토의를 거쳐야 하므로 종종 더 오래 걸린다.

1개 세션에 60~90분을 배정하고, 두세 개 도메인 스토리를 다루기를 권한다. 이보다 더 많이 다루고 싶다면 쉬었다가 하든가 후속되는 워크숍에서 하자. 워크숍에 걸리는 시간은 초대하는 사람들의 가용성에 따라 제한될 수 있다. 상황에 따라 두 시간이나 반나절이 될 수도 있고 하루 종일이 걸릴 수도 있다.

회의장 준비하기

좋은 대화를 나누고 싶다면 우선 사람들을 모닥불 주위로 모이게 해야 한다. 그러므로 자리를 적절히 배치해 쾌적한 분위기를 조성해야 한다.

스톤헨지 모양 배치, 즉 **말굽 모양**으로 자리를 배치하는 게 이상적이다(그림 6.1). 이렇게 배치하면 참가자들은 한쪽이 열린 동그라미를 형성하게 된다. 이렇게 하면 모든 사람이 다른 사람을 모두 볼 수 있고 그들이 하는 말을 들을 수 있다. 칠판이나 프로젝션 스크린(모델링 캔버스)이 놓인 곳, 즉 열린 쪽(도메인 스토리가 그려지는 곳)에서 '태양이 빛날 것이다.'

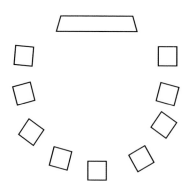

그림 6.1 스톤헨지 모양의 자리 배치

사람들은 의자나 소파, 또는 회의장의 아무 곳에서나 서거나 앉을 수 있다. 탁자는 따로 필요하지 않다(실제로는 오히려 방해가 된다). 물론, 탁자 위에 커피와 과자를 놓아 둔다면 환영받을 것이다(특히 사람들이 음식을 권유받는 일에 익숙하지 않은 회사라면 더욱 그렇다).[2]

묘사된 도메인 스토리를 언제든 모든 참가자가 볼 수 있게 표시해야 한다. 스토리를 잘 볼 수 있는 범위 내로 참가자 수를 제한하면 된다. 그러므로 이런 점을 고려해 스토리를 기록하는 데 사용하는 도구를 선택하자(5장 '모델링 도구' 참조). 소프트웨어 도구를 사용한다면 프로젝터를 사용해 진행자의 화면을 방에 있는 모든 사람이 함께 볼 수 있게 하라. 이런 경우에만 컴퓨터를 쓸 수 있어야 하며, 오직 진행자만 쓸 수 있어야 한다.

원격 환경을 구성하려면 다른 준비가 필요하다. 이와 관련해서는 뒤에 나오는 '원격 워크숍'에 나오는 권고 사항을 참조하라.

워크숍

모든 사람이 자신의 자리를 찾아 앉고 침묵을 깨는 잡담이 시작되면 진행자가 실제 세션을 시작한다. 진행자가 진행할 내용을 간략하게 설명하는데, 이때가 워크숍의 목표, 범위, 내용을 명확히 하기에 적절한 시기다.

다음으로 진행자는 **의제**agenda를 설명한다. 의제를 모델링 캔버스 옆에 있는 플립 차트에 작성하는 것이 좋다. 일반적으로 의제는 워크숍 중에 변경된다.

소개 후 진행자는 "여러분의 이야기를 들려주세요!"라고 요청하면서 참가자들에게 동기를 부여한다.

스토리텔링

워크숍이 진행되는 동안 진행자는 스토리텔러가 전반적인 워크숍 목적에 부합하게 스토리텔러를 올바른 방향으로 이끌어야 한다. 도메인 전문가가 항상 타고난 스토리텔러인 것은 아니다. 숙

---

2 함께 음식을 나눠먹는 일의 중요성에 대해 More Fearless Change [Manns/Rising 2015]의 '음식 제공(Do Food)' 패턴을 고려하자.

련된 스토리텔러에게서 좋은 스토리텔링이 나오는 법이다. 이 때문에 진행자는 다음과 같은 질문을 함으로써 참가자가 계속 이야기를 이어가게 해야 한다.

- "다음에는 어떻게 됩니까?"

- "이 정보는 어디서 얻나요?"

- "다음에 무엇을 할 것인지 어떻게 결정합니까?"

- "그 일을 어떤 식으로 하고 있습니까?"

여러분의 의견을 참가자에게 강요하지 말고 참가자 스스로 참여하게 하라. 자신의 언어가 아닌 참가자의 언어를 사용하라!

때로는 활동에 분명한 목적이 없는 것처럼 보일 수도 있다. 나중에 유용한 소프트웨어와 업무처리 과정을 설계하기 위해 그 활동이 왜 수행되는지를 이해하는 것이 중요하다(11장 '요구사항에 맞춰 일하기' 참조). 어떤 작업이 특정 방식으로 수행되는 이유를 답하다 보면 종종 현재 업무처리 과정의 심각한 문제나 소프트웨어에서 그것들을 어떻게 지원하는지 드러나기도 한다.

- "그게 항상 해왔던 방식입니다."

- "그 작업을 왜 하는지는 모르겠어요."

- "이것이 다른 부서 사람들에게 꼭 필요하다고 가정했습니다."

- "소프트웨어 때문에 이렇게 할 수밖에 없어요."

반복해서 왜 그런지를 질문하다 보면 비로소 문제의 핵심을 파악하게 될 수도 있다.

그림을 사용한 기록

참가자가 자신의 이야기를 풀어 놓으면 진행자는 이를 하나씩 그림으로 기록해 스토리텔링의 속도를 조절하면 된다. 진행자는 기록하는 동시에 모델링하는 문장을 다시 읽어줘야 한다. 도메인 언어에 쓰이는 실제 용어인지를 확인하려면 "이것이 적절한 용어인가요?"라고 물어보라.

진행자는 참가자의 스토리를 듣고 이해한 내용을 그림으로 다시 표현한다.

또한 진행자가 이야기를 듣고 처음으로 아이콘을 그릴 때는 아이콘 자체를 설명해야 한다. 가령 "이 영수증 아이콘을 사용해 영화표를 나타내겠습니다."라는 식으로 말이다. 참가자는 기록된 내용을 보고 바로 피드백을 제공할 수 있다. 대부분 스토리는 픽토그래픽 언어로 표현해야 하며, 여기에 글로 된 주석이 약간 추가될 수 있는데, 그 반대(글이 주가 되고 픽토그래픽을 보조로 사용하는 방식)로는 안 된다.

스토리에서 구성상 빈 부분이 없게 해야 한다. 이는 화살표로 연결되지 않은 부분을 통해 찾아낼 수 있다(그림 6.2).

그림 6.2에서 스토리가 관객에서 검표원으로 넘어가는 것을 볼 수 있다. 검표원은 영화표를 어떻게 받을까? 영화표 확인은 관객이 건물에 들어가기 전에 이루어지는가, 아니면 후에 이루어지는가? 조금만 경험해 보면, 픽토그래픽을 보고 다음과 같은 올바른 질문을 할 수 있다는 점을 깨닫게 될 것이다. "누가 이 일을 하는가?", "그들이 지금 이 일을 해야 한다는 것을 어떻게 아는가?", "행위자들은 서로 어떻게 소통하는가?"

참가자들이 자신의 이야기를 들려줄 때 다음과 같은 것에 대해 불평할 가능성이 높다. "늘 이런 식으로 잘못되지!", "우리는 몇 년 동안 이런 문제를 겪어 왔습니다!" 비록 이런 이야기는 스토리의 일부는 아니지만, 기록해둘 가치가 있는 귀중한 정보다. 칠판에 접착식 메모지를 사용하는 경우라면 색상이 다른 접착식 메모지를 사용해 문제점을 강조하자.

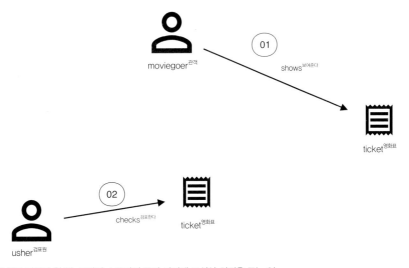

그림 6.2 하지 말아야 할 일: 도메인 스토리의 문장 사이에 구성상 허점을 두는 일

주석으로 문제점을 표시하자.

스토리의 범위가 일관성이 있는지를 확인하는 것도 중요하다(4장 참조).

막힐 때

이번 절에서는 장애물 처리와 이를 극복하는 방법을 설명한다.

처음부터 막힌다면 스토리를 다르게 시작하는 것이 좋다. 가령 스토리의 시작 부분을 가정으로 바꾼다. 영화관 예시라면 다음과 같이 시작해 볼 수 있을 것이다. "보고 싶은 영화를 이미 결정했다고 가정해 봅시다. 그렇다면 표는 어떻게 사나요?"

스토리에 대한 통제력을 잃은 것처럼 느끼게 만드는 몇 가지 일반적인 함정이 있다.

- 스토리라인이 어지럽게 섞여 있는가? 줄거리를 고수하자. 스토리라인은 언제나 하나만 있어야 한다.

- **있는—그대로인** 업무처리 과정과 **있게—될** 업무처리 과정을 혼합하고 있는가? 모델에 바라는 바를 결정하고 그 점에 집중하라.

- 반대, 대안, 개선에 관한 아이디어를 처리하는 데 문제가 있는가? 주석을 사용해 이런 것들을 표시함으로써 방해가 되지 않게 하자. 하나의 스토리라인에 집중해야 하며 수집된 주석을 나중에 검토하겠다는 점을 다른 참가자에게 확실히 말해 주자.

스토리텔링이 막다른 골목에 이르렀을 때는 워크숍의 목적을 모두에게 상기시키는 것이 도움이 될 수 있다. 특정 시나리오를 선택한 이유를 상기시키자. 가정을 다시 살펴보자. 그런 다음 참가자들에게 처음부터 스토리를 한 문장씩 말해 준다.

문제의 또 다른 원인은 무엇에도 동의하지 못하는 참가자다. 그런 경우에는 행위자의 역할로 이름을 지정하는 대신 사람의 이름으로 행위자의 이름을 지정해 스토리를 이전보다 더 구체적인 것으로 만드는 편이 더 유용하다는 점을 알게 되었다. 이렇게 하면 스토리가 한 사람의 관점에서 이야기된다는 점이 분명해진다. 예를 들면 이렇다. 메트로폴리스는 완전히 다른 방식으로 영화표를 판매하는 두 명의 매표원, 샬럿과 카를로스를 고용한다. 샬럿과 카를로스를 모두 '매표원'으로 모델링하는 대신, 예를 들어 샬럿에 대한 모델링부터 시작하면서 행위자에 샬럿이라는 이름을 쓰는 것이다. 그런 다음 카를로스에게 그의 업무처리 과정 버전, 즉 그의 업무처리 절차 버전이 샬럿의 버전과 어떻게 다른지 물어본다. 문제를 해결하는 첫 번째 단계는 차이점을 가시화하는 일이다.

진행자라면 도메인 스토리텔링이 그 작업에 적합한 모델링 방법인지에 관해 자신에게 질문을 던져 보아야 한다. 달성하려는 목표에 도움이 될 것이라고 생각되면 그것을 사용하라. 하지만 과거에 그것이 유용했거나 새로운 것이라서, 그 모델링 방법이 여러분이 유일하게 경험해 본 적이 있는 것이라는 이유만으로 맹목적으로 사용하지는 말자. 도메인 스토리텔링을 사용하는 데 어려움을 겪는 상황이 발생하면 그 원인이 무엇인지를 자신에게 물어 보자.

- 도메인 자체의 문제인가(예: 본질적으로 이해하기 어려운가)?
- 여러분의 모델링 기술의 문제인가?

두 질문에 모두 "아니오"로 답할 수 있다면 아마도 사용해서는 안 되는 용도로 도메인 스토리텔링을 사용하는 중일 것이다. 협업 모델링 및 촉진 기술을 더 많이 배워라. 그중 일부는 7장 '다른 모델링 방법과의 관계'에서 간략하게 설명한다. 디자인 분야에서 활용하는 기술(예: 목업)을 도입하는 방안도 유용할 수 있다. 또한 *The Surprising Power of Liberating Structures*라는 책이 문제 해결, 의사 결정, 계획 및 피드백에 도움을 줄 것이다[LiberatingStructures Website].

스토리가 너무 커질 때

모델링 도구가 무엇이냐에 따라 스토리의 잠재적 길이가 제한될 수 있다. 경험 법칙에 따르면 다음 제한 사항이 적용된다.

- **플립 차트**: 10개 문장
- **대형 칠판**: 15개 문장
- **디지털 도구**: 20개 문장

우리도 어떤 경우에는 이런 한도를 초과하기도 했다. 그러나 시각적으로 기록한 내용이 너무 어수선하거나 관리할 수 없거나 파악하기 어려워지는 시점이 있다. 예를 들어, 그림 6.3의 메트로폴리스 5를 보자. Egon.io에서 모델을 열고 재생 기능을 사용하면 스토리를 계속 관리할 수 있

다. 그러나 책이나 프레젠테이션에 그림을 사용하려면 도메인 스토리를 더 짧게 나누는 것이
좋다.

다음은 큰 스토리를 다루는 데 필요한 전략 몇 가지를 정리한 내용이다.

- 특히 큰 그림을 아직 파악하지 못한 경우 범위를 더 **거칠게-세분화한** 수준으로 변경한다.

- 줄거리에서 기름 빼기: 더 쉬운 스토리라인을 선택하거나 부수적인 줄거리를 무시한다.

- 여러 가지 가정 사항을 바탕으로 스토리의 처음 몇 단계를 건너뛴다. 예를 들어, 메트로폴리스 2(그림 1.10)
  에서는 관객이 보고 싶은 영화를 선택하는 방법을 모델링하는 대신 "우리는 관객이 이미 어떤 영화를 볼 것
  인지 선택했고 그들의 시간에 맞는 상영분이 있다고 가정한다"는 식으로 주석을 작성한다.

- 스토리 한 개를 여러 개로 나눈다. 이전 전략 중 어느 것도 효과가 없다면 스토리에 특정 깊이가 필요하고,
  스토리를 축소하거나 확대할 수 없기 때문일 수 있다. 그래도 여전히 스토리를 여러 개로 나눌 수 있다. 중간
  결과에 도달한 후에 스토리를 자르거나, 한 스토리의 마지막 문장과 다른 스토리의 첫 문장으로 작업객체를
  이양해 보자. 스토리라인이 한 부분 도메인에서 다른 부분 도메인으로, 또는 한 부서에서 다른 부서로 옮겨
  가는 상황일 때가 스토리 분할을 하기 좋은 때다. 손에 땀을 쥐게 하는 상황은 좋아하는 TV 시리즈에 나왔을
  때나 재미있지, 도메인 스토리에서는 그렇지 않다는 점을 명심하라.

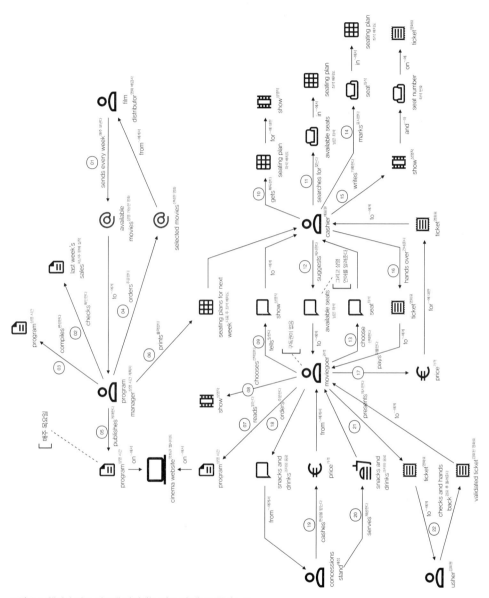

그림 6.3 책이나 발표 자료에 담기에는 너무 긴 메트로폴리스 5

적절한 분위기를 만드는 방법

진행자는 생산적인 분위기를 조성하기 위해 특정 조치를 취할 수 있다.

참가자를 주시하자

- 누군가 대화를 주도하고 있어 경계를 상기시킬 필요가 있는가?

- 침묵하고 수줍어 하며 불편해하는 모습이 보여서 격려해 줄 필요가 있는 사람은 누구인가?

- 말하기를 꺼려해서 마음속에서 무언가를 꺼내 줄 필요가 있는 사람은 누구인가?

규칙 설정

> *열린 마음을 지녀라, 정직하라, 존중하라.*
>
> *—CoMoCamp의 행동 강령 [CoMoCamp Website]*

앞서 말했듯이 열띤 토론에서는 예절을 잊기 쉽다. 따라서 몇 가지 기본 규칙이나 행동 강령을 설정하는 것이 바람직하다. 다음은 이럴 때 필요한 몇 가지 행동 지침이다.

- 다른 사람이 말을 다 끝낼 때까지 기다린다.

- 서로 존중하는 자세를 가진다.

- 문제를 논의할 때 서로를 비난하지 않는다.

- 아는 한도 내에서 진실하자.

분위기 유지

행동 강령이 있더라도 생산적인 분위기에 위협이 되는 사람들을 조심해야 한다.

- 관심받고 싶어하는 사람: 협업 모델링을 자신을 자랑하기 위한 기회로 삼으려 한다.

- 좌절감을 지닌 사람: 협업 모델링을 스트레스를 풀기 위한 기회로 여긴다.

- 관리자로 승진하기 전에는 도메인 전문가였으나 도메인에 대해 잘 모르는 관리자.

숙련된 진행자라도 이러한 상황을 다루기는 어렵다. 그러나 책임을 지고 좋은 결과를 만들어 내야 한다. 따라서 다음과 같이 개입해야 한다.

- 좋은 결과를 창출해 내려면 관리자나 가장 오래 근무한 직원의 의견뿐만 아니라 모든 관점을 고려해야 한다는 점을 분명히 밝힌다.
- 워크숍의 목표와 작업 시간을 강조해서 말한다. 범위를 벗어난 토론을 나중으로 미룬다.

 '주차장'을 제공한다. 이는 뒤로 미룬 토론과 아이디어를 나중에 가서 다시 진행할 수 있게 마련한 시각적 공간을 의미한다.

도메인 스토리 완성하기

스토리를 마무리한 것 같으면 처음부터 스토리를 다시 알려 주고 동의를 얻는다. 뭔가 놓친 것은 없는지, 분명히 잘못된 것은 없는지, 모든 도메인 전문가가 스토리에 동의하는지를 따져 보고 있음 직한 대안 스토리에 대한 주석을 다시 살펴보자. 참가자가 어느 것이 사소한 변형이고 어떤 것이 도메인 스토리가 될 만한 가치가 있는지 결정하게 하자. 진행자는 다음과 같은 질문으로 이 토론을 자극할 수 있다.

- 때때로 다르게 수행되는 동일한 작업에 대해 이야기하고 있는가? 아니면 다른 작업에 대해 이야기하고 있는가?
- 만일 그렇다면 무엇이 달라지는가?
- 유일한 차이점이 OOOO라는 것이 맞는가?

필요하다면 다른 도메인 스토리를 모델링한다. 스토리의 일부를 더 자세히 살펴보거나 중요한 변형 스토리를 다룰 후속 워크숍을 개최하고 싶을 수도 있다. 모든 것이 제대로 되었다면 이제 도메인의 관련 부분에 대해 서로 동일하게 이해하게 된다. 그러나 여러 사람의 의견을 하나의 공통 분모로 가져오는 데 100% 성공하는 경우는 거의 없다. 의견 충돌을 피하기 위해 의견 충돌이 일어날 만한 부분을 애써 무시하고 넘어가는 일이 없게 주의하자. 대신 주석을 사용해 해결할 수 없는 차이에 모든 사람이 주목하게 하자.

 주목할 만한 내용이 있다면 그 점을 확실히 알 수 있도록 적어 두자.

주목할 내용을 주석으로 적어 두자. 그러면 사람들이 그것을 보고, 지적할 수 있고, 반대할 수 있다. 무엇이든 그것을 드러내 보이면 토론의 질을 높일 수 있다.

워크숍이 끝난 후

워크숍이 끝나면 그 결과를 문서화해야 한다. 칠판 사진을 찍어 둔다. 도구를 사용해 그림을 그렸다면 어수선한 부분을 없애고 모델을 깔끔하게 정리하는 것이 좋다. 그런 후에 사진이나 파일을 공유한다. 그러나 도메인 스토리를 가시화한 내용을 담은 문서는 독립 실행형 문서가 아니다. 무엇보다 그림은 그림을 바탕으로 이야기를 하려는 사람들을 위한 것이다. 그림은 워크숍에 참가한 사람들이 나중에 기억을 떠올리는 수단으로 쓰일 것이고, 그림을 사용해 다른 사람들에게 이야기를 들려줄 것이다.

소프트웨어 개발 과정에 나오는 그 밖의 산물도 도메인 스토리를 중심으로 결정체를 이뤄 자라날 것이다. 예를 들어 **컨텍스트 맵**^{context map}(10장 '경계 찾기' 참조), 서면으로 작성된 **요구사항**^{requirement}(11장 '요구사항에 맞춰 일하기' 참조) 및 **코드 모델**[3](12장 '코드로 모델링하기' 참조)을 살펴보자. 또한 이그잼플 매핑[Wynne 2015] 및 이벤트스토밍[Brandolini 2021] 같은 다른 모델링 기술을 사용해 도메인에 대한 대화를 계속할 수 있다.

> **모델링 활동이 실제 모델보다 더 중요할 때가 많다.**

워크숍을 놓쳤다면 '캠프파이어' 경험을 놓친 것이다. 도메인 스토리텔링은 **협력적인 학습 경험**이기 때문에 완성된 도메인 스토리를 보는 것은 그것을 만드는 데 참여하는 것과 다르다. 참가자들은 자신의 일상 업무에 대해 반성하고 동료로부터 도메인을 다른 방식으로 인식하는 방법을 배운다.

---

3 결국 코드가 모델이고 모델이 코드다.

있게—될 것에 관한 워크숍

협업 모델링의 정신이라는 관점에서 볼 때 업무처리 과정 설계 활동은 워크숍 형식으로 협업하면서 하는 활동인 셈이다. **있게—될**[TO-BE] 것에 관한 워크숍에서는 **있는—그대로인**[AS-IS] 것에 관한 모델링과 다른 방식으로 여러 가지 작업을 수행해야 한다.

있는—그대로인 업무처리 과정을 모델링할 때는 주로 분석을 수행한다. 도메인 전문가의 눈으로 세상을 바라보고 이 전문가들이 세상을 인식하는 대로 설명한다(가능한 한). 현재에 집중하고 문제공간을 탐색한다. 주요 목표는 이해하는 것이다.

반면에 **있게—될**[TO-BE] 업무처리 과정에서는 해공간과 미래에서 자신을 발견하게 될 것이다. 또한, 분석하지 않고 일반적으로 이전에 분석된 문제공간을 기반으로 건설적으로 설계할 것이다. 그것은 여러분이 세상을 보고 그것이 어떻게 될 것인지(또는 어떻게 되기를 바라는지) 설명한다는 의미다. 여기에는 일반적으로 일종의 개선 및 업무처리 과정 변경이 포함되며, 특히 **있게—될** 업무처리 과정이 소프트웨어를 통해 구현되는 경우에 그렇다. 어쨌든 **있게—될** 업무처리 과정이 잘못된 것이라면 이것을 그대로 다시 구현하고 싶어 하지는 않을 것이다. 해당 주제에 대한 자세한 내용을 알고 싶다면 13장 '조직 변화 지원'을 참조하자.

> 분석은 이미 존재하는 것에 관한 일인 반면, 설계는 새로운 것을 만드는 일에 관한 것이다.

있게—될 것에 관한 워크숍을 준비할 때는 다음 사항을 염두에 두자.

- **있게—될** 도메인 스토리는 대개 **있는—그대로인** 스토리보다 말하고 기록하는 데 시간이 더 오래 걸린다. 50% 더 많은 시간을 할당하는 것이 좋다.

- **있는—그대로인** 것에 관한 워크숍보다 훨씬 더 많은 토론을 준비한다.

- 제안된 업무처리 과정 개선에 대한 피드백을 수집하기 위해 도메인 스토리텔링을 보완하는 다른 워크숍 기술을 사용할 준비를 한다(다음 단원인 '진행자' 참조).

성공적인 워크숍을 진행하기 위해 진행자로서 무엇을 할 수 있을까? 다음과 같은 것을 권한다.

- **특정 시점에 대해 이야기함으로써 혼동을 피하자.** 있게—될 업무처리 과정이 발생할 시점을 정의하자. 참가자 중 한 명이 6개월 후의 미래를 생각하고 다른 참가자가 24개월 후의 미래를 생각한다면 큰 차이를 드러낼 수 있다.

- **첫 번째 결과에 만족하지 말자.** 미래 업무처리 과정의 다양한 변형을 모델링하고 비교한다(동일한 시점에 대해).

- **개선의 여지를 마련하자.** 진행자로서 참가자들의 스토리를 더 엄격한 관점에서 보면서 검토해야 한다. 모든 문장에 질문을 던져 숨어 있는 가정을 밝혀내자. 예를 들어, 제안한 활동의 목적(또는 그것의 부족)을 발견하기 위해 '왜'를 계속해서 질문하자.

- **현재 시스템의 경계에서 참가자의 마음을 자유롭게 하자.** 기존 시스템의 이름을 행위자로 사용하는 대신 작업을 설명하는 가상의 이름(예: '마케팅 캠페인을 예약하는 시스템') 또는 자리 표시자(예: '시스템 X', '시스템 Y', '시스템 Z')를 사용하자.

- **현재 역할과 책임에서 참가자의 마음을 자유롭게 하자.** 기존 역할과 직함 대신 인간 행위자에 대해 가상의 이름과 자리 표시자를 사용하자.

- **제안된 소프트웨어 시스템의 범위에 도전하자.** 있게—될 업무처리 과정이 소프트웨어 시스템의 긴밀한 결합으로 이어질 것인지 묻자. 즉, 다른 시스템과 긴밀하게 협력하는 경우에만 작업을 수행할 수 있는가? 그런 방식은 물론 나쁜 방식일 것이다!

- **제안된 업무처리 과정에 도전하자.** 있게—될 도메인 스토리를 통해 과거의 구체적인 사례를 재현해 보자. 제안된 업무처리 과정이 예제를 처리할 수 있는가?

원격 워크숍

도메인 스토리텔링은 현장 워크숍을 생각하고 만들어졌다. 다음 몇 가지 사항을 고려하면 도메인 스토리텔링은 이 원격 환경에서도 잘 작동한다는 점을 알게 됐다.

- 모든 참가자는 도메인 스토리의 시각적 표현을 볼 수 있어야 한다(도메인 스토리텔링을 진행하는 동안 실시간으로).

- 모든 참가자는 서로의 말을 들을 수 있어야 한다.

첫 번째 요건을 충족하려면 디지털 모델링 도구를 써야 하고 화면을 공유할 수 있어야 한다. 모델링 도구에 아직 이 기능이 없으면 화상 회의 소프트웨어를 사용해야 한다. 우리는 화상 회의와 Egon.io 또는 가상 칠판을 조합해서 잘 활용했다(5장 '모델링 도구' 참조).

앞의 두 가지 요구사항 외에도 몇 가지 권장 사항이 있다.

- 영상(음성뿐만 아니라)을 사용하고 모든 참가자에게도 영상을 동시에 사용할 것을 요청한다. 참가자를 볼 수 있다면 최소한 신체 언어를 읽을 수 있다. 두 개의 화면(영상 공급용 화면 한 개와 모델링 도구로 쓸 화면 한 개)이 있게 환경을 구성해 두면 좋다.

- 특히 대규모 그룹의 경우 진행자와 모델러의 역할을 분할한다. 진행자는 참가자에게 집중할 수 있다. 모든 사람이 같은 방에 있더라도 집단을 다루기는 어려울 수 있다. 음이 소거된 마이크와 서로의 말을 끊는 사람들을 처리하는 것은 가상 환경에서 진행자의 작업을 훨씬 더 어렵게 만든다.

- 시계를 맞춰두고 짧은 모델링 세션(약 45분)을 진행한 후 휴식 시간을 갖는다. 이렇게 하면 사람들이 집중력을 유지할 수 있다. 정해진 시간 안에 처음부터 끝까지 스토리를 들려준다.

- 참가자와 진행자/모델러가 이미 서로에 대해 잘 알고 있으면 일반적으로 더 원활하게 진행된다. 그러면 원격 환경에서 발생하는 정보 손실(신체 언어, 대인 관계)이 문제가 되지 않는다.

- 중요한 워크숍의 경우 모든 참가자가 사용할 소프트웨어에 익숙해지도록 미리 살펴볼 수 있게 한다.

지금까지의 경험을 바탕으로 말하자면 원격 워크숍에는 장단점이 섞여 있다. 원격 워크숍을 진행할 때 일부 참가자는 더 많은 질문을 하지만 일부 참가자는 부정적인 의견을 내기를 꺼려한다. 아마도 이것은 워크숍에 완전히 몰두하지 않은 데 따른 부작용일 것이다. 어쨌든 컴퓨터 앞에 있을 때는 주의력이 떨어지기 쉽다. 진행자는 때때로 도메인 스토리를 다시 말함으로써 참가자가 초점을 유지(또는 회복)할 수 있게 도울 수 있다. 아울러 자주 의견을 제안하라고 해야 한다.

이러한 권장 사항을 따르면 원격 워크숍을 잘 치룰 수 있을 것이다. 도메인 스토리텔링의 정신은 현장에서 가상 환경으로 쉽게 이전될 수 있다.[4]

진행자

진행자의 책임은 스토리텔러와 청취자를 하나로 모으고 그들이 이해한 바가 서로 같게 만드는 일이다.

---

4 유튜브에서 스테판이 원격 모델링 세션을 진행하는 것을 볼 수 있다. 이 동영상을 통해 한 명의 도메인 전문가와 한 명의 진행자가 있는 세션을 볼 수 있고, 이 세션이 어떻게 진행되는지를 알 수 있다[Hofer 2020].

때때로 워크숍을 진행하기가 어려울 수 있지만 그것을 통해 배울 수 있다. 이번 단원에서는 진행자를 위한 몇 가지 조언을 정리했다. 경험상 워크숍을 중재하는 일은 놀라울 정도로 보람 있고 노력할 가치가 있다.

누가 진행자 역할을 맡을 수 있는가?

진행자의 역할은 명확하다. 도메인에 대한 사전 지식이 없고 참가자를 돕는 일 외에는 별다른 의도가 없는 중립적인 사람이 이 역할을 담당할 수 있다. 스크럼 마스터나 애자일 코치, 외부 컨설턴트가 이 직책을 맡기에 적합하다.

그러나 종종 주최자(워크숍을 시작하고 사람들을 참여하도록 초대한 사람)나 청취자가 진행자 역할을 맡기도 한다. 프로덕트 소유자, 소프트웨어 개발자, 업무 분석가인 그들은 도메인과 해당 업무처리 과정에 대해 알고 싶어 한다. 문제 공간 속에서 진행자는 중립을 지키는 일에 주의를 기울여야 한다. 해공간으로 이동했을 때 진행자는 업무처리 과정을 최적화하고 새로운 기술을 사용하는 방법에 대한 조언을 할 수 있다.

그러나 또 다른 가능성이 있다. 스토리텔러 중 한 명이 진행자 역할을 맡게 될 수도 있다. 이런 경우에 진행자는 자신의 일차적 책임을 잊지 않도록 해야 한다. 진행자가 대화를 자신이 선호하는 방향으로 이끌고 싶어 할 수도 있다. 그렇게 되면 워크숍의 목적이 훼손되므로 위험하다. 또한 진행자의 신뢰를 손상시켜 갈등을 해결하기가 더 어려워진다.

요약하면, 진행자는 다음과 같은 사람이 될 수 있다.

- 중립적인 사람
- 주최자 또는 다른 청취자
- 스토리텔러

회의 촉진 배우기

어떤 일들은 설명하기보다 실제로 하는 것이 쉽다… 여기 도전거리가 하나 있다. 신발끈을 리본 모양으로 매는 방법을 설명하는 짧은 글을 하나 써보라.

— The Pragmatic Programmers [Hunt/Thomas 1999]

지금까지 여러분은 도메인 스토리텔링에 대해 많이 읽었다. 어쩌면 동영상으로 된 튜토리얼을 본 사람도 있을 것이다. 그러나 읽고 보는 것만으로는 실무자가 될 수 없다. 실제로 **연습**을 해야 한다. 다음과 같이 해 보자.

먼저, 직접 시도해 보라. 연필과 종이만 있으면 된다. 여러분에게 익숙한 과정^{process}을 모델링하라. 몇 가지 아이디어를 제안하면 다음과 같다.

- 레스토랑에서 저녁 먹기
- 식료품 구입하기
- 휴가가기
- 선거 투표하기

픽토그래픽 언어에 중점을 두라. 스토리가 가시화되는 방식에 익숙해져라. "별도의 도메인 스토리를 사용해 변형된 내용을 모델링하면 어떻게 될까?"라거나 "도메인 스토리를 글로 된 주석으로 파악할 수 있는가?" 같은 식으로 처리 과정을 다양하게 변형해 보자.

다음 단계는 친구나 친한 동료에게 도움을 요청하는 것이다. 칠판이나 플립 차트, 접착식 메모지, 마커를 준비한다. 친구에게 그의 전문 분야에 관한 이야기를 하게 하라. 이때 여러분은 진행자 역할을 하는 데 초점을 맞추자. 즉, 도메인 전문가가 적극적으로 협력하도록 동기를 부여하는 방법은 무엇일까? 듣고 질문하면서 도메인 스토리를 계속 가시화할 수 있을까? 여러분의 관점이 아닌 전문가의 관점을 파악해 보자. 암묵적인 가정이나 성급한 결론을 내리는 일을 피하는 방법을 배우자.

그런 다음, 도메인 스토리텔링으로 마주치거나 탐색할 수 있는 실제 문제를 생각해 보자. 이상적으로는, 소규모 도메인 전문가 그룹과 논의할 수 있는 주제를 선택하는 것이 좋다. 그룹을 관리하고 개별 스토리를 모두가 동의할 수 있는 하나의 도메인 스토리로 전환하는 데 중점을 두자.

모델러 역할의 분리

사회를 맡는 일과 모델링하는 일은 까다로운 작업이므로 초보자라면 **진행자 역할**과 **모델러 역할**을 분리하는 것이 좋다. 한 사람은 진행자 역할을 맡아 도메인 전문가 관리를 담당하게 해 보자.

다른 사람은 **모델러**가 되어 도메인 스토리를 파악한다. 이 작업을 수행하려면 둘 다 수행 방법에 익숙해야 한다. 또한 두 사람은 서로 의사소통을 잘 해야 하고 서로를 지원해야 한다. 예를 들어, 스토리텔링은 가시화와 동일한 속도로 이뤄져야 한다.

대규모 워크숍과 열띤 토론이 있는 경우 한 사람은 사회를 보는 일에 집중하고 다른 한 사람은 모델링에 집중할 수 있게 일을 나누는 것을 권장한다.

모델러라면 모델링이라는 것이 (소프트웨어) 도구에 관한 것이 아니라는 점을 명심해야 한다. 소프트웨어 도구는 단지 보조 도구로 존재하며, 그것이 참가자의 주의를 산만하게 해서는 안 된다.

도메인 스토리 모델링에 대한 경험이 많을수록 2장 '픽토그래픽 언어'에서 설명한 픽토그래픽 언어의 문법이 더 편안하게 다가올 것이다. 도메인 스토리가 어떤 모습이어야 하는지 알게 되면 훈련이라는 쳇바퀴에서 벗어날 수 있다. 결론적으로, 엄격한 규칙을 따르는 것이 아니라 의미를 전달하는 게 핵심이다. 물론, 지금까지 쓴 모든 내용을 창밖으로 던져 버리라고 권하는 게 아니다. 그러나 어느 시점에는 그것을 법칙보다는 조언으로 받아들여야 한다.

중재 모드와 협력 모드

도메인 스토리텔링에 이미 익숙한 소규모 참가자 그룹과 함께 작업하는 경우 모델링은 모든 참가자를 포함하는 공동 활동이 될 수 있다(**협력 모드**). 이런 식으로 환경을 구성하면 모든 모델링을 수행하는 지정된 진행자/모델러를 두는 경우보다 더 재미있을 수 있다(**중재 모드**).

참가자가 도메인 스토리텔링을 이용해 작업흐름에 대해 추론하는 방식에 익숙하지 않다면 모델링에 대한 책임을 공유함으로써 워크숍이 혼란스러워지고, 그로 인해 진행자의 삶이 힘들어질 수 있다. 이렇게 되면 워크숍에서 다루는 모델에 일관성이 없어지거나, 가장 목소리가 큰 참가자의 관점을 반영하는 모델이 되어 버릴 가능성이 크다. 따라서 서로 협력해서 일하려면 도메인 스토리에 대한 시나리오, 픽토그래픽 언어에 사용할 아이콘, 목표로 하는 범위 등에 대해서 합의한 지침이 몇 가지 있어야 한다.

모델링 작업을 배포하는 일을 선택적으로 할 수 있는지 여부는 스토리를 가시화하는 데 사용하는 도구에 따라 달라진다(5장 '모델링 도구' 참조). 이것이 가능하려면 모든 사람이 캔버스에 접근해서 모델을 변경할 수 있어야 한다.

다른 모델링 방법과의
관계

도메인 스토리텔링은 모델링 도구 상자에 있는 여러 도구 중 하나로 인식된다. 이번 장에서는 이 도구 상자에 들어 있으면서 도메인 스토리텔링이라는 도구와 함께 쓸 수 있는 다른 방법 몇 가지를 다룬다. 그것들을 서로 바꿔 사용해야 할 때도 있고, 어떤 도구가 다른 도구보다 더 잘 맞을 때도 있다. 그리고 특정 모델링 문제를 해결하기 위해 이러한 기술을 결합해서 쓰는 것이 더 합리적일 때도 있다.

 이번 장의 내용은 저자들의 관점과 경험을 반영한 것이다. 여러분은 자신만의 도구 상자를 만들어 쓰기를 권장한다.

도메인 주도 설계

첫 번째 방법은 **도메인 주도 설계**^{Domain-Driven Design(DDD)} [Evans 2004]다. 이는 사실 좁은 의미의 용어로 모델링 방법이라기보다는 비즈니스 소프트웨어 개발을 다루는 접근 방식에 가깝다.

DDD는 단일 모델링 방법을 설명하기보다는 소프트웨어 개발의 필수 부분으로 도메인 전문가와 개발 팀이 협업하며 모델링하는 것을 강조한다. 이는 다음과 같은 것의 기초가 된다.

- **전략적 설계**strategic design: 도메인에 대해 더 자세히 배우고 모델링할수록 모델은 더 복잡해지고 혼란스러워진다. 이를 피하기 위해 DDD에서는 도메인을 바운디드 컨텍스트를 세분화할 것을 제시한다. 각 바운디드 컨텍스트에는 고유한 도메인 모델과 고유한 도메인 언어가 있다. 바운디드 컨텍스트는 소프트웨어를 구축할 수 있는 안정적인 기반이다. 협업 모델링은 바운디드 컨텍스트 간의 경계를 찾고 그 안의 세부 사항을 모델링하는 데 도움이 된다.

- **전술적 설계**tactical design: 도메인 전문가와 개발 팀은 머릿속과 다이어그램에서 도메인 모델을 설계하기 위해 열심히 노력한다. 그런데 왜 코드 수준에 이르기 전에 중단할까? DDD는 코드에서 도메인의 다양한 개념을 표현하는 방법에 대한 기술 지침(소위 빌딩 블록)을 제시한다. 팀은 협업 모델링을 사용해 도메인의 어떤 개념이 어떤 빌딩 블록으로 가장 잘 구현될 수 있는지 파악한다.

- **보편 언어**ubiquitous language: 이 언어는 도메인 언어에서 파생되었으며 바운디드 컨텍스트 내에서 일관성 있게 쓰이는 언어를 말한다. 이 언어는 도메인 전문가의 말부터 칠판과 코드에 이르기까지 모든 곳(편재)에서 사용되어야 한다. 회사에는 일반적으로 여러 가지 보편 언어가 있다(바운디드 컨텍스트당 하나씩). 이는 회사 전체에 걸쳐 통일된 언어가 아니다.

방금 소개한 내용이 DDD에 대한 호기심을 불러일으켰다면 다음과 같은 몇 가지 입문서를 추천한다.

- 본 버논Vaughn Vernon의 *Domain-Driven Design Distilled*는 DDD를 간결하게 소개하는 책으로 최고의 입문서에 해당한다[Vernon 2016].
- 스콧 밀레Scott Millet의 *The Anatomy of Domain-Driven Design*은 삽화가 있는 24페이지짜리 DDD 요약서다[Millet 2017].

DDD와 도메인 스토리텔링을 결합하는 방법

이미 DDD에 대한 경험이 있다면 도메인 스토리텔링의 이면에 있는 일반적인 아이디어가 DDD 사고 방식에 잘 맞는다는 것을 알아챘을 것이다. 이는 도메인 전문가 및 개발 팀이 협업 모델링을 구현하는 구체적인 방법이다.

아울러 이 책의 2부에서는 DDD의 맥락에서 쓸 때 특히 유용한 도메인 스토리텔링의 특정 목적을 설명한다.

- 보편 언어 개발을 위한 도메인 언어 학습(9장 참조).
- 전략적 설계를 위한 경계 찾기(10장 참조).
- 전술적 설계를 위한 코드 모델링(12장 참조).

이벤트스토밍

이벤트스토밍[EventStorming] [Brandolini 2021]은 DDD의 맥락에 맞게 개발된 협업 모델링 방법이다. 이벤트스토밍 워크숍에서 다양한 부서에 소속된 개발자와 전문가는 접착식 메모지를 사용해 복잡한 업무처리 과정을 그려낸다. 이 그림은 접착식 메모지에 도메인 사건을 작성하고 왼쪽에서 오른쪽으로 흘러가는 타임라인에 배치해 상향식으로 만들어진다. 일부러 혼란스럽게 시작(그래서 '스토밍'이라는 표현이 들어감)하고 나면 한 가지 스토리가 떠오르게 되는데, 이는 도메인 전문가와 관련이 있는 사건들의 흐름으로 파악해 낸 것이다.

메트로폴리스 영화관의 예에서 이벤트스토밍을 하는 동안 모델링 공간은 그림 7.1에 나오는 주황색 접착식 메모지의 도메인 사건 타임라인처럼 보일 것이다.[1]

그림 7.1 메트로폴리스의 큰 그림 이벤트스토밍

이러한 이벤트스토밍 스타일을 큰 그림[big picture]이라고 부른다. 여기에 일부 표기 요소를 추가해 세부 업무처리 과정 모델과 소프트웨어 설계 모델로 정교화할 수 있다. 이러한 모델링은 소프트웨어가 DDD에 따라 구축되는 경우 잘 작동한다.

유사점과 차이점

도메인 스토리텔링과 이벤트스토밍은 모두 도메인 전문가와의 긴밀한 협업에 중점을 둔다. 이벤트스토밍은 사건을 타임라인에 배치하고, 도메인 스토리텔링은 행위자 간의 협력을 보여준다는 점이 가장 크게 차별화되는 점이다. 이벤트스토밍은 무슨 일이 일어나고 있는지를 볼 수 있는 반면, 도메인 스토리로는 누가 누구와 무엇을 하는지를 볼 수 있다.

---

1   도서 제작상의 이유로 이 책의 전자책 버전에서는 색을 썼지만 인쇄판에서는 흑백으로 인쇄했다.

이벤트스토밍은 혼란스러운 스토밍 단계로 시작하고 그것이 통합으로 이어진다. 도메인 스토리텔링에서는 스토밍(다음 문장에 관해 토론하는 일)과 통합(해당 문장을 기록하는 일)의 반복이 훨씬 덜하다.

또 다른 차이점은 이벤트스토밍을 사용하면 하나의 그림에서 여러 시나리오를 가시화할 수 있지만(종종 스토리라인이 선에 정렬되어 혼동되지 않음), 도메인 스토리는 하나의 특정 시나리오에 관한 것이다. 그러나 많은 사람이 단 1개의 사건의 흐름을 따르는 시나리오를 기반으로 삼아 이벤트스토밍을 사용한다. 이는 물론 도메인 스토리텔링 접근 방식과 비슷하다.

각 방법은 워크숍에서 일반적으로 촉진되는 방식이 다르다. 도메인 스토리텔링의 경우, 모델링을 통해 참가자의 의견을 전달하는 진행자가 있다. 이벤트스토밍을 할 때는 참가자가 시나리오를 쏟아낸다. 그러나 세상 일은 흑과 백만 있는 것은 아니다. 도메인 스토리텔링을 여러 사람이 협력해서 진행하는 상황에서도 사용할 수 있고(6장 '워크숍 형식' 참조), 일부 이벤트스토밍 실무자는 필요한 경우에는 혼자서 모델링을 하기도 한다.

다음은 이벤트스토밍을 사용하게 되는 몇 가지 상황이다.

- 도메인 구조화가 아주 잘 되어 있지 않은 경우에는 이벤트스토밍에서 활용하는 브레인스토밍 접근 방식이 문장 단위 및 처음부터 끝까지 접근하는 방식보다 선호될 수 있다.
- 시간에 연동된 업무처리 과정이 있고 상태가 변경되는 특징이 있는 도메인이라면 사건의 타임라인에 초점을 맞추는 접근 방식이 더 자연스러울 수 있다.
- 흐름이 한 가지뿐인 이벤트스토밍을 사용해 매우 상세한 시나리오를 모델링하려는 경우에는 표기법을 더 쉽게 확장할 수 있다. 수십 개에서 수백 개에 이르는 사건은 도메인 스토리텔링에서 사건과 동일한 수의 문장보다 이벤트스토밍으로 처리하기가 더 쉽다.

다음은 도메인 스토리텔링을 선호하게 되는 몇 가지 상황이다.

- 도메인에 많은 행위자(사람 또는 소프트웨어)가 포함되는 경우
- 행위자들이 서로 어떻게 소통하고 협력하는지 조사하고 싶은 경우
- **있게-될** 업무처리 과정을 설계해야 할 때 일반적인 관점은 중재된 문장별 접근 방식에서 더 쉽게 나타난다.
- 문서 작성이 목표인 경우
- 기업 문화가 이벤트스토밍의 브레인스토밍 접근 방식보다 중재되고 구조화된 접근 방식에 더 적합할 때

이벤트스토밍과 도메인 스토리텔링을 결합하는 방법

이벤트스토밍과 도메인 스토리텔링은 서로 다른 수준의 세부 사항과 **있는-그대로인** 업무처리 과정 및 **있게-될** 업무처리 과정에 적용할 수 있다. 따라서 있을 법한 조합이 많다. 우리는 그중 일부를 성공적으로 시도했다.

이벤트스토밍에서 도메인 스토리텔링으로

큰 그림으로 그리는 이벤트스토밍에서 여러 사람이나 시스템이 적극적으로 참여하는 등 협력적인 일부 업무처리 과정을 볼 수 있다. 이러한 부분이 도메인 분석에 중요한 경우 업무처리 과정에 대한 다른 관점을 얻기 위해 더 많은 노력을 기울일 수 있다. 업무처리 과정의 협력적인 부분을 도메인 스토리로 추가로 모델링할 수 있다.

도메인 스토리텔링에서 이벤트스토밍으로

12장 '코드로 모델링하기'에서는 **잘게-세분화한** 도메인 스토리를 소스 코드로 변환하는 방법을 보여준다. 이 작업은 또한 소위 **디자인 수준**에서 이벤트스토밍에 의해 처리된다. 그 수준의 표기법 요소는 *Command-Query Responsibility Segregation(CQRS)* [Young 2010]) 및 *Event Sourcing* [Fowler 2005] 구현 스타일에 매우 잘 맞다. 이벤트스토밍의 이러한 특징에 익숙하다면 그것을 **거칠게-세분화한** 도메인 스토리에 대한 후속 조치로 사용할 수 있다.

유저 스토리 매핑

유저 스토리 매핑^{User Story Mapping} [Patton 2014]은 애자일 커뮤니티에서 나왔다. 이 간단해 보이면서도 다채로운 방법은 주로 제품 개발을 개선하는 것을 목표로 한다. 이 방법은 사용자 관점에서 요구사항을 일관된 스토리로 구성하는 데 도움이 된다. 참가자들은 접착식 메모지나 카드에 소프트웨어와 상호 작용하는 방식을 간략하게 설명한다. 이 카드나 메모는 유저 스토리 [Cohn 2004]를 나타내며, 이것들을 벽에 부착하게 되면 벽면에 일종의 지도가 그려지는 셈이 된다(그래서 이 방법의 이름에 지도^{map}라는 말이 들어간다). 유저 스토리 맵의 수평 차원은 업무처리 과정이나 사용자 여정을 나타낸다. 수직 차원은 요구사항 및 우선순위를 자세히 설명하는 데 사용된다.

메트로폴리스에서 앱 개발자 애나와 영화관 관리자인 매튜는 매표원이 새로운 매표소 앱을 사용해 영화표를 판매하는 방법을 보여주는 도메인 스토리를 모델링했다. 그림 7.2는 매표소 앱에 대한 첫 번째 기본적인 유저 스토리 맵을 보여준다.

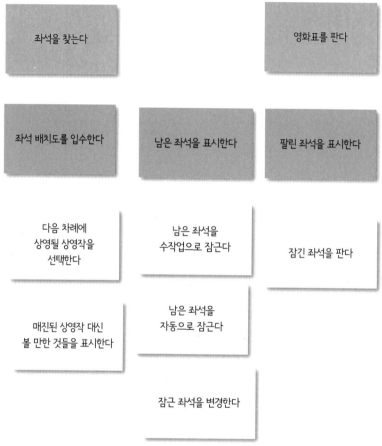

그림 7.2 메트로폴리스 매표소 앱의 유저 스토리 맵

유저 스토리 맵은 서로 교차하는 여러 기능을 다뤄야 하는 애자일 팀이 다음 목록에 나오는 작업을 수행하기 위한 계획 도구로 사용된다.

- 우선순위 및 증분에 대해 프로덕트 소유자와 상의하기
- 유저 스토리의 맥락을 놓치지 않기
- 다음에 세부적으로 해결해야 할 요구사항을 명확히 하기

우리는 팀이 '평이한 백로그 함정flat backlog trap'에 빠지는 경우를 유저 스토리 맵으로 예방할 수 있다는 점을 발견했다[Patton 2014]. 즉, 백로그에 수십 개에서 수백 개에 이르는 요구사항이 포함된 경우에 팀은 이러한 요구사항을 바탕으로 유용한 프로덕트를 구성하는 방법을 찾기가 쉽지 않다. 유저 스토리 맵에서는 요구사항에 대한 맥락이 제시되므로 우선순위를 지정하고 분류하기가 더 쉽다.

유사점과 차이점

두 가지 방법 모두 스토리텔링에 관한 것이다. 또한 두 가지 방법 모두 다양한 세부 수준과 다양한 범위로 스토리를 전달할 수 있다. 도메인 스토리(및 유사하게 유저 스토리)는 특정 세분성에 초점을 맞추지만 유저 스토리 맵은 한 번에 여러 세분성을 보여준다. 우리가 도메인 스토리에서 **있는-그대로인** 것 또는 **있게-될** 것이라고 부르는 것을 유저 스토리 매핑 시에는 현재 스토리 맵now story map과 후속 스토리 맵later story map이라고 한다.

두 방법은 스토리를 시각적으로 파악하는 방식이 많이 다르다. 스토리 맵은 스토리의 행위자가 상호 작용하는 방식을 보여주지 않는다. 그러나 유저 스토리 매핑은 요구사항 구현을 계획할 때 장점이 있다.

유저 스토리 매핑에 익숙하다면 도메인 스토리텔링과 유저 스토리 매핑 모두 활동activity이라는 용어를 사용하지만 반드시 같은 의미는 아니라는 점을 명심하라.

유저 스토리 매핑과 도메인 스토리텔링을 결합하는 방법

우리는 도메인 스토리텔링의 후속 조치로 유저 스토리 매핑을 자주 사용했다. **있게-될** 업무처리 과정이 특정 성숙도에 도달하면 요구사항을 도출하고 싶을 것이다. 그럼 유저 스토리 매핑이 요구사항을 구조화된 백로그로 전송하는 데 도움이 된다. 11장 '요구사항에 맞춰 일하기'에서 이에 대해 자세히 설명하고 예를 들어 설명한다.

유저 스토리로 스프린트를 진행할 준비가 되고 프로덕트 백로그에서 스프린트 백로그로 넘어갈 때 **잘게-세분화한** 도메인 스토리는 종종 해당 유저 스토리를 구현하는 방법을 찾는 데 적합한 도구다. 이것들은 도메인 모델을 구축하는 데 특히 유용하다. 이것들이 어떻게 수행되는지를 12장 '코드로 모델링하기'에서 설명한다.

이그잼플 매핑

이그잼플 매핑[Example Mapping] [Wynne 2015]은 소프트웨어 요구사항에 대한 토론을 용이하게 한다. 그것은 요구사항의 수락 기준을 명확히 하기 위해 요구사항 구현을 시작하기 전에 개발 팀에서 사용한다. 이그잼플 매핑 방법은 BDD라는 맥락에 맞게 개발되었다[North 2006].

이그잼플 매핑 워크숍에서 유저 스토리는 문제 도메인을 더 자세히 이해하는 출발점이 된다. 유저 스토리의 구체적인 사례들이 예시[example] 역할을 한다. 이러한 예시를 사용해 사업부 담당자, 개발자, 그리고 특히 테스터는 수용 테스트[acceptance test]를 유도하기 위해 유저 스토리의 업무 규정이나 경계 조건을 식별한다. 유저 스토리, 예시가 포함된 규칙, 열린 질문이 각기 다른 색상의 카드에 기록되어 대화를 파악한다.

그림 7.3은 메트로폴리스에서의 이그잼플 매핑 세션을 보여준다. 매튜와 애나는 도메인 스토리텔링 및 유저 스토리 매핑(그림 7.2 및 그림 7.3의 첫 번째 행 참조) 중에 발견한 '남은 좌석을 자동으로 잠근다'라는 유저 스토리를 명확히 하는 과정에 있다. 요구사항에 대한 매튜의 초기 규칙(그림 7.3의 두 번째 행)은 구체적인 예시(그림 7.3의 세 번째 및 네 번째 행)가 주어지면 검토할 사항이 드러나게 된다.

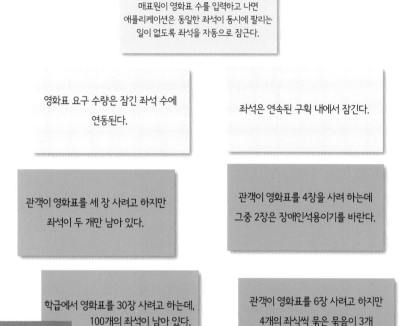

남은 좌석을 자동으로 잠근다

매표원이 영화표 수를 입력하고 나면 애플리케이션은 동일한 좌석이 동시에 팔리는 일이 없도록 좌석을 자동으로 잠근다.

영화표 요구 수량은 잠긴 좌석 수에 연동된다.

좌석은 연속된 구획 내에서 잠긴다.

관객이 영화표를 세 장 사려고 하지만 좌석이 두 개만 남아 있다.

관객이 영화표를 4장을 사려 하는데 그중 2장은 장애인석용이기를 바란다.

학급에서 영화표를 30장 사려고 하는데, 100개의 좌석이 남아 있다.

관객이 영화표를 6장 사려고 하지만 4개의 좌식씩 묶은 묶음이 3개 있을 뿐이다.

관객은 영화표나 좌석을 얼마만큼 살 수 있을까?

그림 7.3 메트로폴리스 매표소 앱의 이그잼플 맵

유사점과 차이점

이그잼플 매핑과 도메인 스토리텔링은 각각 도메인의 다른 측면에 초점을 맞추기 때문에 겹치는 부분이 많지 않다. 도메인 스토리는 업무처리 과정의 구체적인 경로를 가시화한다. 이그잼플 매핑은 해당 경로의 좌우측에 비껴 있는 항목을 탐색하는 일에 관한 것이다. 이그잼플 매핑을 사용하는 동안에 여러분은 "또 무슨 일이 일어날 수 있는가?"와 "이 케이스가 다른 케이스와 다른 점은 무엇인가?"라고 계속 묻게 된다. 따라서 두 기술은 상호보완적인 관계다.

도메인 스토리텔링과 이그잼플 매핑을 결합하는 방법

도메인 스토리에서 이그잼플 맵으로 바로 옮겨 타거나, 아니면 그림 7.3 같이 도메인 스토리텔링 단계와 유저 스토리 매핑 단계에 이은 세 번째 단계로 이그잼플 매핑을 사용할 수 있다. 이

그잼플 매핑을 사용해 다음과 같은 경우에 **잘게-세분화한** 도메인 스토리를 대상으로 계속 작업한다.

- 업무처리 과정의 변형을 결정짓는 업무 규정을 분석해야 할 때

- 구현 가능한 수준으로 요구사항을 자세히 설명하기 위해

- 계획하는 동안 요구사항을 더 작은 조각으로 잘라야 한다는 것이 분명해진 경우

스토리스토밍

스토리스토밍Storystorming의 목표는 비즈니스 목표 및 업무처리 전략에서 구현 수준까지 일관된 접근 방식을 제공하는 것이다[Schimak 2019]. 이를 달성하기 위해 DDD, BDD 및 애자일 소프트웨어 개발에서 아이디어를 차용해서 스토리스토밍이 만들어졌다. 스토리스토밍에서는 여러 기존 모델링 기술을 통합하고 해당 기술들의 표기법을 서로 맞춘다. 따라서 모델러는 한 가지 기술에서 그다음 기술로 더 쉽게 옮겨갈 수 있다. 현재 스토리스토밍은 이벤트스토밍, 유저 스토리 매핑, 임팩트 매핑Impact Mapping 및 도메인 스토리텔링이라는 기능을 포함하고 있다. 그러나 스토리스토밍에서는 도메인 스토리텔링을 변형해서 사용한다. 즉, 다른 접근 방식과 일치시키기 위해 스토리스토밍에서 쓰는 접착식 색상 메모지 표기법으로 표기법을 대체했다. 스토리스토밍에서는 도메인 스토리텔링을 간단히 **스토리텔링**이라고 부른다.

유사점과 차이점

여기서는 스토리스토밍의 스토리텔링 부분에 초점을 맞출 것이다. 분명한 차이점은 물론 표기법이다. 개념을 쉽게 이해할 수 있게 그림 1.9에서 묘사했던 도메인 스토리인 메트로폴리스 1을 그림 7.4에서는 스토리스토밍 표기법을 사용해 모델링했다.

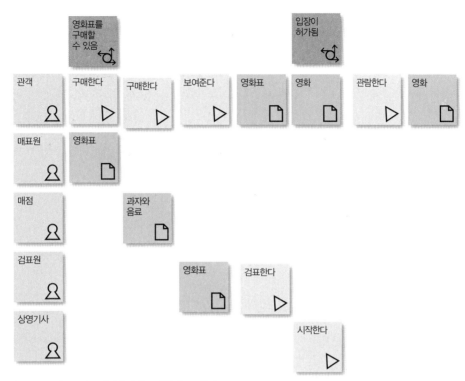

그림 7.4 스토리스토밍 표기법에 따라 표기한 메트로폴리스 1

표기법을 이해하려면 그림 7.5에 설명된 범례와 다음 설명을 참조하자.

- 각 줄은 행위자와 행위자들의 행동을 나타낸다. 행위자를 나타내는 접착식 메모지는 줄의 왼쪽 시작 부분에 있다. 인간 행위자는 막대인간 모양의 아이콘이 있는 노란색 접착식 메모지에 표시한다(예: '관객'). 기계 행위자는 컴퓨터 아이콘이 있는 분홍색 접착식 메모지에 표시한다.

그림 7.5 스토리스토밍 범례

- 활동(재생 버튼 아이콘이 있는 파란색 접착식 메모지)은 항상 행위자가 놓인 줄에 배치된다. 작업객체(문서 아이콘이 있는 녹색 접착식 메모지)는 보조 행위자가 있는 줄에 배치된다(예: '영화표' 작업객체와 함께 있는 '구매' 활동). 관련된 다른 행위자가 없는 경우에 작업객체는 행위자가 있는 줄에 놓인다(예: '영화' 작업객체와 함께 있는 '관람' 활동).

- 스토리의 문장은 항상 파란색/재생 버튼 아이콘(동사)에서 녹색/문서 아이콘(객체)으로 읽어간다.

- 문장으로 표현되는 가정(화살표가 달린 동그라미 아이콘이 있는 보라색 접착식 메모지)은 해당 문장 위에 놓인다(예: '영화표를 구매할 수 있음').

스토리스토밍 모델과 메트로폴리스 1 시나리오의 도메인 스토리를 큰 소리로 읽으면 비슷하게 들릴 것이다. 그러나 서로 대안이 되는 두 가지 표기법에는 장단점이 있다.

- 색상으로 구분된 접착식 메모지에 글을 써서 표기하는 방법을 사용하려면 (가상) 칠판과 접착식 메모지만 있으면 된다. 번호가 매겨진 화살표가 있는 픽토그래픽 언어의 경우 칠판으로 충분할 수 있지만 추가로 도구를 사용하면 모델링 속도가 빨라진다.

- 도메인 스토리의 배치는 유연해서 모델러가 문장을 재배열하고 그룹화해 추가 정보를 표현할 수 있다. 스토리스토밍에서는 접착식 메모지를 격자 모양으로 배치하는 게 기본이다. 그런데 이 방식은 덜 유연하다. 반면에 다음 문장을 더 쉽게 찾을 수 있고 순번이 쓸모없다.

- 픽토그래픽 언어는 추가 의미를 전달할 수 있으며, 어느 아이콘이 작업객체를 나타낼지 논의하다 보면 흥미로운 통찰력을 얻을 수 있다. 그러나 때로는 올바른 아이콘을 찾는 데 시간이 많이 걸리고 주의가 산만해질 수 있다.

- 접착식 메모지를 사용하면 협업 모델링의 장벽을 낮출 수 있다(모델러를 따로 지정하지 않아도 된다).

- 스토리스토밍을 사용하면 다른 모델링 방법에 나오는 개념들(사건이나 결과물 같은)을 스토리에 쉽게 대응시킬 수 있다.

스토리스토밍과 도메인 스토리텔링을 결합하는 방법

이 책을 쓰는 시점에서 스토리스토밍은 여전히 비교적 새로운 방법이다. 우리는 도메인 스토리텔링과 가장 잘 결합할 수 있는 방법(또는 결합하는 것이 합당한지 여부)을 제시하기에 충분한 실제 경험을 얻을 기회가 없었다. 그러나 스토리스토밍은 분명 스토리텔링에 대한 흥미로운 접근 방식이며, 좀 더 살펴볼 가치가 있다고 생각한다.

유스케이스

기본적으로 유스케이스는 시스템 사용자가 특정 목표에 도달하기 위해 취하는 일련의 단계를 글로 설명한 것을 말한다. 즉, 유스케이스는 시나리오를 설명한다. 유스케이스는 시각적 모델링 방법은 아니지만, 일반적으로 도메인 스토리텔링 및 도메인 모델링과 관련이 있기 때문에 이번 장에 포함했다.

이바 제이콥슨$^{Ivar Jacobson}$이 OOPLSA '87 [Jacobson 1987]에서 처음 소개한 이후 몇 가지 스타일의 유스케이스가 개발되었다. *Writing Effective Use Cases* [Cockburn 2001]에 소개된 앨리스터 콕번의 스타일이 아마도 가장 영향력 있는 스타일일 것이다.

상세화 수준과 형식화 정도는 스타일에 따라 다르다. 예를 들어, 콕번의 완전히 갖춰진 스타일은 주요 성공 시나리오, 선행조건, 촉발점, 범위, 주요 행위자 등으로 구성된다.

유사점과 차이점

제이콥슨은 스토리텔링을 유스케이스의 주요 원칙 중 하나로 만들었다("스토리텔링으로 단순화하라(Keep it simple by telling stories)"[Jacobson et al. 2011]). 주요 성공 시나리오(기본 흐름이라고도 함)를 식별하고 대체 흐름을 수집하기 위해 세운 이 원칙을 구현하기에는 도메인 스토리텔링이 좋은 방법이다. 스토리가 전달되고 가시화되면 유스케이스 템플릿을 사용해 흐름을 글로 작성하고 중요한 정보를 추가할 수 있다. 따라서 유스케이스와 도메인 스토리는 상호보완적인 관계다.

유스케이스를 도메인 스토리텔링과 결합하는 방법

도메인 스토리텔링의 기원은 유스케이스의 전성기로 거슬러 올라간다. 따라서 도메인 스토리텔링 워크숍을 통해 나오는 결과를 유스케이스 형식을 사용해서 문서화하는 일은 놀랄 일도 아니다. 예를 들어, 제출용으로 쓰기 위해 대화 형식이 아닌 글과 그림 형식으로 도메인 스토리를 공유해야 하는 경우에도 여전히 도메인 스토리텔링을 권장한다. 더 나아가 이 책에서는 유저 스토리와 유저 스토리 매핑을 사용해 업무처리 과정을 요구사항으로 바꾸는 것을 보여줄 것이다.

도메인 스토리를 문서화할 생각이 없더라도 몇 가지 유스케이스 템플릿을 살펴보자. 유스케이스 템플릿은 도메인 스토리텔링 대화를 위한 점검표로 쓰기에 매우 유용하다.

UML

UML$^{Unified\ Modeling\ Language}$은 객체지향 모델링을 지원하는 데 주로 사용되는 그래픽 표기법이다 [Rumbaugh et al. 2005]. UML은 모델링 및 소프트웨어 개발을 위한 획기적인 기술이 되었다. 이 책에서는 독자가 UML에 관해 어느 정도 알고 있다고 가정한다.

유사점과 차이점

UML은 무엇보다도 개발자 간의 소통을 위한 매개체다. 반면 도메인 스토리텔링은 대부분 개발자와 도메인 전문가 간의 소통을 위한 매개체다.

도메인 스토리와 UML 행위 다이어그램 사이에는 몇 가지 유사점이 있다. 활동 다이어그램과 시퀀스 다이어그램은 과정^{process}에 대한 표기법을 정의한다. 시퀀스 다이어그램도 도메인 스토리와 같이 시나리오 기반이다.

UML과 도메인 스토리텔링을 결합하는 방법

많은 도메인 스토리를 다룰 때 UML의 유스케이스 다이어그램을 일종의 개요로 사용하는 경우가 있다. 유스케이스 다이어그램의 표기법에는 행위자가 포함되어 있으므로 도메인 스토리와 직접 연결된다. 도메인 스토리에서 역할을 맡은 모든 행위자를 유스케이스 다이어그램에서 수집할 수 있다. 그런 다음 다이어그램의 유스케이스는 도메인 스토리로 모델링되는 시나리오를 보여준다. 3장 '시나리오 기반 모델링'의 그림 3.5에서 메트로폴리스 시네마의 개요를 제안하는 유스케이스 다이어그램의 예를 보았다.

잘게-세분화한 도메인 스토리에서 도메인 모델을 추출할 수 있다. 이 모델을 표현하는 좋은 방법은 UML의 클래스 다이어그램이다. 12장 '코드로 모델링하기'에서 이것이 어떻게 수행되는지 보여줄 것이다.

BPMN

BPMN$^{Business\ Process\ Model\ and\ Notation:\ 업무처리\ 과정\ 모형\ 및\ 표기법}$은 업무처리 과정 모델링을 위한 그래픽 표현이다[OMG 2013]. UML과 마찬가지로 프로세스 엔진$^{process\ engine:\ 업무처리\ 소프트웨어}$에 의해 실행되는 과정을 설명하기 위해 공식적인 방식으로 사용될 수 있다. 또한 업무처리 과정을 문서화하고 분석하기 위한 방법 가운데 컴퓨터에서 바로 실행되지는 않은 방식 중 하나로 널리 사용된다.

유사점과 차이점

도메인 스토리텔링은 시나리오를 기반으로 삼는다. 즉, 각 도메인 스토리는 업무처리 과정의 한 사례에 초점을 맞추지만 BPMN 모델은 하나의 다이어그램에 그 밖의 모든 있음 직한 경우를 포함할 수 있다(3장 참조). 이 차이는 그림 2.13과 그림 3.1을 비교하면 알 수 있다.

우리에게 BPMN은 주로 개발자 간(심지어 개발자와 기계 간) 소통을 위한 매개체다. 일부 실무자들이 이 격차를 메우려고 노력하지만 이 표기법을 수반하는 정의된 방법은 없다. 예를 들어,

야콥 프로인트[Jakob Freund]와 베흔드 뤼커[Bernd Rücker]는 *Real—Life BPMN*에서 게이트웨이를 생략하는 시나리오 기반 접근 방식(BPMN의 대안 모델링 방식)으로 시작할 것을 권장한다[Freund/Rücker 2019]. 많은 실무자들이 광범위한 표기법의 규모를 줄인다. BPMN이 그런 식으로 쓰일지라도, 우리는 그것이 전문 모델러를 위한 한 가지 접근 방식이며, 도메인 스토리텔링이 개발자와 도메인 전문가 간의 대화를 나누는 더 좋은 방법이라고 생각한다.

BPMN과 도메인 스토리텔링을 결합하는 방법

우리는 작업흐름 엔진을 사용해 반자동 업무처리 과정을 구현하는 첫 번째 단계로 도메인 스토리텔링을 성공적으로 사용했다. 도메인 스토리텔링은 도메인 전문가가 동의할 수 있는 적합한 **있게—될** 업무처리 과정을 설계하는 데 도움이 된다. 일단 주요 시나리오가 식별되고 가능한 대안 및 오류 사례가 수집된 후에는 정상 경로 시나리오가 공식 BPMN으로 변환된다. 대안 및 오류 사례는 조각별로 BPMN 모델에 통합된다.

요약

이번 장에서는 도메인 스토리텔링 외에 우리가 지닌 도구 상자에 또 무엇이 있는지를 보여줬다. 우리는 지속적으로 도구 상자를 확장하고 모델링 접근 방식을 결합하는 새롭고 유용한 방법을 계속 찾고 있다. 여러분이 다양한 모델링 접근 방식을 직접 시도해 보고 가장 적합한 방법을 알아내기를 바란다.

우리는 도메인 스토리텔링을 여러 **협업 모델링**[collaborative modeling] 방법 중 하나로 여긴다. 협업 및 시각적 모델링에 대해 자세히 알아보려면 다음을 참조하자.

- *Visual Collaboration Tools for Teams Building Software*: 실무자 모임에서 지은 책(및 이 책의 저자도 참여)[Baas—Schwegler/Rosa 2020].
- *The CoMoCamp*: 해당 주제와 관련해 개최된 회의록 총서[CoMoCamp Website].

이것으로 1부의 끝에 도달했는데, 1부에서는 도메인 스토리텔링이 무엇인지를 설명했다. 2부로 넘어가서 이것을 어떤 목적으로 사용할 수 있는지 알아보자.

2부

다양한 목적을 위한 도메인 스토리텔링 사용 및 조정

2부에서는 도메인 스토리텔링이 사용될 수 있는 다양한 문제와 목적을 다룬다. 여기서 두 번째 사례 연구이면서 이전보다 더 포괄적인 사례 연구를 제시하고, 이를 사용해 공통되는 문제와 목적을 각각 별개 장에서 논의할 것이다.

이어지는 모든 장에서 동일한 사례 연구를 사용하기는 하지만 순서대로 읽을 필요는 없다. 8장에서 사례 연구에 대해 배우는 것으로 시작하고 그다음에는 관심 있는 장을 선택하여 보면 된다.

도메인 스토리텔링은 소프트웨어 개발에 대한 특정 접근 방식에 국한되지 않기 때문에 다음에 나오는 여러 장의 내용을 작성하여 모든 개발 방법에서 쓸 수 있게 만들려고 노력했다. 그러나 여러분은 도메인 주도 설계 커뮤니티, 소프트웨어 아키텍처 커뮤니티, 애자일 커뮤니티에서 잘 정립되어 온 몇 가지 용어를 접하게 될 것이다.

어떤 상황에서는 도메인 스토리텔링이라는 접근법을 다른 모델링 접근법과 결합하는 게 유용하다는 점을 알게 되었다. 따라서 목표를 더 잘 달성하기 위해 그 방식을 결합하는 방법에 있어 몇 가지 권장 사항을 제시한다.

즉, 특정 주제와 접근법에 대한 사전 지식이 있으면 그 내용을 다루는 단원을 최대한 활용하는 데 도움이 될 것이다. 사전 지식이 권장되는 경우 각 장의 시작 부분에 나열하지만 사전 지식이 없더라도 걱정할 필요는 없다. 그래도 여전히 책에서 설명하는 개념을 이해할 수 있을 것이다.

08

사례 연구:
알폰 자동차 리스 주식회사

1부 '도메인 스토리텔링 설명'에서는 모든 사람이 일상 생활에서 접하게 되는 간단한 사례, 즉 메트로폴리스 극장에 영화를 보러 가는 경우를 통해 도메인 스토리텔링의 기초를 살펴봤다. 이제 더 복잡한 영역에서 발생하는 주제를 소개하고 논의하고 실제 프로젝트에서 실제 문제에 도메인 스토리텔링을 사용할 수 있는 방법을 보여주고자 한다. 이를 위해 더 복잡한 예시를 제시한다.

알폰 자동차 리스 주식회사(줄여서 알폰)는 자동차를 대여해주는 회사다. 이 회사에서 차를 대여(리스)한다는 것은 고객이 몇 년 동안 차를 빌려 쓴다는 의미다. 알폰은 제조업체로부터 직접 자동차를 구입하고 일정 기간(가장 일반적으로 3년) 리스 형태로 대여한 다음, 반납된 자동차를 중고차로 팔아 넘긴다. 리스는 각 회사에서 직원에게 회사 차량을 제안할 때 흔히 쓰는 방법으로, 여러 회사가 이 방법을 선호한다. 리스를 활용하면 고용주와 직원 모두 세금을 절약할 수 있다. 알폰은 또한 개인 고객에게도 자동차를 빌려준다. 개인 고객의 경우 자동차 리스를 활용하는 편이 은행에서 대출을 받아 자동차를 사는 경우보다 비용이 덜 들 수 있다.

알폰은 자동차 대리점 협회에 속해 있다. 알폰의 사장인 베키는 회사의 미래에 필수적인 신규 IT 프로젝트를 승인했다. 알폰은 대리점의 영업사원과 고객이 온라인 서비스로 사용해야 하는 새로운 리스 소프트웨어 시스템을 구축하려고 한다. 고객이 자동차를 온라인으로 리스할 수 있게 하면 알폰이 경쟁 우위를 확보할 수 있다. 베키는 이 중요한 프로젝트를 IT 책임자인 해럴드에게 직접 할당한다. 프로젝트를 시작하기 위해 해럴드는 두 명의 외부 컨설턴트인 스테판과 헤닝, 즉 우리를 고용한다.

베키와 해럴드는 우리와 함께 일할 도메인 전문가와 IT 직원 팀을 구성한다. 전체 그룹은 다음으로 구성된다.

- 사장 베키
- 전산(IT) 책임자 해럴드
- 개발자 데이브와 데니스
- 영업사원 샌디
- 신용위험관리자 레이먼드
- 고객 서비스 담당자 찰리

알폰(전체 도메인) 탐구하기

알폰을 알아가는 첫 번째 단계로 우리는 영업사원인 샌디와 신용위험관리자인 레이먼드를 워크숍에 초대한다. 이상적인 상황이라면 우리는 실제 고객도 초대했을 것이다. 우리 상황에서는 실제 고객을 초대하기가 어렵기 때문에 고객의 입장을 대변할 수 있는 고객 서비스 담당자인 찰리를 초대한 것이다. 도메인 전문가 외에 개발자인 데니스와 데이브도 참여한다. 나중에 새로운 리스 업무처리 과정을 지원하는 소프트웨어를 제작해야 하기 때문이다.

우리는 고객과의 첫 만남부터 3년 간의 리스가 끝난 후에 차를 반납하기에 이르기까지 모든 것을 아우르는 이야기를 들려 달라고 도메인 전문가에게 부탁한다. 지금 상황에서는 세부 사항이 중요하지 않다. 지금은 그저 개요, 즉 새로운 소프트웨어가 지원해야 하는 활동과 프로젝트 범위를 벗어난 활동을 논의하는 데 도움이 되는 내용을 알고 싶을 뿐이다.

회사가 기업과 개인 고객에게 자동차를 리스하기 때문에 두 가지 잠재적인 스토리가 있다. 우리는 알폰의 새로운 온라인 서비스의 주요 대상 그룹인 개인 고객에게 리스하는 일부터 살펴보기 시작한다.

고객 서비스 담당자 찰리: "모든 일은 고객이 상품소개서를 보고 자동차를 선택하는 일로 시작합니다."

영업사원 샌디: "맞아요, 그런 후에 고객은 제게 리스를 하려면 어떻게 해야 하는지를 묻습니다."

모델러 헤닝: "'고객'이라는 행위자를 시작으로 문장 1과 문장 2로 그리겠습니다."

샌디: "그렇게 질문을 받고 나면 저는 그 차에 대한 계약을 제안하고…."

약 45분 동안 활발한 모델링 토론을 한 후에 알폰 1을 마무리했다(그림 8.1).

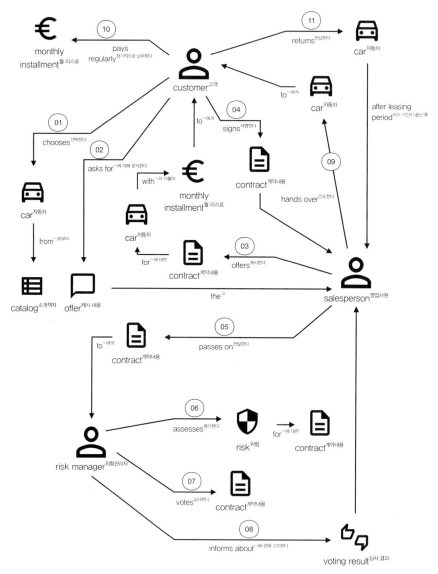

그림 8.1 알폰 1: 자동차 리스 — 거칠게-세분화한, 순수한, 있는-그대로인

샌디: "그림이 저희가 알폰에서 하는 일을 잘 설명하고 있네요."

신용위험관리자 레이먼드: "현재는 신용위험관리자가 영업사원으로부터 서명된 계약내용을 받습니다. 아마도 그런 일이 새로운 시스템으로 바뀔 겁니다."

신용위험평가 깊게 파고들기 – 중요한 부분 도메인 이해하기

알폰 1에서 개인 고객(그림 8.1)과 사업자 고객(여기서는 생략)에게 자동차를 리스하는 방법을 모델링한 후 알폰의 사업에 대해 더 깊이 파고들 준비가 되었다. 신용위험평가는 프로젝트의 영향을 받는 부분 도메인 중 하나다.

고객이 온라인 서비스를 사용하는 경우에 영업사원으로부터 신용위험관리자에게 계약내용을 전달하는 행위는 의미가 없다. 따라서 이 부분 도메인을 자세히 살펴보고 두 번째 워크숍을 구성한다. 레이먼드뿐만 아니라 사업자 고객 및 개인 고객에 대한 직접적인 경험이 있는 다른 여러 신용위험관리자를 초대한다.

우리는 알폰 1(그림 8.1)의 '신용위험관리자'라는 행위자에서 모든 화살표가 시작하거나 끝나는 것을 보고, 참가자들에게 제안된 계약내용을 받는 것으로 시작해, 심사 결과를 전달하는 것으로 끝나는 스토리를 들려달라고 요청한다(알폰 1의 5번 문장부터 8번 문장까지). 우리는 두 가지 가정에 동의한다. 첫째, 스토리는 개인 고객과의 계약에 대한 것이다. 둘째, 스토리는 긍정적인 결과를 낳는다. 왜냐하면 먼저 정상 경로를 이해하고 싶기 때문이다. 그러자 레이먼드와 그의 동료들이 그림 8.2에 표시된 이야기를 들려주는데, 이 스토리에 알폰 2라고 이름을 붙인다.

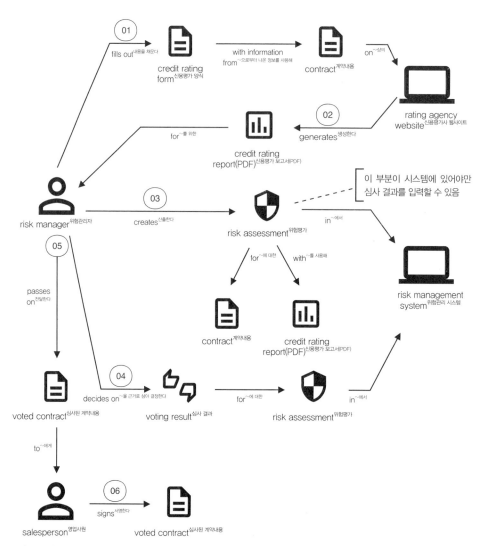

그림 8.2 알폰 2: 신용위험평가 — **잘게-세분화한, 디지털화된, 있는-그대로인**

신용위험평가 정리 – 기술 용어 피하기

알폰의 신용위험평가 업무처리 과정은 약간 지저분해 보인다. 새로운 온라인 서비스에 대한 잠
재적 요구사항에 대해 이야기하기에 충분한 지식을 수집했는지 확실하지 않다. 도메인 전문가가
사용하는 용어 중 일부는 무척 기술적으로 들린다. 우리는 레이먼드와 다른 신용위험관리자에게

다시 이야기해달라고 요청하기로 결정한다. 하지만 이번에는 소프트웨어 시스템에서 채택된 용어는 모두 사용하지 않기로 했다. 우리는 그들에게 다음과 같은 질문을 한다.

- "컴퓨터를 사용하지 않고 이 일을 하고 있다고 상상해 보세요. 어떻게 그 일을 할 수 있을까요?"

- "종이를 사용해 업무를 처리한다면 어떤 모습일까요?"

- "여러분이 다루는 것들과 정보를 무엇이라고 부르시겠습니까?"

결과로 나온 도메인 스토리는 그림 8.3과 같이 모델링되고 알폰 3이라고 이름을 붙였다.

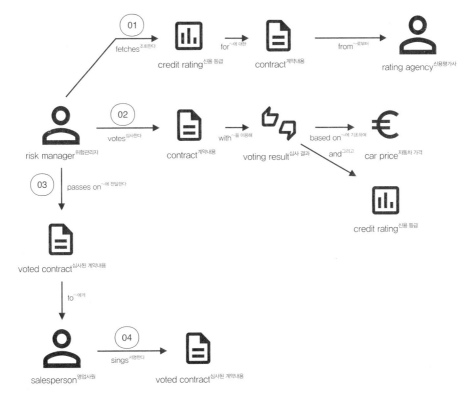

그림 8.3 알폰 3: 신용위험평가 — 잘게-세분화한, 순수한, 있는-그대로인

신용위험평가 최적화(있게-될 업무처리 과정)

순수한 업무처리 과정이 벽에 붙여지자마자 도메인 전문가가 이에 대해 논의하기 시작한다. 위험관리 부서장인 레이먼드의 상사는 다음과 같이 말한다. "영업사원이 계약내용에 서명하는 것은 불필요한 작업을 초래합니다." 이는 기존 업무처리 과정을 개선할 여지가 분명히 있다는 말이다. 우리는 함께 더 나은 업무처리 과정인 알폰 4를 설계한다(그림 8.4). 이제 신용위험관리자가 영업사원 대신 직접 계약에 서명한다.

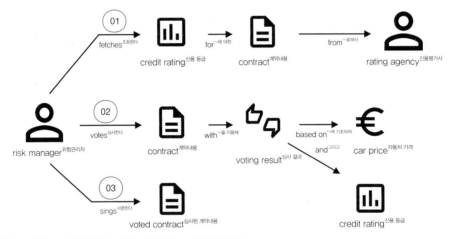

그림 8.4 알폰 4: 신용위험평가 – 잘게-세분화한, 순수한, 있게-될

새로운 소프트웨어 소개 – 업무처리 과정과 IT 지원 결합

계약 심사, 극단적인 사례 처리, 신용등급 조사 내용에 대한 몇 가지 **잘게-세분화한** 도메인별 스토리텔링을 한 후에 알폰의 위험관리에 대해 제대로 이해하게 되었다. 우리는 여전히 도메인의 모든 세부 사항(예: 재판매 가치 계산 알고리즘)을 알지는 못하지만, 레이먼드와 그의 동료와 함께 그들이 하는 일에 대해 이야기할 수 있다.

이제 새로운 온라인 서비스가 그들의 업무에 어떤 영향을 미칠지 생각할 때다. 우리는 온라인 서비스가 위험관리 업무처리 과정에 어떻게 통합되어야 하는지를 논의한다. 알폰 4에서 확인된 개선 사항 중 하나(신용위험관리자가 계약내용에 서명함)는 알폰 5의 **디지털화된** 업무처리 과정에도 적용된다(그림 8.5).

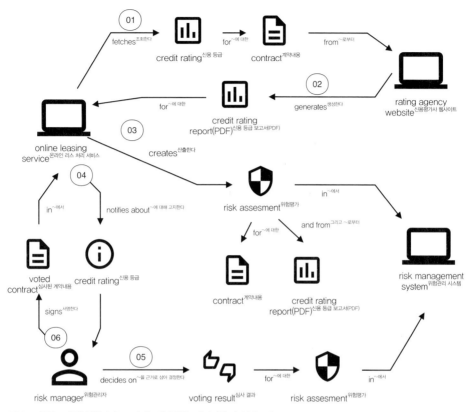

그림 8.5 알폰 5: 신용위험평가 — 잘게–세분화한, 디지털화된, 있게–될

요약

알폰 사례 연구는 2부 전체에 걸쳐 살펴볼 것이다. 표 8.1은 지금까지 읽은 5개의 도메인 스토리에 대한 개요를 보여준다.

표 8.1 알폰 도메인 스토리의 개요

목표	도메인 스토리	세분성	시점	도메인 순도
새로운 도메인 탐구	알폰 1(그림 8.1)	**거칠게–세분화한**	있는–그대로인	순수한
부분 도메인으로 깊게 파고들기	알폰 2(그림 8.2)	**잘게–세분화한**	있는–그대로인	디지털화된
혼란스러운 부분 도메인 정리	알폰 3(그림 8.3)	**잘게–세분화한**	있는–그대로인	순수한

목표	도메인 스토리	세분성	시점	도메인 순도
업무처리 과정 최적화	알폰 4(그림 8.4)	잘게-세분화한	있게-될	순수한
새 소프트웨어 소개	알폰 5(그림 8.5)	잘게-세분화한	있게-될	디지털화된

우리는 워크숍을 여러 차례 열어서 알폰의 아이콘 집합을 정리할 수 있었다. 표 8.2는 참조용으로 전체 아이콘을 보여준다.

표 8.2 알폰 자동차 리스 주식회사의 아이콘

아이콘	빌딩 블록	의미
	행위자	사람
	행위자	소프트웨어 시스템
	작업객체	문서, 양식, 글로 된 정보
	작업객체	보고서, 점수, 통계
	작업객체	가격, 수수료, 할부금, 기타 형태의 돈
	작업객체	알림, 이벤트, 일반 정보
	작업객체	실제 자동차 또는 자동차에 대한 정보
	작업객체	특히 위험에 사용됨
	작업객체	특히 심사 결과에 사용됨
	작업객체	날짜
	작업객체	특히 상품 소개서에 사용됨

사례 연구를 설정했으니 이제 첫 번째 목적을 살펴보자.

도메인 언어
배우기

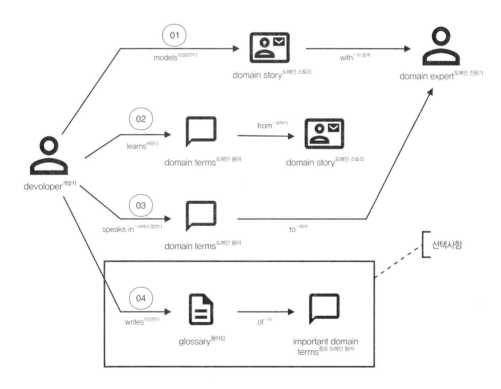

사용할 수 있을 만한 비즈니스 소프트웨어를 구축하려면 먼저 도메인을 이해해야 한다. 이번 장에서는 도메인 스토리텔링이 도메인 지식을 구축하는 데 어떻게 도움이 되는지 보여준다. 도메

인 전문가의 언어를 배우는 일은 그것이 업무처리 과정 및 소프트웨어 요구사항에 대해 효과적으로 대화하기 위한 핵심 역량이기 때문에 무척 중요하다.

이번 장의 내용은 다음과 같은 경우에 적합하다.

- 어떤 도메인을 처음 접했는데(예: 외주 계약자이기 때문) 도메인 지식을 '잘근잘근 씹어 먹어야' 하는 경우
- 다양한 부서의 도메인 전문가를 모아 부서 간 경계를 넘어서고 가설에 도전하고 싶은 경우
- 다루는 소프트웨어가 도메인의 실무 용어를 사용하지 않고 있어서 이를 바꾸려는 경우
- 실제 도메인 언어가 존재하지 않는 조직에서 일하고 있고 그 언어, 즉 실제 도메인 언어가 등장하기를 바라는 경우

 스테판의 도로 공사 스토리

몇 년 전에 나는 두 명의 동료와 함께 대도시의 도로 공사를 계획하는 공공기관을 방문한 적이 있다. 해당 기관에 근무하는 공무원들이 간단한 질문을 했다. "건설 현장을 더 잘 조정하는 데 소프트웨어가 어떻게 도움이 될 수 있습니까?"라고 말이다.

이 질문에 답하기 위해 우리는 지금껏 경험해 본 적이 없던 도메인에 대해 배워야 했다. 도메인 전문가가 어떻게 일하고, 무엇을 다루며, 어떤 문제와 씨름하는지 이해해야 했다. **해공간**에 대한 아이디어를 내려면 **문제공간**에 대해 도메인 전문가와 이야기를 할 수 있어야 했다.

첫 번째 워크숍에 앞서 우리는 고객에게 조직과 도로 공사 계획에 관련된 부서와 역할로는 어떤 것이 있는지 질문했다. 관련 부서와 역할의 수는 놀랄 정도로 많았는데, 도로 형태에 따라 서로 다른 부서에서 도로 공사를 책임지기 때문이라는 점이 밝혀졌다. 다리나 터널 등의 경우도 사정은 마찬가지였다. 관련된 모든 부서와 역할을 파악하기 위해 각각 세 시간 동안 세 개의 워크숍 일정을 잡았다. 각 워크숍에는 서로 다른 부서의 약 일곱 명의 도메인 전문가가 참여했다.

워크숍에서 우리는 참가자들에게 그들의 책임에 대해 물었다. 벽에 투영한 유스케이스 다이어그램에 답변을 수집했다. 한 워크숍에서 도메인 전문가 한 명이 다음과 같은 불평을 내비쳤다. "아니, 왜 우리가 업무처리 과정을 다시 모델링해야 하죠?" 그는 서류철로 가득 찬 책장을 가리키며 말했다. "문서를 보고 필요한 내용을 찾아보세요!" 그러나 우리가 찾는 답은 문서에 없거나 너무 깊숙이 묻혀 있어서 찾기가 어려울 것 같았다. 우리는 도메인 전문가에게 문서를 나중에 다시 살펴보겠다고 말했다. 몇 가지 유스케이스를 수집하고 어떤 유스케이스가 매우 긴밀한 협조가 필요한지 파악한 후 도메인 스토리텔링을 사용해 도메인에 대해 더 깊이 파고들었다. 몇 개의 문장이 나온 후, 회의적인 도메인 전문가조차도 이것이 일반적인 업무처리 과정 모델링 워크숍이 아니라는 것을 깨달았다.

얼마 있지 않아 우리는 도로 공사에 소속된 프로젝트 관리자가 작업계획을 세울 때는 수십 가지 요소를 고려해야 한다는 점을 알게 됐다. 모든 건설 현장은 다양한 시간대를 고려해야 할 뿐만 아니라 건설 현장이 있는 지역 내 다른 모든 건설 현장 상황도 참고해서 계획돼야 한다는 점을 말이다. 세 번에 걸친 워크숍을 통해 우리는 마흔 가지 유스케이스를 수집하고 도메인 전문가에게 다섯 가지 도메인 스토리를 들었다.

입수한 핵심 지식을 통해 우리는 문제공간을 충분히 이해할 수 있었다. 네 번째 워크숍에서 우리는 발견한 내용을 발표하고 "그것이 저희가 해결해 드렸으면 하는 문제입니까?"라고 질문했다. 참석한 도메인 전문가들은 동의한다는 뜻으로 고개를 끄덕였다.

다섯 가지 도메인 스토리에서 얻은 지식을 통해 고객의 문제에 대해 이야기를 나눌 수 있었다. 물론 해를 찾기 위해 도메인을 더 깊이 파고들어야 했다. 워크숍을 여는 동안 도메인 전문가들은 도로 공사를 조정하는 역할을 하는 회의와 문서에 대해 언급했다. 우리는 몇 가지 예를 들어달라고 요청했고 그들이 언급한 회의에 참석했다. 곧 해공간을 설계하기 위한 아이디어가 우리에게 떠올랐다. 우리는 좀 더 **잘게-세분화한** 도메인 스토리와 프로토타입을 통해 이러한 아이디어를 자세히 설명했다. 첫 워크숍을 개최하고 나서 4개월이 지난 후에 우리는 작동하는 소프트웨어 솔루션을 갖게 되었다.

서로를 이해하기 위한 말하기와 듣기

외국어 학습과 관련해 우리가 경험한 바에 따르면 다른 사람들이 외국어로 말하는 것을 들어야 그 외국어를 배울 수 있다. 여러분이 들은 문장을 반복해서 따라하면서 그들이 지적해 주는 내용에 주의를 기울이자. 여러분이 말하는 수준이 점차 개별 단어에서 구로, 그리고 완전한 문장으로 발전할 것이다. 더 많이 말해 볼수록 더 빨리 배울 수 있다.

도메인 스토리텔링에 빗대서 말하자면 새로운 도메인 언어를 배울 때도 새로운 언어를 배울 때 사용하는 원칙을 동일하게 적용할 수 있다. 도메인 전문가가 도메인 스토리를 말해 보게 하자. 도메인 스토리를 기록하면서 들은 내용을 따라서 말해 본다. 익숙하지 않은 용어에 대해서는 질문한다.

불행히도 인간은 서로 오해하기 쉽다. 오해를 방지하고 싶다면 모델링 작업을 가시화하여 진행하자. 도메인 전문가는 여러분이 그들의 스토리를 제대로 이해하는지 보고 들을 수 있다. 피드백 채널이 두 개 있는 편이 하나만 있는 경우보다 낫다. 몇 가지 스토리를 마치고 나면 해당 도메인과 관련한 사람, 과업, 도구, 작업객체, 사건에 대해 이야기할 수 있다.

리스 사례 되돌아보기

8장의 사례 연구에서는 **거칠게-세분화한** 도메인 스토리인 알폰 1(그림 8.1)을 사용해 리스 도메인을 탐색했다. '계약내용' 같은 명사와 '서명하다' 같은 동사도 배웠다. 그런 다음 신용위험평가라고 하는 부분 도메인에서 **잘게-세분화하고 순수한** 도메인 스토리로 넘어갔다. 이 스토리의 레이블 상당수에는 도메인 언어의 용어가 포함되어 있다. 알폰 4를 다시 살펴보자(그림 9.1). 모델링하는 동안 이해하지 못하는 단어를 찾자. 예를 들어, 문장 1에서 '신용등급'이란 정확히 무엇을 의미하는가?

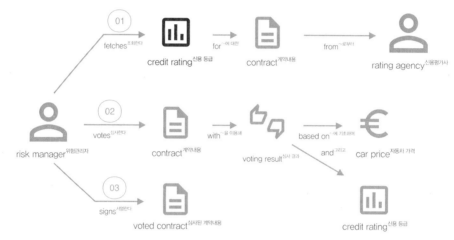

그림 9.1 알폰 4: 신용위험평가 – 잘게-세분화한, 순수한, 있게-될

헤닝은 신용위험관리 도메인 전문가인 레이먼드에게 이 단어의 의미를 질문한다. 스테판이 주석에 답변을 써넣는다(그림 9.2).

그림 9.2 도메인 용어의 정의

도메인 언어를 배우기 위해서는 **순수한** 스토리에 집중하는 것이 가장 바람직하다. **순수한** 스토리는 소프트웨어 시스템을 도입하면서 종종 제안되는 기술적인 전문 용어로 인해 오염되지 않기

때문이다. 모든 수준의 세분성이 흥미로울 수 있다. 언어를 배우려면 **있는–그대로인** 도메인 스토리에서 출발해야 한다. 나중에 언어를 더 개발할 때 **있게–될** 도메인 스토리로 이동하라.

도메인 스토리는 도메인 언어를 배우기 시작할 때 쓰기에 좋은 방법이다. 그러나 도메인 언어에 유창해지기 위해 반드시 도메인 스토리를 따라야 하는 것은 아니다. 다음 절에서 도메인 스토리텔링을 보완하는 기술에 대해 간략하게 설명한다.

용어집 작성

배운 내용을 문서화하고자 할 때는 용어집glossary을 작성하는 게 좋다. 그런데 어떤 용어가 포함되어야 할까? 도메인의 **모든** 용어를 정의하려고 하면 지루할 것이며, 이러한 정의 중 대부분은 아무에게도 도움이 되지 않을 것이다. 그러므로 설명할 가치가 있는 용어만 적어 넣으면 된다. 도메인 스토리를 사용하면 용어집에 포함되어야 하는 용어를 쉽게 찾을 수 있다. 일반적으로 각 용어에는 해당 용어를 정의한 주석이 한 개씩은 있다. 그러나 물론 작업객체, 활동, 행위자의 이름도 입력할 가치가 있다.

모델링 도구에 따라 도메인 스토리에서 용어집을 추출하는 방법은 다양하다.

아날로그 환경에서는 큰 접착식 메모지를 사용하는 게 바람직하다. 그림 9.3과 같이 상단에 큰 글자로 용어를 쓰고 아래에 작은 글자로 정의를 적는다.

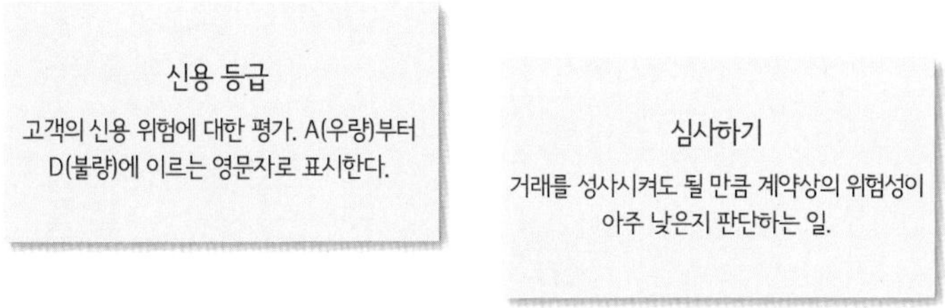

그림 9.3 접착식 메모지로 만든 용어집

접착식 메모지를 벽이나 칠판 속에 따로 분리된 공간에 붙인다. 그렇게 하면 여러 도메인 스토리에서 나온 용어 정의를 모을 수 있다.

디지털 도구를 사용한다면 간단한 스프레드시트 파일을 이런 용도로 쓰면 된다. 용어와 용어에 대한 정의를 수록한 표 9.1은 그 결과다.

표 9.1 리스크 관리 용어집에서 발췌

용어	정의
신용 등급	고객의 신용 위험에 대한 평가. A(우량)부터 D(불량)에 이르는 영문자로 표시한다.
심사하기	거래를 성사시켜도 될 만큼 계약상의 위험성이 아주 낮은지 판단하는 일.

여기서 다시, 용어가 명사만 있는 것은 아님을 알 수 있다. 동사를 이해하는 일도 똑같이 중요하다.

용어집을 유지 관리하기는 번거로울 수 있다. 우리는 용어집을 사용 설명서의 일부로 만들어 용어집을 최신 상태로 유지하는 팀과 협력했다. 그러나 많은 프로젝트에서 용어집이 유지 관리되지 않고 금방 구식이 되고 만다. 그러나 이런 일이 꼭 큰 문제가 되는 것은 아니다. 용어집 작성이 언어 학습에 도움이 되었다면 노력할 가치가 있는 것이다.

기존 용어집을 참고하면 시간을 절약할 수 있다. 하지만 용어집을 도메인 전문가와 대화하는 일을 피할 수 있는 지름길로 혼동해서는 안 된다. 말하자면, 사전만 읽으면서 외국어를 배울 생각을 할 수 있겠는가?

사람들이 일하는 방식을 관찰하기

사람들이 일하는 방식을 관찰함으로써 도메인을 이해하는 데 필요한 통찰력이 생기면 도메인 스토리텔링을 보완할 수 있다. 그러나 도메인 전문가와 대화하지 않고 보기만 해서는 도메인에 대해 알기가 어렵다. 하인즈 줄리호벤$^{Heinz Züllighhoven}$은 이 점에 대해 비유를 들어 다음과 같이 말했다.

요리사 관찰하기

토마토 소스를 휘젓는 요리사를 지켜보고 있다고 상상해 보자. 요리사가 정확히 5분 동안 소스를 젓는 것을 시계를 사용해 측정한다. 이 결과를 보고 여러분은 토마토 소스는 항상 5분 동안 저어야 한다는 결론을 내린다. 그리고 나서 집으로 돌아와서 이 과정을 따르며 5분 동안 소스를 저어도 소스는 여전히 토마토 스프처럼 묽다. 시간이 중요한 요인이 아니었던 것이다. 여러분은 요리사가 적절한 농도가 될 때까지 소스를 저었다는 점을 놓친 것이다.

도메인 전문가를 조용히 관찰하는 일보다 더 정교한 민족지학적 방법이 있다. 예를 들어, **문맥 질의**contextual inquiry 인터뷰[Holtzblatt et al. 2005]를 할 수도 있다. 면담자가 도메인 전문가들을 관찰하되, 양측이 함께 도메인 전문가의 활동에 대해 논의를 하고, 면담자가 이에 따른 해석과 식견을 공유하는 식이다.

관찰 기술은 알려지지 않은 암묵적인 지식을 발견하는 데 도움이 된다. 도메인 스토리텔링 워크숍에서 도메인 전문가가 너무 사소하거나 관련이 없어 보여 말하지 않은 사항을 발견할 수도 있다. 이러한 기술은 맥락이 없으면 어떤 활동을 관찰해야 할지 결정하기가 어렵기 때문에 최소한 도메인에 관한 선행 지식이 있는 경우에 가장 효과가 있다. 아울러 관찰한 내용을 해석하는 능력도 제한적일 수 있다.

그냥 문서를 읽기만 하면 안 될까?

모델링을 건너뛰고 기존 문서에서 도메인 언어를 배우는 것은 어떨까? 불행히도 좋은 문서를 찾기도 어렵고 작성하기는 더욱 어렵다. 이것이 애자일 선언문 작성자가 '포괄적인 문서보다 작동되는 소프트웨어'[Beck et al. 2001]를 선호하는 이유 중 하나라고 말한 이유가 아닐까 싶다. 어떤 조직에서는 업무처리 과정 모델, 핸드북, 지침, 용어집, 사양, 규정 및 도메인 언어가 포함된 기타 여러 유형의 문서를 찾을 수 있다. 어떤 조직에서는 문서를 전혀 구비해 두지 않는다. 그런 경우라면 최소한 어떤 문서가 여러분과 관련이 있고 여전히 유효하고 최신 상태인지 확인하는 번거로움은 없다.

기존 문서를 사용하는 것과 처음부터 시작하는 것 중 어느 하나를 선택하기가 어려울 수 있다. 우리의 경우, 먼저 도메인 스토리텔링으로 도메인 언어를 배운 다음 기존 문서를 검토하는 편이 더 효과가 있었다. 그러면 무엇을 읽고 찾은 정보로 무엇을 할 것인지 결정하기가 훨씬 쉬워진다.

다양한 도메인 언어를 사용하는 조직

서로 이질적인 집단에 속한 사람들에게 대략적인 도메인 스토리를 말해달라고 요청하면 도메인 스토리가 서로 일치하지 않거나 일반화되는 현상을 접하게 될 것이다. 그 이유는 참가자들이 서로 다른 부분 도메인에서 일하기 때문이다. 예를 들어, 회사로서의 알폰은 분명히 '리스' 도메인에 속해 있고, 우리는 이미 부분 도메인인 '신용위험평가'를 발견했다(8장 '사례 연구: 알폰 자동차 리스 주식회사' 참조). 이 부분 도메인은 회사의 **핵심 도메인**$^{core domain}$이다. 즉, 사업의 핵심이다. 일반적으로 핵심 도메인 내에서 풍부하고 고유한 도메인 언어를 찾을 수 있다. 그러나 리스 회사에는 장부 관리, 시장 관리 기능 및 그 자체로 도메인으로 간주할 수 있는 그 밖의 많은 기능도 필요하다. 즉, 여러분이 초대한 사람들이 모두 같은 리스 회사에서 일하지만 서로 다른 도메인 언어를 사용한다는 말이다.

> 조직은 단 한 개로 통합된 범용 도메인 언어를 사용하지 않는다!

이번 장의 서두를 장식한 스테판의 도로 공사 스토리를 보면, 도메인 전문가가 소속된 곳은 핵심 도메인이었다. 그들 모두는 도로 공사를 계획했지만 약간씩 다른 '방언'을 썼는데, 어떤 이는 도로를 계획하고 어떤 이는 다리를 계획하기 때문이다. 그러나 전체 워크숍은 그들이 함께 작업해야 하는 일에 관한 것이었다. 나중에 가서 다른 도메인으로부터 나온 다른 예를 여러분에게 제시하겠지만, 일단은 부분 도메인들이 서로 다른 언어를 사용하는 경우부터 살펴보자.

✸ 스테판의 브라우저 게임 스토리

브라우저 게임 시장을 개척하는 회사의 도메인 스토리텔링 워크숍을 진행한 적이 있다. 이 회사의 서비스를 통해 고객은 한 가지 계정만으로도 여러 게임 공급업체의 게임을 즐길 수 있다. 첫 번째 **거칠게–세분화한** 도메인 스토리에 따르면, 이 회사의 고객은 회원으로 가입해 자신의 계정에 돈을 입금한 다음에 제안된 서비스 중 하나를 사용하기 시작했다.

도메인 전문가는 '계정'이 무엇이며 어떤 활동이 관련되어 있는지에 대해 동의할 수 없었다. 우리는 도메인 스토리를 여러 번 변경했지만 반대하는 사람이 늘 있었다. 내가 계정에 대한 세부 정보를 요청했을 때 각 고객에 대해 두 개의 별도 계정이 있다는 것을 알았다. 하나는 고객('고객 계정'이라고도 함)과 연결되어 있었고 다른 하나는 게임('게임 계정'으로 알려짐)과 연결되어 있었다. 그 시점부터 우리는 두 가지 유형의 계정에 대해 두 개의 개별 작업객체 아이콘을 사용했다. 따라서 도메인 전문가는 어떤 종류의 계정에 대해 이야기하고 있는지 명시해야 했다.

두 가지 유형의 계정을 구별하는 것은 나중에 가서 우리가 **잘게–세분화한** 도메인 스토리를 모델링하고자 여는 후속 워크숍에 적합한 사람들을 초대하는 일에도 중요했다.

이 일화에서 '계정'이라는 용어는 문맥에 따라 두 가지 다른 의미를 갖는 것으로 밝혀졌다(**동음이의어**와 비슷한 역할을 함). 한 맥락에서 '계정'은 고객의 청구 및 지불 정보를 나타낸다. 다른 맥락에서 '계정'은 고객의 행동(예: 고객이 플레이하는 게임)을 의미한다. 우리는 중요한 발견을 한 셈이다! 이러한 세부 정보를 발견하면 도메인 전문가와 소통하기가 아주 수월해진다.

우리는 동음이의어 외에도 **동의어**(같은 의미를 가진 다른 단어)도 접하게 된다. 동의어는 다른 부분 도메인에서 유래할 수 있다.

여러분이 **거칠게-세분화한** 수준에서 사물을 이해해야 하는 도메인을 처음 접하게 되더라도 지나치게 뭉뚱그려 표현하지 않도록 조심하자! 도메인 전문가가 여러분에게 구체적인 예를 제안하도록 하자. 이는 '계정', '클라이언트', '고객', '프로덕트' 등의 같은 용어가 동일한 의미로 사용되는지 확인하는 데 도움이 된다.

서로 다른 부분 도메인에 서로 다른 언어를 사용하는 것은 자연스러운 일이다. 그것들을 없애고 통일된 언어로 바꾸려고 했을 때 우리는 보통 실패하고 말았다(10장 '경계 찾기' 참조). 추상화를 하거나 인공적인 언어를 합성하는 식으로 언어 간의 간극을 극복하려고 해서는 안 된다. 대신 **거칠게-세분화된** 스토리 내에서는 주석을 사용해 동의어와 동음이의어를 나타내자. 언어의 차이를 해결하려면 **잘게 세분화하고 있는-그대로인** 스토리로 부분 도메인을 깊게 파고들어 부분 도메인에 맞는 명확한 언어를 찾아야 한다. 도메인 주도 설계(DDD)에서는 이러한 언어를 **보편 언어**ubiquitous language라고 한다.

자연어 사용하기

도메인 언어는 프랑스어, 아랍어, 힌디어, 나와틀어 등의 자연어를 기반으로 한다. 이 책에서 사용한 예제는 영문 옆에 국문을 병기하거나 국문만 표시하는 형태로 되어 있지만 도메인 스토리텔링은 다른 자연어에서도 작동한다는 것을 보여주고자 한다. 몇 가지 일상적인 예를 살펴보자. 그림 9.4의 독일어[1] 삽화로 시작한다.

---

1   원서의 저자인 스테판은 오스트리아에서 태어났고, 헤닝은 독일에서 태어났다. 두 나라 모두 독일어를 사용한다.

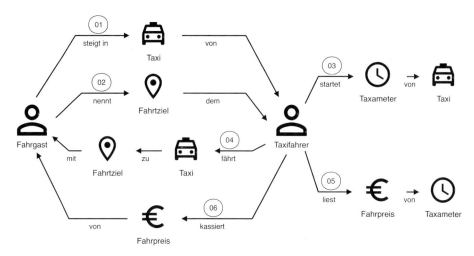

그림 9.4 독일어로 작성한 도메인 스토리: 택시로 여행하기

독일어 표기는 라틴어에서 비롯되었다(영어와 동일하지만 문장 4를 보면 ä라는 합자가 있고 여기에 움라우트 표시가 나옴). 도메인 스토리텔링은 다른 언어에서도 작동한다. 그림 9.5는 현대 페르시아어 문자(아랍 문자를 기반으로 하므로 오른쪽에서 왼쪽으로 작성)를 사용했고 그림 9.6에서는 중국어 문자를 사용했다.[2]

일반적으로 모델링을 할 때는 도메인 전문가가 사용하는 자연어를 사용한다. 다른 언어를 구사하는 사람들로 구성된 워크숍에는 일반적으로 사용할 수 있는 공통 언어가 있다.

여러 나라에 지사를 두고 운영하는 조직이라면 몇 가지 자연스러운 '업무용 언어'가 있을 수도 있다. 되도록 보편 언어의 개념을 따르면서 가능한 한 번역을 피하기를 권한다. 때때로 해외 부서에서 예외 처리를 요청할 수 있다. 그러나 정보의 손실이나 의미 변화가 없이는 번역할 수 없거나 아예 번역하지 못하는 단어가 많다는 점에 주의하자.

2 번역 및 표기 관련 작업을 도와준 사마네 자바반바크드[Samaneh Javanbakht]와 이사벨라 트란[Isabella Tran]에게 고마움을 전한다.

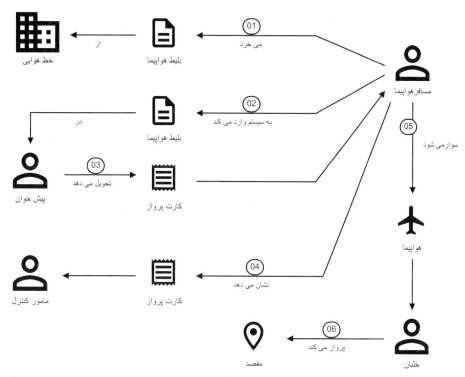

그림 9.5 페르시아어로 작성한 도메인 스토리: 비행기로 여행하기

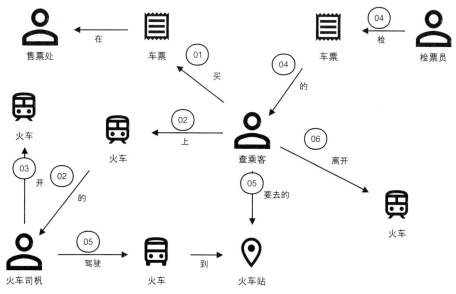

그림 9.6 중국어로 작성한 도메인 스토리: 기차로 여행하기

번역 중 손실

많은 조직에서는 **업무 분석가** 또는 **요구사항 분석가**를 고용해 이들이 도메인 전문가와 개발자 간의 중개자 역할을 하게 한다. 이러한 역할은 종종 도메인 전문가의 의견을 받아 개발 팀이 구현할 수 있는 요구사항으로 번역하는 전문 '번역가'로 해석된다. 때로는 스크럼의 **프로덕트 소유자** [Rubin 2013]조차 '소유' 역할이 아닌 '번역' 역할을 수행하기도 한다.

좋은 번역가는 찾기가 힘들다. 그들은 많은 책임을 지고 있다. 뉘앙스는 번역 시에 쉽게 손실된다. 번역가가 어떤 가정을 하고 그 가정을 사실로 전달할 수도 있고, 소프트웨어 개발에 대한 올바른 질문을 하는 데 필요한 기술적 배경을 갖고 있지 않을 수도 있다.

도메인 전문가가 소프트웨어에서 기대하는 바를 명확하게 표현하거나 적절한 추상화 수준을 찾는 데 필요한 기술을 때때로 충분히 지니지 못하지만 많은 업무 분석가business analysist와 요구사항 분석가requirements engineer는 그런 기술을 지니고 있다. 또한 많은 개발자는 도메인 전문가로부터 올바른 정보를 스스로 얻을 수 없다.

우리는 개발자가 도메인 언어를 더 이상 배울 필요가 없다고 생각할 수 있으므로 번역가를 중개 역할로 넣는 것은 권장하지 않는다. 오히려 업무 분석가와 요구사항 분석가의 기술을 사용해 조정과 촉진을 통해 비즈니스와 전산 간의 격차를 해소하는 것이 합리적이다. 이런 업무 분석가와 요구사항 분석가는 도메인 전문가와 개발자가 서로 소통할 수 있게 도와야 한다.

 진행자는 개발 팀이 도메인 언어에 능숙해지도록 도울 수 있다.

따라서 여러 기능을 아우르는 개발 팀에 진행자 역할을 추가하는 것이 좋다. 이 역할은 팀에 소속되어 있고 이 역할을 맡는 데 필요한 기술을 지닌 사람이라면 누구나 맡을 수 있다. 업무 분석가 또는 요구사항 분석가는 이 역할에 적합할 수 있으니 개발 팀에 통합시킨다. 진행자의 목표는 개발 팀이 도메인 언어에 능통하게 돕는 것이다. 그렇게 함으로써 도메인 스토리텔링과 같은 방법으로 협업 모델링을 촉진하고 교육한다.

다음에 읽을 내용은?

언어의 차이는 조직 내에 존재하는 경계에 대해 알아갈 수 있는 좋은 방법이다. 서로 다른 도메인 언어를 사용해 정의하는 맥락 속에서 우리는 조직의 구조와 소프트웨어 시스템의 범위에 대해 조직도보다 더 많은 내용을 알 수 있다. 따라서 도메인 언어는 모놀리식 소프트웨어 시스템을 분할하거나 새로운 소프트웨어에 대한 적절한 범위를 찾기 위한 지침으로 사용할 수 있다. 이런 점을 10장 '경계 찾기'에서 다룰 것이다.

일단 도메인 언어를 말할 수 있게 되면 요구사항에 대해 더 효과적으로 이야기할 수 있다. 11장 '요구사항에 맞춰 일하기'에서 도메인 스토리텔링이 요구사항 도출에 도움이 되는 더 많은 방법을 보여줄 생각이다.

언어는 소스 코드 내에서 사용되면서 보편성을 갖게 된다. 클래스, 메서드, 함수, 변수의 이름으로 어느 도메인 용어를 사용하는지는 12장 '코드로 모델링하기'의 주제다.

마지막으로 언어 학습에 도움이 되는 다른 협업 모델링 기술이 있다(7장 '다른 모델링 방법과의 관계' 참조). 여러 방법을 결합하는 것도 때때로 유용할 수 있다. 예를 들어, 이그잼플 매핑^{Example Mapping}은 도메인 스토리텔링의 후속 조치를 하기에 좋은 방법이다.

10

경계 찾기

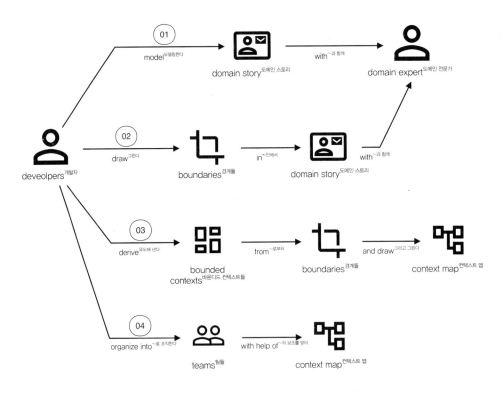

많은 도메인이 전반적으로 이해하고 모델링하기가 힘들 정도로 너무 크다. 그러한 경우에는 도메인을 관리 가능한 단위로 분할해야 한다. 이번 장에서는 이 과정에서 중요한 단계, 즉 부분 도메인 간의 경계를 찾는 방법을 자세히 설명한다.

이번 장은 다음과 같은 경우에 적합하다.

- 어떤 모놀리스로 인해 어려움을 겪고 있으며 이 모놀리스를 재구성하거나 더 관리하기 쉬운 부분으로 분할하려고 한다.

- 마이크로서비스나 독립형 시스템을 설계하려고 한다.

- 도메인 주도 설계를 적용하려고 하며 바운디드 컨텍스트들을 식별해내는 데 어려움이 있다.

- 개발 팀이 너무 커져 효율적으로 작업할 수 없어서 해당 팀을 여러 개로 나누고자 한다.

- 이미 개발 팀이 두 개 이상이므로 이러한 팀의 작업을 어떻게 구성할 수 있는지를 알아보고자 한다.

이번 장에서는 몇 가지 소프트웨어 개발 용어와 개념을 살펴보면서 간략하게만 설명할 것이다. 자세한 내용을 알고 싶다면 제공된 참고 자료를 확인하라. 특히 다음 자료가 유용할 것이다.

- 부분 도메인, 바운디드 컨텍스트, 컨텍스트 맵 같은 전략적 DDD 어휘[Vernon 2016]

- 아키텍처 스타일(모놀리식, 모듈러[Lilienthal 2019], 마이크로서비스[Newman 2015], 독립형 시스템 [SCS Website])

- 교차 기능 팀 같은 개발 팀을 조직하기 위한 원리[Rubin 2013], 그리고 콘웨이의 법칙[Conway 1968]

 헤닝의 항공기 정비 스토리

어떤 대형 항공사에서 나에게 연락해 항공기의 기술 유지 관리를 위한 대규모 시스템을 구축해 달라고 요청한 적이 있다. IT 부문 관리자가 내게 격납고를 둘러보고 비행기에서 기계공이 어떻게 활동하는지 볼 수 있게 해 주었을 때 나의 어린 시절 꿈이 이루어졌다. 그런 꿈 중에는 작은 것도 있었고 큰 것도 있었다. 그중 특별했던 것은 747 항공기에 올라가 현대 비행기에 내장된 모든 다양한 기술을 살펴보는 것이었다.

사무실로 돌아와서 20명으로 구성된 집단을 만났다. 우리는 항공기 정비와 관련해서 가장 중요한 업무처리 과정을 모델링하는 것으로 시작했다. **거칠게 세분화하고 순수한** 도메인 스토리를 그렸다. 이 개요 수준의 도메인 스토리는 모든 사람이 서로 이해하는 바를 일치시키고 해야 할 일을 찾아내는 데 유용한 것으로 판명되었다.

도메인 전문가들은 이 스토리의 문장이 그 자체로 업무처리 과정으로 간주될 수 있다고 말했다. 실제로 대부분의 작업객체는 도메인 스토리당 한 번만 나타난다. 나에게 (분명히 구름 수준이었던) 이 각각의 문장은 서로 맞물려 매력적인 스토리를 만드는 문장이라기보다는 점검표에 있는 항목처럼 느껴졌다. 나는 각 문장이 자체로 하나의 맥락이 되거나 어쩌면 하나 이상의 맥락이 될 것이라고 생각했다.

도메인에서 유용한 경계를 식별하기 위해 범위를 좁혀야 했기 때문에 일련의 후속 워크숍 일정을 잡았다. 각 워크숍에는 5~8명의 참가자가 있었는데, 이들은 해당 분야의 전문가였다.

후속 워크숍에서 우리는 여전히 **거칠게–세분화하는** 모델링을 하면서도 이번에는 가오리연 수준에서 도메인에 대해 더 깊이 파고들었다. 새로운 스토리에서 우리는 일관된 활동 그룹을 발견했다. 이 그룹은 바운디드 컨텍스트에 대한 20개의 후보로 빠르게 발전했다.

도메인 스토리에서 추출한 컨텍스트 맵은 나중에 팀 구성과 시스템의 새로운 아키텍처의 기초가 되었다.

여러 모델의 즐거움

단일 개념 모델은 상대하기 까다로운 짐승이다.

—마틴 파울러[Fowler 2003b]

소프트웨어 구축과 관련해 도전적인 과제 중 하나는 개발자가 이해할 수 있는 방식으로 소프트웨어를 구성하는 일이다. 도메인이 한 번에 이해하기에 너무 크다면 소프트웨어에서 전체를 모델링하기에도 너무 큰 것이다. 그렇게 하는 대신 도메인의 독립적인 부분을 아우르는 모델 여러 개를 사용하는 편이 더 나은 해법이다. 이를 통해 소프트웨어와 개발 팀이 성장할 수 있다.

이 책을 쓰는 지금, 모놀리스를 분할하는 것은 소프트웨어 분야에서 가장 뜨거운 주제 중 하나다. 이는 일부 고객이 경험하는 가장 큰 문제 중 하나이기도 하다. 우리는 적절한 기술 아키텍처를 가지고도 개발자들에게 큰 진흙 덩어리로 취급받는 여러 대형(>1,000,000 LOC) 레거시 시스템을 본 적이 있다[Foote/Yoder 1997].

이해하기 어려운 소프트웨어 시스템 중 상당수는 '이 소프트웨어는 도메인의 단일 공통 모델을 기반으로 해야 한다. 그리고 이 모델은 모호하지 않다. 그리고 현실 세계의 모든 속성을 가능한 한 자세하게 포함해야 한다'는 근본적인 오해로 인한 결과물이다.

DDD는 **도메인 모델**이라는 용어를 사용하지만 전사적인 모델을 의미하지는 않는다. 전체 조직이 단 하나의 모델로 설명된다면 모든 소프트웨어 요구사항은 이 하나의 모델 맥락에서 이해되어야 한다. 이 접근 방식의 문제는 모델이 점점 더 커진다는 것이다. 이런 모델은 전체적으로 이해할 수 없게 엉켜 엉망진창이 되는 경향이 있다. **큰 진흙 덩어리** 모델은 **큰 진흙 덩어리** 소프트웨어로 이어진다.

DDD에서는 실생활에 하나 이상의 진실이 있으며 회사에는 여러 도메인 모델이 필요하다는 점을 인정한다. 조직의 중심 도메인 개념(예: '계정'이나 '클라이언트', '고객', '프로덕트')을 살펴보자. 사람들은 도메인의 다른 부분에서 다른 의미로 같은 용어를 사용할 것이다. 그렇기 때문에 소위 부분 도메인은 각각 고유한 도메인 모델을 가지고 있는 셈이다.

순수하고 모호하지 않은 진리의 원천이 되는 '유일한' 모델은 환상에 불과하다.　　　　　　

부분 도메인 찾기를 위한 휴리스틱

부분 도메인을 잘 이해하면 마이크로서비스[Newman 2015], 독립형 시스템[SCS Website], 모놀리스 내의 모듈(일부에서는 이것을 **모듈식 모놀리스**^{modular monolith}, 즉 **모듈리스**^{modulith}라고도 함) 형태의 기술적 경계를 식별하는 데 도움이 된다.

우리는 도메인 스토리가 도메인 내의 경계를 정의하는 데 도움이 될 수 있음을 발견했다. 도메인 스토리를 사용해 도메인 전문가의 관점에서 어떤 활동이 함께 속하는지 알 수 있다. 따라서 도메인을 부분 도메인으로 나눌 수 있다. 우리는 이렇게 나눌 수 있는 이유가 엄격한 규칙이 있어서 그런 것이 아니라 휴리스틱 때문이라고 생각한다.

행위자 관점에서 보면 부분 도메인은 같은 도메인에 속하는 여러 활동으로 구성된다.　　

휴리스틱 적용

이 '요리법'은 휴리스틱을 설명한다.

1. 도메인의 필수 사항을 다루는 의미 있는 시나리오를 찾자.

2. 그 시나리오를 도메인 스토리로 모델링하자. 범위는 **거칠게-세분화하고 있는-그대로**이며 순수한 것이어야 한다(4장 '범위' 참조). **거칠게-세분화**한 세분성은 구름 수준이나 가오리연 수준을 말한다. 순수한 스토리가 가장 좋은데, 현재 소프트웨어 시스템에 의해 오염되지 않은 활동에 관한 것이기 때문이다. 조직에서 기존 시스템의 영향을 제거하고 부분 도메인에 대해 완전히 처음부터 생각하고 싶을 수도 있다.

3. 도메인 스토리에서 함께 속해 있는 활동들을 찾는다. (응집력 있는 활동을 찾는 데 도움이 되도록 다음 단원에서 몇 가지 지표를 정리했다.)

4. 활동들을 그룹으로 군집화해 부분 도메인 경계를 표시한다. 행위자는 하나 이상의 부분 도메인에서 활동할 수 있으므로 그룹 외부에 배치해 행위자를 부분 도메인의 일부로 간주하지 않음을 분명히 한다.

우리는 이제 이 요리법을 알폰에 적용할 것이다.

 리스 사례 되돌아보기

이미 8장 '사례 연구: 알폰 자동차 리스 주식회사'에서 영업사원 샌디, 신용위험관리자 레이먼드, 고객 서비스 담당자 찰리와 함께 1단계와 2단계를 수행했다. 그들과 함께 정상 경로 시나리오를 **거칠게-세분화된** 도메인 스토리인 알폰 1(그림 10.1에 다시 수록)로 모델링했다.

이제 다른 단계를 수행해 보자.

도메인 전문가에게 어떤 활동들이 서로 함께 속해 있는지를 물어보았을 때 영업사원 샌디는 "1~5번째 문장인데, 그것은 스토리의 '제시하기' 부분입니다. 제가 신용위험관리자에게 계약을 전달하고 나면, 해당 계약은 말 그대로 제 손에서 떠납니다."라고 말한다. 우리는 이러한 활동을 그룹화하고 이에 맞춰 이름을 지정한다(그림 10.2).

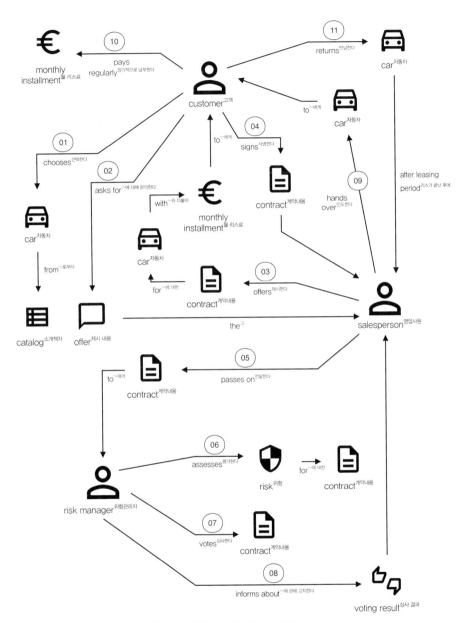

그림 10.1 알폰 1: 자동차 리스하기 – **거칠게-세분화한, 순수한, 있는-그대로인**

다음으로 레이먼드에게 스토리에서 신용위험관리자의 부분을 하나의 활동으로 묶어야 하는지, 아니면 여러 활동이 들어간 집합으로 묶어야 하는지 묻는다. 그는 6~8번 문장이 함께 속한다고 대답한다. 모든 계약은 이러한 방식으로 처리돼야 한다. 우리는 이 활동 그룹의 이름을 '신용위험평가'로 부르기로 합의한다(그림 10.3).

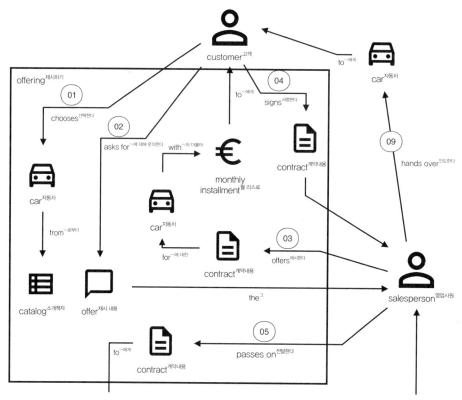

그림 10.2 '제시하기' 부분 도메인

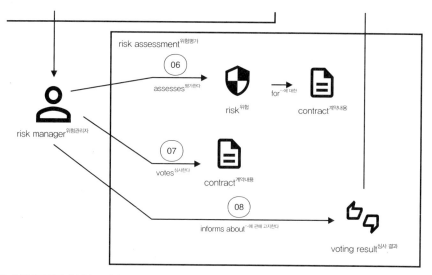

그림 10.3 '신용위험평가' 부분 도메인

우리는 그림 10.4와 같은 결과에 도달할 때까지 도메인 전문가와 논의를 계속한다. 이 도메인 스토리는 알폰 1(그림 10.1)이라고 부르는 도메인 스토리에 내용을 추가한 것이므로 알폰 1a라는 이름을 부여한다.

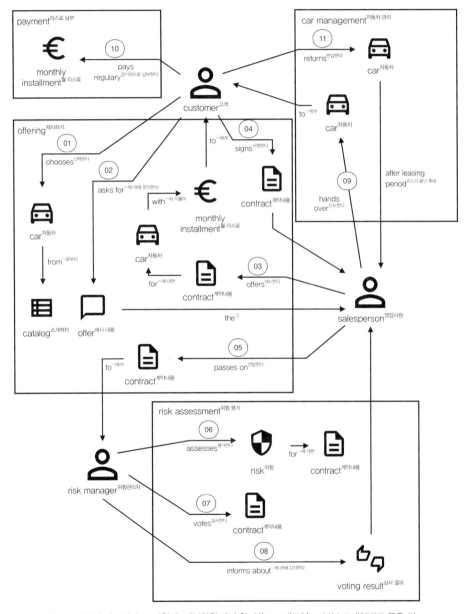

그림 10.4 알폰 1a: 자동차 리스하기 — **거칠게-세분화한, 순수한, 있는-그대로인** — 부분 도메인별로 묶은 것

요약하면, **거칠게-세분화한** 도메인 스토리에서 4개의 부분 도메인을 도출했다. 이 도메인 스토리는 단 하나의 시나리오를 설명한다. 더 많은 시나리오를 살펴보면 이러한 부분 도메인 대부분이 다시 나타날 것이다. 또한 다른 부분 도메인도 찾을 수 있을 것이다.

우리는 또한 '제시하기' 부분 도메인이 상당히 크다는 점을 알아냈다. 경험에 따르면, 이는 우리가 부분 도메인을 계속 분석할 때 일관성 없는 언어를 접하게 될 것임을 시사한다. 이런 경우에 우리는 부분 도메인을 추가로 분할한다.

때로는 한 부분 도메인이 어디에서 끝나고 다른 부분 도메인이 어디서 시작되는지, 또는 부분 도메인을 더 작은 것으로 나눠야 하는지를 파악하기가 쉽지 않을 때가 있다. 이러한 경우에 하나의 부분 도메인 내에서 재생되는 도메인 스토리를 모델링하는 것이 더 좋다. 그 스토리가 여러분이 제안한 경계에 얼마나 잘 맞는지를 확인하자. 도메인 스토리가 다른 부분 도메인에 도달하는 징후를 찾아 부분 도메인 경계를 테스트한다. 경계를 정비하고 그 밖의 경험적 방법도 고려하자(다음 단원 참조).

부분 도메인 경계 표지

표지^{indicator}가 있다고 해서 확실히 경계가 있다고 말할 수는 없다. 표지는 무엇을 찾아야 하는지에 대한 몇 가지 단서를 제공할 뿐이다. 우리는 반복적으로 접한 몇 가지 표지를 수집했다. 다음 목록이 완전하지는 않지만 도움이 될 것이다.

- **행위자 스스로 결과를 생성**: 행위자는 여러 관련 활동을 독립적으로 완료해 의미 있는 결과를 생성한다. 행위자는 결과를 다른 행위자에게 전달할 때가 많다. 그림 10.4와 같은 '신용위험평가'가 그 예다.

- **단방향 정보 흐름**: 행위자 사이의 책임 이양 과정에서는 행위자 A가 작업객체를 행위자 B에게 전달하고 행위자 A로 다시 흐르는 정보가 없다(직접적이든 간접적이든). 이것은 B가 전달된 작업객체로 하는 모든 일에 A가 관여하지 않는다는 것을 의미한다.

- **다른 촉발점**: 고객 서비스 담당자인 찰리는 고객의 문의가 '제시하기'(요청에 근거한 촉발의 한 가지 예시)를 촉발한다고 말한다. 일단 차량이 인도되고 나면 고객은 리스료를 매달 납부해야 한다(시간의 흐름에 따라 촉발되는 일의 한 가지 예시)(그림 10.5).

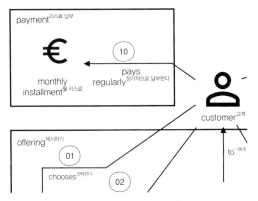

그림 10.5 표지: 서로 다른 촉발점들 – 여기서는 시간을 기반으로 하고 있음

- **도메인 스토리와 무관한 것을 지원하는 활동**: 다른 도메인 스토리에서 레이먼드는 '위험 보고서'를 만드는 것이 신용위험관리자의 활동 중 하나라고 말한다. 그러나 이 위험 보고서는 해당 스토리 내의 다른 행위자가 사용하지 않는다. 아무런 이유 없이 만들어진 보고서는 없기 때문에 이 도메인 스토리와 관련이 없는 다른 부분 도메인에서 사용될 것이다.

- **언어의 차이**: 동일한 작업객체에 다른 행위자가 다른 이름을 부여하는 경우를 말한다. 또는 같은 이름이 (약간) 다른 의미로 사용되는 경우도 해당한다. (두 번째 경우는 발견하기가 훨씬 더 어렵다.)

- **같은 것을 다른 용도로 사용**: 동일한 작업객체가 완전히 다른 과업에 사용된다. 예를 들어, 알폰에서 계약이라는 것은 고객이 '서명'하고 위험관리자가 '심사'하는 일을 말한다. 서명은 관계를 생성하는 법적 행위다. 심사는 재정적 맥락에서 이루어진다. 즉, 알폰의 재정적 위험을 완화하기 위해 수행된다.

부분 도메인에서 바운디드 컨텍스트로

지금까지 우리는 부분 도메인이 존재하는 **문제공간**problem space을 분석했다. 목표가 소프트웨어를 구축하는 데 있다면 문제공간을 **해공간**solution space으로 전환해야 한다. DDD에서 이것은 **바운디드 컨텍스트**bounded context: 경계를 지을 수 있는 맥락, 즉 유계 맥락를 설계한다는 의미다. 바운디드 컨텍스트에서는 보편 언어를 사용해 명확한 도메인 모델을 구현한다. 부분 도메인 한 개와 바운디드 컨텍스트 한 개는 1:1 관계를 이루므로 이 둘을 동전의 양면처럼 여길 수 있다.

바운디드 컨텍스트를 정의하는 일은 설계 과정design process에 해당한다. DDD 전문가인 닉 튠Nick Tune은 경계를 설계하기 위한 기준을 다섯 가지 주요 범주로 구분한다[Tune 2019a].

- **업무 가치 고려**: 업무처리 전략에 맞는 설계 결정

- **도메인 고려**: 문제영역과 경계를 맞추는 설계 결정

- **사회정치적인 고려**: 시스템을 구축하는 사람들의 요구에 따른 설계 결정

- **기술적 고려**: 시스템의 기술 요구사항에 영향을 받는 설계 결정(예: 성능, 보안)

- **사용자 경험 고려**: 사용자가 시스템을 경험하는 방식에 영향을 미치는 설계 결정

보다시피 (부분) 도메인들을 사용해서 문제영역과 경계를 맞추려고 정렬하는 일은 바운디드 컨텍스트를 찾기 위한 여러 기준 중 하나일 뿐이다. 단일하고 분명한 해결책이 없는 경우가 종종 있다. 여러 기준 간의 절충관계를 고려해야 한다. 이러한 이유로 DDD 커뮤니티에서는 바운디드 컨텍스트를 찾기 위해 휴리스틱 방법을 사용했다.

바운디드 컨텍스트를 찾기 위한 휴리스틱

여러 DDD 실무자가 자기의 경험을 공유했다.

- DDD 휴리스틱^{DDD Heuristic}은 레베카 워프스-브록^{Rebecca Wirfs-Brock}과 케니 바스-슈베글러^{Kenny Baas Schwegler}에 의해 시작되었다. [DDDHeuristics Website]에는 바운디드 컨텍스트에 대한 일부를 포함해 DDD와 관련된 경험적 방법이 수집되어 있다.

- 닉 튠^{Nick Tune}의 기술 전략 블로그^{Tech Strategy Blog}[Tune Blog].

- DDD 크루 리포지터리^{DDD Crew Repository}[DDDCrew Website]에는 유용한 도구가 포함되어 있다.

- 다른 DDD 주제 외에도 마티아스 베라에스^{Mathias Verraes}는 자신의 블로그[Verraes Blog]에서 경계 찾기에 대한 글을 쓴다.

바운디드 컨텍스트는 도메인 주도 설계의 가장 중요한 개념 중 하나다. DDD 문헌[1]에서 바운디드 컨텍스트에 대한 추론에 도움이 되는 방법을 찾을 수 있다. 한 가지 유용한 도구는 바운디드 컨텍스트가 연결되는 방법을 보여주는 **컨텍스트 맵**이다. 컨텍스트 맵은 여러 스토리를 모델링해 학습할 수 있는 내용을 결합한 관점을 제시한다. 컨텍스트 맵 생성은 바운디드 컨텍스트를 정의한 후에 논리적으로 따라오는 단계다. 그림 10.6에서 알폰 컨텍스트 맵의 첫 번째 버전을 살펴보자. 이 그림을 통해서 우리가 지금까지 식별한 네 가지 바운디드 컨텍스트, 그리고 그중에서도 제시하기 및 위험평가라는 두 가지 바운디드 컨텍스트 간의 한 가지 관계를 볼 수 있다.

---

1 본 버전의 *Implementing Domain-Driven Design* [Vernon 2013]과 마이클 플뢰드^{Michael Plöd}의 *Domain-Driven Design by Example* [Plöd 2020]에서 예시를 볼 수 있다.

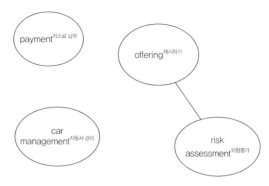

그림 10.6 알폰에 대한 컨텍스트 맵의 시작

이 그림은 **컨텍스트 매핑**을 시작하는 단계를 보여 줄 뿐이다. 다음 단계는 관계와 인터페이스를 설명하는 단계다. 이 단계를 DDD 문헌에서 잘 다루므로 이 책에서는 설명하지 않는다.

팀을 독립적으로 만들고 소프트웨어를 변경 가능한 상태로 유지하려면 바운디드 컨텍스트가 필요하다. 그러나 업무처리 과정에는 일반적으로 통합이 필요하다. 이를 위해서는 업무처리 과정에 대한 행동적 관점이 필요하다. 도메인 스토리텔링은 업무처리 과정이 한 부분 도메인에서 다음 부분 도메인으로 넘어갈 때 어떤 일이 발생하는지 알 수 있게 서로 다른 부분 도메인의 사람을 모아서 이러한 공유 관점을 지원한다.

도메인 스토리는 컨텍스트 맵의 구조적 관점과 이벤트스토밍의 시간적 관점을 보완하는 행위적 관점을 제공한다. 즉, 도메인 스토리텔링은 바운디드 컨텍스트를 찾는 수단일 뿐만 아니라 컨텍스트 경계를 넘어 협업을 가시화하는 수단이기도 하다.

컨텍스트 경계를 통해서 사람을 분리하는 일을 할 것이 아니라 모델을 분리하는 일을 해야 한다.

컨텍스트 경계에 맞춰 팀 경계 정하기

컨텍스트 경계를 정의하고 나면 이 지식을 사용해 팀 경계를 찾을 수 있다. 큰 소프트웨어 시스템(앞서 설명한 모놀리식 큰 진흙 덩어리와 같은)에서는 일반적으로 한 팀에 포함될 만한 인원 수보다 더 많은 사람이 참여하게 된다. 그들을 여러 팀으로 나누고 '누가 어떤 일을 할 것인가?'

라고 질문할 필요가 있다. 팀이 두 개 이상이라면 일반적으로 다른 팀이 시스템의 같은 부분에 대해 작업하지 않게 하는 것이 좋다.

> 코드 공동 소유[Beck 2000]를 팀 내에서만 하는 것은 바람직하지만 팀 경계를 넘어서 다른 팀
> 하고도 하는 것은 바람직하지 않다.

개발 팀 구성에 대한 고전적인 접근 방식은 팀을 아키텍처 계층에 맞춰 나누는 것이다. 즉, 하나의 UI 팀, 하나의 비즈니스 로직 팀, 하나의 데이터베이스 팀 같은 식으로 나누는 것이다. 이런 식으로 팀을 나누는 일은 수평적 분리에 해당한다. 애자일 커뮤니티(및 그 일부인 우리)는 콘웨이의 법칙[2]을 근거로 제시하며 이런 수평적 분리가 나쁜 방법이라고 여긴다. 더 현대적인 방법을 제시하자면 교차 기능 팀으로 구성하는 방법이 있다. 이 방법은 수직적 분리를 의미한다. 그러나 우리가 팀 사이의 경계를 어디쯤에 그어야 할까? 바운디드 컨텍스트의 경계에 맞춰 그으면 된다.

설계 규칙 중 한 가지는 하나의 바운디드 컨텍스트는 한 팀만 담당해야 한다는 것이다. 이렇게 하는 이유는 여러 팀이 소프트웨어의 동일한 부분을 건드리지 않게 하기를 바라기 때문인데, 이렇게 하면 각 팀은 서로 다른 팀이 작업한 성과를 파괴하지 않게 된다. 그렇다고 해서 반드시 한 팀이 바운디드 컨텍스트를 딱 한 개만 담당해야 한다는 의미는 아니다.

따라서 개발자를 여러 팀으로 나눈다면 각 팀별로 최소한 바운디드 컨텍스트를 한 개 이상 담당해야 한다. 이 규칙을 3개의 개발 팀이 있는 알폰에 적용하면 그림 10.7과 같이 가능한 분할 방식이 한 가지 나타난다. 시간이 흐르다 보면 팀에 할당한 바운디드 컨텍스트가 변경될 수는 있다. 모든 바운디드 컨텍스트를 한 팀이 처리하게 하는 식으로 일단 시작해 볼 수 있을 것이다. 팀이 충원되면 언젠가는 결국 두 팀으로 나누어야 하는 지점에 도달하게 된다. 이 시점에서 분할된 각 팀에 컨텍스트들을 다시 할당하면 된다.

---

2   콘웨이의 법칙에서 기본적으로 말하는 바는 소프트웨어를 구축하는 팀의 조직 형태와 동일한 구조로 소프트웨어 아키텍처가 구성될 것이라는 것이다[Conway 1968].

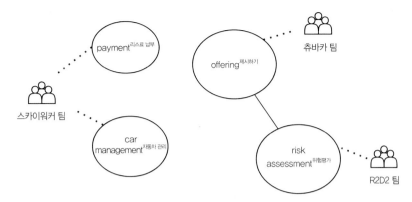

그림 10.7 알폰의 팀 구성

다음에 읽을 내용은?

경계를 찾아내기는 어렵다. 사실, 그것이 아마 우리가 이 책에서 설명하는 내용 중 가장 어려운 도전 과제에 해당할 것이다. 도메인 스토리텔링을 사용해서 부분 도메인과 바운디드 컨텍스트에 대해 추론하는 기법은 여러 가지 유용한 도구 중 하나일 뿐이다. 이번 장에서 제공하는 참고 자료도 확인해 볼 것을 권한다.

아울러 큰 그림의 이벤트스토밍을 시도하고 **경계 사건**boundary event(예: 이양, 변경된 상태, 되돌아가기 불가능한 지점을 나타내는 사건)을 찾을 수도 있다. 알베르토 브란돌리니는 이러한 사건을 **중추적**pivotal이라고 부르고 비즈니스 **국면**business phase: 업무 국면을 분리하게 하는 것이라고 했다. 자세한 내용을 알고 싶다면 그가 쓴 글인 "Discovering Bounded Contexts with EventStorming" [Brandolini 2020]을 읽어보자. 닉 튠은 이벤트스토밍과 도메인 메시지 흐름 모델링[Tune 2021] 의 변형을 활용하는 워크숍 레시피인 **바운디드 컨텍스트 디자인 캔버스**bounded context design canvas[Tune 2019b]를 만들었다.

여러분이 찾아낸 경계에 만족한다면 그다음에 모든 바운디드 컨텍스트에 대해 낱낱이 품어야 할 의문 중 하나는 '소프트웨어의 이 부분을 직접 구축할까('제작'), 아니면 기성품 솔루션을 구매할까('구매')?'이다.

- '제작'하기로 결정했다면 12장 '코드로 모델링하기'에서 도메인 모델을 구현하는 방법을 설명하므로 그 부분을 읽으면 된다.

- '구매'하기로 결정했다면 14장 '소프트웨어 제작 또는 기성 소프트웨어의 구매 결정과 선택'을 읽고 일반적인 제품 중에서 여러분에게 적합한 제품을 결정하면 된다.

더 깊이 탐구하고자 한다면 각 부분 도메인에서 사용되는 언어(DDD에서는 보편 언어^{ubiquitous} language라고 함, 9장 참조)에 대해 더 자세히 학습해 보자.

팀을 구성했으면 다음으로 해야 할 일은 팀이 무엇을 해야 하는지를 정의하고(예를 들면, 애자일 유저 스토리를 사용해 볼 수 있을 텐데, 이에 대해서는 *User Stories Applied* [Cohn 2004]를 참조하자), 해당 작업을 구성하는 일(예를 들면, 프로덕트 백로그를 사용해서 정의하려고 한다면 *Essential Scrum* [Rubin 2013]을 참조하자)을 하면 된다. 이를 수행하는 방법을 11장 '요구사항에 맞춰 일하기'에서 다룬다.

11

요구사항에 맞춰 일하기

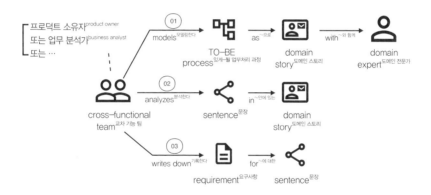

이전 장에서는 도메인과 도메인 언어를 이해하는 방법에 대해 논의했다. 팀 간의 경계와 컨텍스트 간의 경계를 찾는 방법을 보여줬다. 이렇게 하고 나서 개발 팀이 바로 코드를 작성하기 시작해도 될 때가 있다. 그러나 일반적으로 시나리오 수준에서 바로 코드 작성으로 뛰어드는 일은 너무 어려우며, 먼저 도메인 지식과 요구사항 사이의 격차를 해소해야 한다. 여기서는 우선순위와 실행 가능한 제품에 대해 논의할 수 있게 도메인 스토리에서 요구사항을 도출하는 방법을 보여준다.

이번 장의 내용은 다음과 같은 경우에 도움이 된다.

- 자신이 다음 중 한 가지 경우에 해당할 때
  - 프로덕트 소유자[product owner: PO]
  - 프로덕트 관리자[product manager: PM]
  - 비즈니스 분석가[business analyst: 업무 분석가]
  - 요구사항 분석가[requirements engineer]
  - 자체 요구사항 분석을 수행하는 교차 기능 팀의 개발자
- 자신이 다음과 같은 일을 수행하려고 할 때
  - 구축한 소프트웨어가 실제로 무슨 일을 해야 하는지 알아내기
  - 요구사항에 컨텍스트 추가하기
- 다음 중 하나를 작성 중일 때
  - 유저 스토리
  - 프로덕트 백로그

이번 장에서는 앞으로 몇 가지 소프트웨어 개발 용어와 개념을 간략하게 살펴본다. 자세한 내용을 알고 싶다면 참고 문헌을 참조하자. 특히 다음 용어를 참조한다.

- 애자일/스크럼 용어: 유저 스토리[user story][Cohn 2004], 프로덕트 소유자[product owner], 스프린트[sprint], 프로덕트 백로그[product backlog][Rubin 2013]
- 유저 스토리 매핑[User Story Mapping][Patton 2014]
- 유스케이스[Use case][Cockburn 2001]

 스테판의 입찰 요청 이야기

유럽 연합에 속한 어떤 공공기관에서 소프트웨어를 필요로 하는 경우 해당 공공기간은 단순히 특정 회사에 일을 맡겨서는 안 된다. 법에 따라 반드시 입찰하게 해야 한다. 이는 해당 기관이 요구사항 문서를 작성해야 함을 의미한다. 그런 다음에 비로소 각 회사는 계약에 대해 입찰할 수 있다. 그렇게 하고 나면 마지막으로 가격, 자격, 제안된 솔루션을 기반으로 여러 경쟁 회사 중 하나가 선택된다.

얼마 전에 우리 회사가 그러한 입찰에서 낙찰받았다. 요구사항 사양 문서는 80개의 유스케이스를 설명하는 내용으로, 300페이지에 달했다. 개인적으로 이런 종류의 문서를 별로 좋아하지 않는다. 내가 그중 한두 개를 직접 작성했기 때문에 나는 아무리 많은 기술과 시간을 들여도 그 문서는 항상 구식이고 불완전하다는 점, 한 마디로 말해서 문서가 잘못됐다는 점을 안다. 그럼에도 불구하고 그 80가지 유스케이스는 내가 읽어 본 내용 중 최고였다. 거기에는 주요 성공 시나리오, 변형 시나리오, 선행조건, 주요 행위자, 목표, 촉발점 및 기타 유용한 정보가 많이 포함되었다.

고객의 비즈니스 분석가가 일을 잘 해내기는 했지만 소프트웨어 개발에 착수하자마자 나와 동료들은 해당 유스케이스가 도메인을 실제로 이해하기에 충분하지 않다는 점을 바로 깨달았다. 우리는 업무처리 과정과 요구사항의 맥락에 대해 충분히 알지 못했던 것이다.

킥오프 워크숍에서 나는 도메인 스토리텔링이라는 방법을 써 보기로 했다. 우리가 분석하고자 하는 업무처리 과정이 여러 행위자와 시스템을 포함하고 있고 서로 도와야 할 일이 비일비재하기 때문에 그렇게 했다. 고객 팀에는 비즈니스 분석가와 소프트웨어를 실제로 사용하게 될 다섯 명 내외의 도메인 전문가가 포함되었다. 두 명의 동료와 함께 세 가지 정상 경로 시나리오를 **중간쯤—세분화하고 디지털화되고 있는—그대로인** 도메인 스토리로 모델링했다. 우리는 도메인에 대해 더 잘 이해할 수 있었다. 특히, 몇 가지 요구사항을 촉발한 기존 솔루션의 단점을 이해했다.

약 한 달이 지난 후 다시 모두 만났을 때 우리는 해공간에 관심을 두었다. 두 번째 도메인 스토리텔링을 진행하면서 첫 번째 도메인 스토리텔링을 진행할 때 사용한 것과 동일한 세 가지 정상 경로 시나리오를 사용했다. 단, 이번에는 도메인 전문가가 예정된 업무처리 과정에 대해 알려준다는 점이 달랐다. 이번에는 유스케이스의 상호 작용을 이해하게 됐다.

다시 3개월이라는 시간을 보내면서 몇 가지 유스케이스를 구현한 후, 첫 출시에 대해 생각해야 하는 지점에 도달했다. 우리 고객은 일부 사용자는 새 소프트웨어로 전환하고 나머지 사용자는 이전 소프트웨어를 계속 사용하는 식의 점진적인 전환을 계획했다. 이를 가능하게 하기 위해서는 두 소프트웨어 시스템 간의 협업을 가능하게 해야 했다. 우리는 소프트웨어가 지원하는 협업 일의 흐름을 설계해야 했고 다시 그 목적을 위해 도메인 스토리텔링을 선택했다. 이번에는 범위가 **잘게—세분화하고, 디지털화되고 있게—될** 것이었다. 워크숍을 여는 동안 우리는 새로 설계된 소프트웨어 지원 작업흐름이 요구사항 문서에 표현되어 있지 않다는 점을 깨달았다. 그러나 우리는 도메인 스토리로부터 새로운 요구사항을 쉽게 도출할 수 있었다. 기본적으로 우리는 활동을 글 형식으로 변환하기만 하면 됐다.

도메인 스토리와는 별개로, 우리는 구현된 기능의 목업들과 워크스루도 사용했다.

그건 그렇고, 우리 팀은 한 달에 약 한 명씩 개발자가 붙어났다. 도메인 스토리를 다시 이야기해주자 새로운 팀 구성원도 도메인을 쉽게 이해했다. 그래서 이런 방식이 신입 교육 업무 중 하나가 되었다. 지금까지 논의한 것과는 별개인 이야기이기는 하지만 말이다.

일련의 대화로서의 소프트웨어 개발

프로그래머가 어두운 방에 혼자 앉아 컴퓨터에 코드를 입력한다고 해서 소프트웨어를 구축한다고 볼 수 없다. 오히려 소프트웨어 구축 업무는 고도의 상호작용 행위이자 의사소통 행위다. 소프트웨어 시스템의 전체 수명 주기에 걸쳐 개발자와 도메인 전문가 및 기타 이해관계자는 계속 서로 대화를 주고 받게 된다. 물론 컴퓨터에 코드를 입력하는 일도 이런 일에 포함되지만(그래도 어두운 방 구석에서 혼자 코드를 입력하지는 않겠지만) 코드 입력 작업 또한 전체 업무 과정 중의 한 부분일 뿐이며 대화가 수반된다. 어찌 보면 코딩도 대화라고 할 수 있다. 컴퓨터와 하는 대화이자 다른 개발자(짝 프로그래밍^{pair programming}[Beck 2000] 또는 몹 프로그래밍^{mob programming}[Zuill 2014]의 형태로)와 하는 대화이고 심지어 장래에 코드를 읽게 될 개발자와 하는 대화인 셈이다.

이 일련의 대화를 통해 시스템에서 요구하는 사항이 더욱 명확해진다. 우리는 요구사항에 대한 작업이 객관적이고 엄밀한 분석 과정이 아니라고 믿는다. 글이나 그림으로 요구사항을 설명하는 내용이 결코 '완벽'하거나 객관적으로 '올바른' 것은 아니다. 오히려 우리는 요구사항은 관련 이해관계자들이 자신의 관점에서 만드는 것으로 본다. 다음은 크리스티안 플로이드^{Christiane Floyd}가 관찰한 내용이다.

> *우리는 요구사항을 분석하지 않는다. 단지 각자의 관점에서 요구사항을 구성한다. 이 관점이라는 것은 개인의 우선순위와 가치, 방향성을 제시하는 데 사용하는 방법, 다른 사람과의 상호 작용에 의해 영향을 받는다. [Floyd 1992]*

플로이드가 한 이 말을 의미가 있게 하려면, 이해관계자는 최소한 팀이 산출물을 만들어낼 수 있는 정도까지 자신의 관점과 우선순위 및 가치를 조정해야 한다. 이러한 산출물(실행 중인 소프트웨어, 모형, 종이 프로토타입 등)은 이해관계자가 평가할 수 있을 것이므로 대화가 지속된다. 도메인 스토리텔링이 여러 모델링 방법 중 한 가지일뿐인 이 계속되는 대화의 여러 단계에서 다양한 모델링 방법이 유용하다. 이번 장의 나머지 부분에서는 도메인 스토리텔링, 유저 스토리, 유저 스토리 매핑을 사용해 요구사항에 대한 대화를 촉진하는 방법을 논의한다.

세분성에 대한 은유를 다시 살펴보자

4장 '범위'에서는 도메인 스토리의 세분성을 설명하기 위해 앨리스터 콕번이 제시한 '목표 수준'이라는 은유를 사용했다(그림 11.1). 콕번은 원래 요구사항에 대한 설명 형식인 유스케이스와 관련해 이 은유를 제시했다. 이 번 장에서는 도메인 스토리와 요구사항에 대해 은유를 사용할 것이다. 우리는 이것이 일련의 대화식 소프트웨어 개발이라는 아이디어와 훌륭하게 들어맞는다고 생각한다. 다양한 목표 수준을 통해 우리는 토론을 올바른 방향으로 이끌어 갈 수 있을 것이다.

 구름 수준

 가오리연 수준

 해수면 수준

 물고기 수준

조개 수준

그림 11.1 다양한 목표 수준

도메인 스토리에서 요구사항까지

도메인 스토리는 말로 이뤄지는 대화를, 계획하고 추정(추정 중인 경우)하고 구현하기에 좋은 공식 서면 요구사항으로 옮기기에 아주 좋은 매체다. 그러나 우리는 고수준 요구사항을 저수준 요구사항으로 분해하는 엄격한 하향식 과정을 권하지 않는다. 그러한 '폭포수' 꼴의 접근 방식은 현실 세계에서 효과적이지 않다고 생각한다. 요구사항에 대한 대화는 **거칠게–세분화한** 것으로 시작해 **잘게–세분화한** 것으로 발전할 수 있지만 일방통행은 아니다. 우리는 소프트웨어 개발이 요구사항을 먼저 정의한 다음 소프트웨어를 프로그래밍하는 과정이 아니라 요구사항과 해당 요구사항의 건설적인 구현을 주기적으로 지속해서 논의하는 일이라고 본다.

다음 단원에서는 다양한 '재료'를 혼합해 도메인 스토리를 세분화하는 단계별 '요리법'을 논의한다. 그리고 나서 단원의 마지막 부분에서 알폰 예제에 그 요리법을 적용해 볼 것이다.

도메인 스토리 분해를 위한 요리법

우리가 제안하는 요리법에는 몇 가지 재료가 필요하다.

- 기능적 요구사항을 찾는 방법: 도메인 스토리텔링
- 요구사항을 기록하는 방법: 유저 스토리
- 요구사항을 구성하는 방법: 유저 스토리 매핑

우리는 한 팀이 바운디드 컨텍스트 내에서 업무처리 과정을 지원하는 작업을 한다고 가정한다. 또한 팀이 도메인 전문가와 만나 논의할 수 있다고 가정한다.

이제 시작할 준비가 끝났다.

1. 팀은 가장 중요한 시나리오(일반적으로 정상 경로)에서 시작해 업무처리 과정을 **중간쯤–세분화한** 수준에서 **잘게–세분화한** 도메인 스토리로 모델링한다. 순수한 스토리와 **디지털화되고 있게–될** 스토리 둘 다 괜찮다.

2. 스토리의 모든 활동에 대해 새 소프트웨어 시스템에서 그것들을 지원해야 하는지 물어보자. 일반적으로 IT 부서에서 활동을 지원해야 한다면 그 일에 대한 가오리연 수준 요구사항을 작성하자. 이러한 요구사항은 백로그의 백본이 된다.

3. 대안 시나리오를 모델링하고, 필요하다면 더 **잘게–세분화한** 도메인 스토리를 모델링하라. 예외, 가능한 오류, 에지 케이스 등에 대한 정보를 주석으로 수집한다.

4. 새 도메인 스토리와 주석을 살펴보자. 다시 말하지만, 모든 새로운 문장에 대해 가오리연 또는 해수면 수준의 요구사항을 작성하자. 주석을 확인해서 어떤 것이 요구사항이 되어야 하는지 확인하고 적어 두자.

5. 유저 스토리 맵을 만들면서 **잘게–세분화한** 요구사항을 백본에 대응시켜 요구사항을 구성하자.

이제 팀은 가오리연 수준 및 해수면 수준 요구사항에 대한 구조화된 백로그를 보유하게 되었다. 백로그가 완전해지지도, 모든 요구사항을 구현할 준비가 끝나지도 않을 것이다. 그러나 팀은 기능적 요구사항 및 그것들이 어떻게 실행 가능한 업무처리 과정이 되는지 제대로 이해하게 되었다.

다음으로 유저 스토리로 요구사항을 작성하는 방법(요리법의 2단계와 4단계)과 유저 스토리 매핑으로 요구사항을 구성하는 방법(5단계)을 살펴볼 것이다.

요구사항을 유저 스토리로 작성하기

구어체로 하는 대화는 요구사항을 발견하는 데 있어 중요하다. 조만간 기억을 보조할 장치가 필요할 것이다. 도메인 스토리는 다른 다이어그램, 모형 등과 마찬가지로 유용한 도구지만 짧은 글이 대화를 파악하기에 좋은 표현 방법일 때가 많다. 그러한 글을 작성하는 방법은 여러 가지다. 현재 가장 인기 있는 형식은 유저 스토리다.

> 주의: 유저 스토리[user story]는 도메인 스토리[domain story]와 비슷하게 들리지만 다르다. 이 둘의 관계는
> 자바와 자바스크립트 간의 관계와 약간 비슷하다.

유저 스토리는 무엇보다도 말로 하는 대화임을 명심하자. 그러한 대화의 본질을 보존하기 위해 사람들은 다음과 같은 간단한 템플릿을 따른다.

As a 〈 사용자 유형 〉, I want 〈 어떤 목표 〉 so that 〈 어떤 이유 〉. [1]

이 스키마는 대화를 위한 작은 체크리스트와 같다. 또한 도메인 스토리의 문장 구조와도 일치한다.

As an 〈 행위자 〉 I want to 〈 활동과 작업객체 〉 so that …

따라서 actor[행위자]는 type of user[사용자 유형]가 되고 activity[활동]와 work object[작업객체]는 goal[목표]을 설명한다. 그리고 어디에서 some reason[어떤 이유]을 얻을 수 있는가? 이 '이유'는 때때로 주석에서 찾을 수 있다. 때로는 이유가 도메인 스토리에 직접 포함되지 않고 대화에서 나오기도 한다.

유저 스토리가 서면 형식을 취할 수 있다는 이유만으로 명세서[specification]와 혼동해서는 안 된다. 유저 스토리가 '대화를 위한 약속'[Cockburn Origin]이라는 점은 아무리 강조해도 지나치지 않다. 즉, 서면 형식은 부산물일 뿐 의사소통을 대체할 수는 없다. 이 점은 실제로 간과될 때가 많으며 유저 스토리를 때때로 비판적으로 보는 이유 중 하나다.

---

1   유저 스토리를 위한 다양한 템플릿이 있다. 우리는 마이크 콘[Mike Cohn][Cohn 2004]이 대중화한 템플릿을 선택했다.

유저 스토리 매핑으로 요구사항 백로그를 구축하기

이미 7장 '다른 모델링 방법과의 관계'에서 유저 스토리 매핑[Patton 2014]을 소개했다. 거기서 우리는 유저 스토리 매핑을 사용해 요구사항에 대한 대화를 어떻게 이끌 수 있는지를 간략하게 설명했다. 우리에게는 도메인 스토리텔링이 이러한 안내 역할을 한다. 그러나 유저 스토리 매핑을 계획 도구로 사용해 교차 기능을 담당하는 애자일 팀이 다음을 수행할 수 있게 한다.

- 우선순위 및 증분 사항에 대해 프로덕트 소유자와 상의한다.

- 다음에 세부적으로 해결해야 할 요구사항을 명확히 한다.

- 유저 스토리의 맥락을 놓치지 않는다.

'요리법'이라는 맥락에서 볼 때, 도메인 스토리가 생성된 후 유저 스토리 매핑을 추가 '재료'로 적용한다. 일반적으로, 우리는 **중간쯤 세분화한** 도메인 스토리의 문장들을 유저 스토리 매핑에서 백본이라고 부르는 것으로 풀어서 유저 스토리 매핑 워크숍을 시작하는데, 여기서 말하는 백본 backbone이라고 하는 것은 타임라인 형식에 맞춰 왼쪽에서 오른쪽으로 연속되게 배열한 사용자 스토리(가오리연 수준)를 일컫는다. 이것은 유저 스토리 맵의 수평 차원이다. 백본은 업무처리 과정이나 사용자 여정을 나타낸다.

백본이 완성되고 나면 요구사항을 자세히 설명하고 우선순위를 지정하는 데 사용되는 수직 차원으로 넘어갈 차례다. 높은 수준의 유저 스토리는 상세한 유저 스토리(해수면에서 물고기 수준까지)를 통해 정교화되고 정제된다. **중간쯤-세분화한** 도메인 스토리와 **잘게-세분화한** 도메인 스토리가 여기에 도움이 될 것이다. 결과로 나온 유저 스토리 맵과 프로덕트 백로그를 통해 프로덕트 소유자와 팀은 다음 스프린트를 계획할 준비가 된다.

 리스 사례 되돌아보기

이전의 요리법을 알폰에 적용해 보겠다. 우리는 바운디드 컨텍스트 중의 하나인 '제시하기'를 구축하는 팀과 함께 작업을 개시한다. 이를 위해 우리는 개발자인 데이브와 데니스, 그리고 영업 팀을 대표하는 샌디(이 컨텍스트에 대한 전문가)를 만난다. 그들은 10장 '경계 찾기'의 도메인 스토리 알폰 1a를 다시 살펴본다. 그들은 이 스토리에서 자신에게 해당하는 부분(그림 11.2)에 백본을 도출하기에 충분한 세부 정보가 포함되어 있다고 판단하고, 그래서 그것이 요리법의 1단계 역할을 한다(**중간쯤-세분화하고 있게-될** 도메인 스토리 한 개를 모델링하는 일). 그들은 백본을 만드는 단계인 2단계로 이동한다.

그림 11.2에 나오는 첫 번째 문장, "Customer chooses car from catalog^{고객이 소개책자로부터 자동차를 선택한다}"라는 말은 소프트웨어 시스템이 지원해야 하는 활동이므로 '자동차 선택하기'라는 가오리연 수준의 요구사항이 된다. 우리는 이 요구사항을 접착식 메모지에 쓴다(그림 11.3).

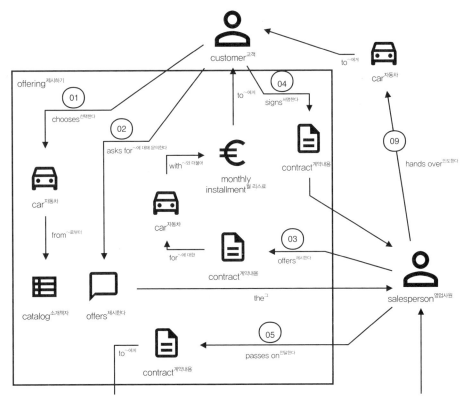

그림 11.2 알폰 1a에서 나온 '제시하기'라는 바운디드 컨텍스트

그림 11.3 유저 스토리 맵을 위한 가오리연 수준 요구사항

요구사항 속에 목표를 달성하는 여러 방법 중 하나가 설명되어 있으므로 우리는 일단 'from catalog^{소개책자로부터}'를 논외로 해둔다 'Choose a car from catalog^{소개책자로부터 자동차를 선택한다}'는 이미 해수면 수준 요구사항이므로 우리가 그것을 적어 두지만 요리법의 4단계에 도달할 때까지 그것을 따로 둔다.

워크숍 참가자들은 문장을 하나씩 살펴본다. 팀은 두 번째 문장인 'Customer asks for offer^{고객이 제시 내용에 대해 문의한다}'와 세 번째 문장인 'Salesperson offers contract for car^{영업사원이 자동차에 대한 계약내용을 제시한다}'를 'offer contract^{계약내용을 제시한다}'라는 하나의 가오리연 높이 수준 요구사항으로 압축할 수 있다고 판단한다. 고객은 여전히 계약내용에 서명해야 한다(문장 4). 마지막으로 신용위험평가를 위해 계약내용이 전달돼야 한다. 백본이 만들어지고 나면 접착식 메모지를 가로 방향으로 나란히 붙이는 식으로 백본을 가시화한다(그림 11.4).

그림 11.4 가오리연 수준 요구사항의 백본

팀은 바운디드 컨텍스트에 대해 **잘게-세분화한** 도메인 스토리를 모델링해 유저 스토리 맵을 추가로 개발하려고 한다. 늘 그랬듯이, 도메인 전문가(이 경우 샌디)가 자신의 스토리를 들려준다. 데니스는 모델링 및 토론을 주도한다.

> **개발자 데니스:** "월 리스료를 내는 식의 계약내용을 여러분이 제시하면 고객이 계약서에 서명합니다. 이럴 때 어떤 일을 하시게 되는지 더 자세히 말씀해 주시겠습니까?"

> **영업사원 샌디:** "지난번에 우리는 '정상 경로'라는 것부터 시작했어요. 최상의 시나리오 이야기를 먼저 이야기할까요?"

> **데니스:** "예, 부탁합니다."

> **샌디:** "우선, 새로운 계약번호로 계약서를 작성합니다. 저는 차의 세부 사항과 가격을 기입합니다."

> **데니스:** "이것을 여러분의 첫 번째 활동, 즉 '영업사원이 계약서를 작성한다'로 모델링하겠습니다."

> **샌디:** "이제 계약내용에 따른 월 리스료를 계산할 준비가 되었습니다. 저는 가격, 기간, 이자를 고려해서 월 리스료를 계산해요."

> **데니스:** "2단계: '영업사원이 리스료를 계산한다^{Salesperson calculates installment}'"

> **샌디:** "마지막으로 모든 세부 사항이 포함된 계약내용을 고객에게 제시합니다. 고객이 계약내용에 동의하면 계약서에 서명을 합니다."

> **데니스:** "이것을 두 단계, 즉 3단계는 '영업사원이 계약내용을 제시한다^{Salesperson offers contract}', 4단계는 '고객이 계약내용에 서명한다^{Customer signs contract}'라는 내용으로 모델링하겠습니다."

이런 식으로 대화를 하고 나면 그림 11.5에 나오는 도메인 스토리가 생성된다.

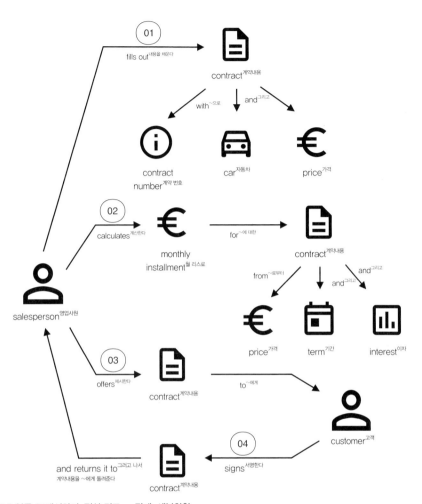

그림 11.5 알폰 6: 제시하기, 정상 경로 — 잘게-세분화한

개발자 데니스: "고객이 계약내용에 동의하면 서명할 것이라고 했는데, 그들이 동의하지 않으면 어떻게 됩니까?"

영업사원 샌디: "고객은 보통 월 리스료가 자신들이 감당할 수 있는 수준보다 크면 계약내용을 거부합니다. 그러면 리스 기간을 늘려 계약내용을 다시 계산합니다. 결과적으로 월 리스료가 더 줄어들죠."

데니스: "저는 이것을 또 다른 스토리로 모델링해보겠습니다. 정상 경로를 복사하는 일부터 시작하겠습니다. 4단계를 삭제하고 '고객이 계약내용을 거부한다Customer rejects contract'로 대체하겠습니다. 또한 5단계로 '영업사원이 기간을 바꿔 다시 계산한다Salesperson recalculates with different term'를 추가하겠습니다."

그림 11.6은 **잘게-세분화한** 도메인 스토리 중 두 번째 것이다.

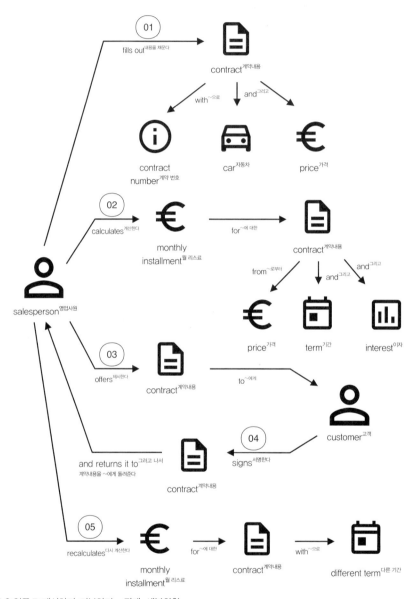

그림 11.6 알폰 7: 제시하기, 거부하기 – **잘게-세분화한**

그 밖의 계약조건 변경도 생각해 볼 수 있을 것이다. 하지만 지면상 그 밖의 조건 변경에 관한 논의는 생략한다.

데니스, 데이브, 샌디와 함께 하는 워크숍의 마지막 단계에서는 도메인 스토리에서 더 자세한 요구사항을 도출하고 이를 백본에 매핑하는 일을 한다. 이를 위해 팀의 유저 스토리 맵을 불러온다. 더 **잘게-세분화한** 도메인 스토리 문장이 더 **잘게-세분화한** 유저 스토리로 이어진다. 이 유저 스토리를 접착식 메모지에 적어 수정한 기존 유저 스토리 아래 두 번째 열에 붙인다(그림 11.7).

그림 11.7 제시하기 컨텍스트에 대한 백본

훨씬 더 **잘게-세분화한** 수준에서 팀은 업무처리 과정의 다양한 변형에 대한 유저 스토리를 추가한다. 마지막으로 '제시하기' 컨텍스트에 대한 첫 번째 프로덕트 백로그에 도달한다(그림 11.8).

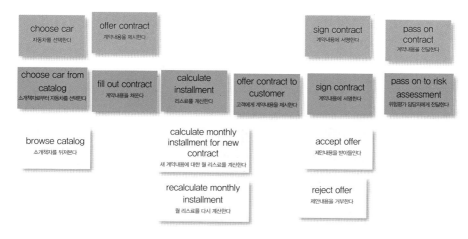

그림 11.8 '제시하기' 바운디드 컨텍스트에 대한 프로덕트 백로그

팀의 유저 스토리 맵에는 다양한 세부 수준 요구사항이 포함되어 있다. 맵에는 유저 스토리의 이름만 표시된다. 실제 스토리는 색인 카드 뒷면(매핑에 물리적 칠판을 사용하는 경우)이나 소프트웨어 도구에 기록되어 있다. 예를 들어, 다음은 'recalculate monthly installment$^{월 리스료를 다시 계산한다}$' 유저 스토리에 대한 설명이다.

> 영업사원으로 활동하는 내 입장에서는(As a) 고객에게 계약 조건을 대체해서 제시할 수 있도록(so that) 변경된 변수들을 사용해 월 리스료를 다시 계산할 수 있었으면 좋겠다(I want).

요리법 조정

지금까지 요구사항 작업을 위한 기본 요리법을 설명했다. 물론 여러분은 요리법을 조정할 수 있다(그리고 조정해야만 한다). 지금까지 보았듯이 우리 역시 그렇게 한다. 이미 언급된 '재료' 외에도 다음 사항을 고려해 볼 만하다.

- 주석에서 업무 규정이나 '결정 지점'에 대한 예제를 찾으면 이그잼플 매핑이 더 깊이 파고들 수 있는 올바른 도구가 될 수 있다. 거기에서 승인 기준 및 BDD 시나리오가 있는 **잘게-세분화한** 요구사항이 나타날 수 있다 (7장 '다른 모델링 방법과의 관계' 참조).
- 행위자 및 유스케이스의 개요로서 UML의 유스케이스 다이어그램(3장 '시나리오 기반 모델링' 참조)이 도움이 될 수 있다.
- 글로 쓴 유스케이스는 유저 스토리의 대안으로 쓸 수 있으며, 더 정교하다(7장 참조).

한계

이 책은 요구사항 분석을 다루는 책이 아니므로 이 중요한 주제에 대한 모든 것을 다룰 수는 없다. 그러나 도메인 전문가 및 사용자와 대화하는 것에 대해 너무 많이 말했기 때문에 이 접근 방식에도 한계가 있음을 언급해야겠다.

 도메인 전문가가 말하는 것을 맹목적으로 모델링하지 말자!

도메인 전문가는 일반적으로 편향되게 마련이다. 특히 **있게-될** 업무처리 과정을 설계할 때 그렇다. 다음은 우리가 발견한 몇 가지 제약 요소다.

- 조직 구조 및 보상 체계
- 도메인 전문가는 기술 혁신과 현대 소프트웨어 시스템의 잠재력에 대해 거의 알지 못할 수도 있다(그들의 일이 아니기 때문에 상관없다).
- 도메인 전문가의 비전은 그들이 알고 있는 것, 즉 현재 업무처리 과정[current process] 및 소프트웨어 시스템에 의해 제한된다. 따라서 그들은 업무처리 과정을 재창조할 가능성을 간과하는 경향이 있다. 따라서 업무처리 과정이 대폭 변경되기보다 기존 업무처리 과정을 소폭 개선한 결과가 나올 가능성이 더 크다.

때 이른 해법에 대해 존 퍼거슨 스마트^{John Ferguson Smart}가 다음과 같이 관찰한 바 있다.

> 사용자는 자신의 문제를 해결해줄 거라고 생각하는 해법에 대해서는 기꺼이 이야기하지만 바로잡
> 으려는 근본적인 문제에 대해서는 이야기하는 법이 거의 없다. 결국 사용자가 항상 자신에게 필요
> 한 것을 정확히 설명할 수 있다면 프로덕트 관리나 요구사항 분석 같은 골치 아픈 일은 필요 없을
> 것이다. [Smart 2017]

이어서 그는 도메인 전문가와 사용자는 자신들이 얻게 될 것을 묻는 게 아니며, 그들이 얻게 될
것이라고 해서 그들이 필요로 하는 것은 아니라고 말한다.

아울러 DDD의 창시자인 에릭 에반스의 다음 인용문을 생각해 보자.

> 개발자는 도메인 전문가가 원하는 기능을 설명하게 한 다음, 그것을 구축한다. 그들은 도메인 전문
> 가에게 결과를 보여주고 다음에 무엇을 할지를 묻는다. [...] 하지만 프로그래머가 도메인에 관심이
> 없으면 애플리케이션이 수행해야 하는 일이 무엇인지만 배우고 그 이면의 원리는 배우지 않는다.
> 그런 식으로 유용한 소프트웨어를 구축할 수 있을지는 몰라도 기존 기능의 결과로 강력한 기능이
> 나타나는 수준까지는 도달하기는 어렵다. [Evans 2004]

다시 말해, 사용자와의 의사소통이 올바른 소프트웨어를 구축하는 데 중요하지만, 개발 팀이 (적
어도 부분적으로) 도메인 전문가가 되는 수준까지 도메인을 이해하는 일 또한 참으로 강력한 업
무용 소프트웨어를 구축하는 데 중요하다.

다음에 읽을 내용은?

해수면 수준의 요구사항을 백로그에 기록해 두었다면 구현에 착수해도 될 수준까지 그런 요구사
항을 충분히 이해해야 한다. 도메인 스토리가 이를 어떻게 도울 수 있는지는 12장 '코드로 모델
링하기'의 주제다.

요구사항을 구현하는 일은 일반적으로 회사의 업무 방식에 영향을 미친다. 13장 '조직 변화 지
원'에서 이에 대처하는 방법을 보여준다.

12

코드로
모델링하기

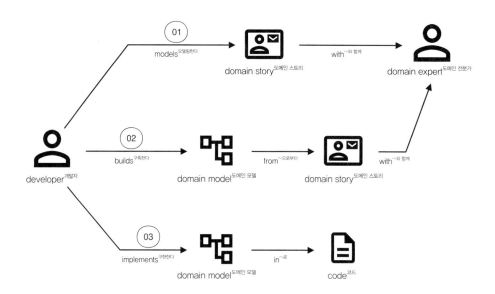

우리는 모델링의 의미를 축소해서 다이어그램 그리기로 보지는 않는다. 우리의 궁극적인 목표가
소프트웨어를 개발하는 데 있다면 어느 시점에 이르러서는 접착식 메모지와 다이어그램을 사용
해 모델링하는 방식에서 프로그래밍 언어를 사용해 모델링하는 방식으로 전환해야 한다. 그렇게
하려면 코드에서 직접 도메인 용어를 사용해야 한다.

이번 장의 내용은 다음을 수행하려는 경우에 도움이 된다.

- 도메인 모델을 객체지향 코드로 구현하기
- 도메인 모델을 기능 코드로 구현하기
- DDD의 전술적 설계를 활용하기

이번 장에서는 몇 가지 소프트웨어 개발 용어와 개념을 간략하게만 살펴본다. 자세한 내용을 알고 싶다면 참고문헌을 살펴보라. 특히 다음 내용은 미리 알아두기를 권한다.

- 이번 장에만 유일하게 소스 코드가 나온다. 이를 최대한 활용하려면 코드를 읽을 수 있어야 한다. 이 책에서는 자바와 F#으로 예제를 보여준다.
- 전술적 DDD를 위한 빌딩 블록: 엔터티, 값 객체 등[Evans 2004]
- 테스트 주도 개발/행동 주도 개발의 실제와 기술: 단위 테스트^{unit test}, 수용 테스트^{acceptance test}[Beck 2000], JUnit, Gherkin[SmartBear 2019].
- UML 클래스 다이어그램과 상태 다이어그램[Fowler 2004]에 익숙해야 한다.

 헤닝의 세무 회계 스토리

나는 독일의 중소기업을 위한 기성 회계 소프트웨어 솔루션을 제안하는 클라이언트와 함께 일하고 있었다. 이 시스템은 30년 동안 사용되었으며 C++로 작성되어 있었다. 세법이 바뀌면 시스템을 조정해야 했다. 회사에서는 이 일을 DDD를 사용해 시스템의 일부를 재설계하는 기회로 삼았다. 첫 번째 단계로 우리는 칠판에 **거칠게-세분화한** 도메인 스토리를 빠르게 그렸다. 이 스토리로부터 좋은 컨텍스트 맵을 추출했다.

한 팀은 해외 파견과 관련된 과세를 처리하는 바운디드 컨텍스트를 구축했다. 독일 세법은 복잡하기로 악명이 높기 때문에 우리는 이 주제에 대해 깊이 파고들어야 했다. (이를테면, '휴가 신청서 발송^{Versendungsabwesenheitsantrag} 같은 단어를 처리해야 한다.)

회계 소프트웨어 회사는 자체적으로 직원을 해외로 파견하는 문제와 관련해 해당 주제에 대한 전문가들을 두었다. 이 전문가들과 팀의 개발자들과 함께 한 이틀간의 워크숍에서 우리는 약 다섯 개의 **잘게-세분화한** 도메인 스토리를 모델링했다. 각 도메인 스토리는 바운디드 컨텍스트의 업무처리 과정에 대한 하나의 특정 사례를 설명했다.

기술과 프로그래밍 언어가 정해졌기 때문에 우리는 DDD 빌딩 블록을 사용해 객체지향 방법으로 도메인을 모델링하기로 결정했다. 모든 중요한 작업객체에 대해 팀에 "이것이 사물인가, 아니면 값인가?"라는 질문이나 엔터티와 값 객체를 분리하기 위한 "고유성identity이 있는가?"라는 질문을 했다. 그런 다음에 나는 애그리거트 경계와 리포지터리를 찾기 위해 "어떤 작업객체를 (구축하게 될 시스템에) 함께 저장해야 하는가?"를 물어봤다.

예를 들어, Versendung 엔터티(대략 '해외 파견'이라는 뜻), 값 객체인 Einkommensteuer('소득세'라는 뜻), 해외 파견 리포지터리, 애플리케이션 서비스인 StelleAntrag('세금 신고 애플리케이션'이라는 뜻)를 도출했다. 마지막으로 우리는 몹 프로그래밍 세션에서 C++로 도메인 모델의 첫 번째 프로토타입을 구현했다.

이어지는 여러 스프린트에서 우리는 도메인 스토리, 모델, 구현을 계속해서 반복했다.

도메인 스토리에서 도메인 모델로

협업 모델링을 통해 특정 도메인에 관한 지식을 많이 밝혀낼 수 있다. 이 지식을 소프트웨어로 전환하려면 지식이 소프트웨어에 가까운 방식으로 압축되어야 한다. 도메인 모델은 그러한 지식이 압축된 형태 중 하나다. 여기에는 '계약'이나 '위험', '심사 결과' 같은 물리적이거나 순전히 개념적인 것과 같은 도메인 개념이 포함된다. 도메인 스토리텔링에서는 그런 것들을 작업객체라고 한다(2장 '픽토그래픽 언어' 참조).

도메인의 이러한 **구조적** 측면 외에도 도메인 모델은 개념의 **행태**도 설명한다. 작업객체가 무엇을 할 수 있는지, 작업객체로 무엇을 할 수 있는지, 다른 작업객체가 그것들과 어떻게 상호 작용할 수 있는지 알려주는 '서명' 또는 '심사' 같은 활동이다.

도메인 논리 패턴

완전한 도메인 모델을 설계하는 일은 애플리케이션의 도메인 계층[1]을 구현하는 데 사용되는 여러 아키텍처 스타일 중 하나다. 이러한 소위 **도메인 논리 패턴**은 다음과 같다.

- 트랜잭션 스크립트^{transaction script}
- 테이블 모듈^{table module}
- 빈약한 도메인 모델^{anemic domain model}
- 도메인 모델^{domain model}

이러한 패턴에 익숙해지는 것이 꼭 필요하지는 않지만, 이번 장의 나머지 부분을 이해하는 데 도움은 될 수 있다. 이 주제에 대해 읽어볼 만한 좋은 책으로는 Patterns of Enterprise Application Architecture [Fowler 2003c]와 Patterns, Principles, and Practices of Domain-Driven Design [Millet/Tune 2015]이 있다.

시스템의 모든 바운디드 컨텍스트에 대해 다른 스타일을 선택할 수 있다. 도메인 모델 스타일은 핵심 도메인(들)을 나타내는 가장 일반적인 방법이다.[2]

도메인을 제대로 알지 못한 채 코드를 작성하기 시작하면 도메인 모델이 빈약해질 가능성이 크며 [Fowler 2003a], 도메인 모델이 데이터를 다루는 연산과 함께 데이터 중심적으로 바뀌게 된다. 알폰 사례에서 볼 수 있는 빈약한 도메인 모델의 예시로 setSignatureDate(LocalDate date) 메서드가 포함된 LeasingContract 클래스를 살펴보자(그림 12.1).

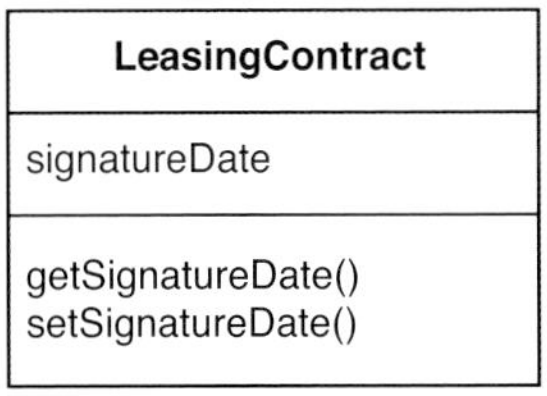

LeasingContract
signatureDate
getSignatureDate() setSignatureDate()

그림 12.1 하지 말아야 할 일: 빈약한 도메인 모델 구축

1　계층화된 아키텍처[Buschmann et al. 1996]는 DDD가 구상될 당시 최첨단 기술이었고, 도메인 계층^{domain layer}이라는 이름은 그때부터 시작되었다. 그사이 커뮤니티는 계층화된 아키텍처의 '위/아래' 구분이 우리가 원하는 아키텍처를 상상하기에 충분하지 않다는 것을 알게 됐다. 그런 이유로 오늘날 '내부/외부' 구분 또한 사용하는 경향이 있다. 이는 헥사고날^{Hexagonal}[Cockburn 2005], 어니언^{Onion}[Palermo 2008], 클린 아키텍처^{Clean Architecture}[Martin 2018] 같이 더 정교한 스타일로 표현된다. 따라서 우리가 이야기하는 도메인 '계층'(다른 '계층'과 마찬가지로)은 실제로는 도메인 '고리^{ring}'에 가깝다. '계층'이라는 용어가 여전히 업계 전반에서 사용되므로 이번 장에서도 그 표현을 사용한다.

2　핵심 도메인^{core domain}은 회사에 필수적인 바운디드 컨텍스트, 즉 실제적인 비즈니스 자산을 말한다[Evans 2004].

이 모델은 사소한 바운디드 컨텍스트에 적합할 수 있지만 signatureDate^{서명일자}를 언제든지 임의의 값으로 설정할 수 있다는 결함이 있다. 그러나 '제시하기' 바운디드 컨텍스트에서 계약은 다음 경우에만 서명될 수 있다. (a) 리스료가 계산되고 (b) 아직 서명되지 않았다. 이것은 **정책**^{policy}이라고도 부르는 **업무 규정**^{business rule}에 해당한다.

> 좋은 도메인 모델은 프로그래머(및 사용자)가 해당 도메인의 업무 규정을 위반하는 일을 방지한다.

강한 행태 모델^{strong behavioral model}은 표현적이면서 동시에 해당 도메인을 반영한다. 값을 변경하는 빈약한 변수 더미 대신에 풍부한 행태 모델은 **불변식**^{invariant}과 더불어 무결성과 일관성을 보장한다. 이를 달성하려면 해당 영역에서 어떤 일이 발생하는지 이해하고 **동사**^{verb}를 살펴봐야 한다. 이때 적절한 질문은 다음과 같다.

- 사용자는 목표를 달성하기 위해 무엇을 하고 있는가?
- 사용자는 작업객체를 어떻게 처리하는가?
- 사용자는 어떤 방법으로 작업객체를 다루는가?
- 사용자는 어떻게 정보를 교환하고 협력하는가?

이는 도메인 스토리텔링 워크숍에서 진행자가 묻는 질문이기도 하다.

도메인 스토리는 도메인의 구조적 측면과 행태적 측면을 포함하기 때문에 도메인 모델에 대한 훌륭한 자원이 된다. 하나 이상의 스토리(일반적으로 소수의 스토리)로부터 도메인 모델을 추출할 수 있다. 하나의 바운디드 컨텍스트(10장 '경계 찾기' 참조) 내에서 발생하는 적절한 수준의 세부 정보, 즉 해수면 수준에서 물고기 수준까지의 **잘게-세분화한** 도메인 스토리(4장 '범위' 참조)가 필요하다. 요구사항 워크숍(11장 '요구사항에 맞춰 일하기' 참조)에 참여하는 동안 이러한 도메인 스토리를 모델링했을 수도 있고, 또한 도메인 모델에 필요한 입력 내용으로 쓰기 위해 요구사항을 작성했을 수도 있다.

이제 무엇을 추출해야 하는지를 알았으니 '도메인 모델을 어떻게 표현해야 할까?'라는 질문을 할수 있다. 한 가지 가능한 대답은 코드에서 직접 표현하라는 것이다! 그러나 때로는 먼저 중간 형식으로 표현하는 것이 합리적이다. 이러한 중간 형식은 다음 중 하나일 수 있다.

- 행동 주도 개발^{Behavior-Driven Development: BDD} 스타일 시나리오[North 2006]

- UML(일반적으로 클래스 다이어그램^{class diagram}) 같은 형식 모델링 언어[Fowler 2004]

- 클래스, 책임, 협력자(CRC) 카드[Beck/Cunningham 1989]

- 설계 수준 이벤트스토밍[Brandolini 2021]

도메인 모델의 목적은 도메인 지식을 보존하는 데 있지 않다는 점을 이해해야 한다. 도메인 모델 링의 목적은 도메인을 표현하는 소프트웨어를 설계하는 데 있다. 올바른 설계도를 얻으려면 반복적이고 점진적인 과정을 거쳐야 한다. 때로는 코드를 지속해서 작성해야 개선되며, 때로는 도메인 전문가와 함께 모델링으로 돌아가야 한다. 에릭 에반스는 이 과정을 모델 탐색 소용돌이^{model exploration whirlpool}라는 용어로 설명한다[Evans 2016].

 리스 사례 되돌아보기

알폰 예제를 다시 살펴보자. 10장 '경계 찾기'에서는 바운디드 컨텍스트인 알폰 1a를 사용해 **거칠게-세분화한** 도메인 스토리를 모델링했다. 지금은 '제시하기' 컨텍스트에 초점을 맞추고 있다(그림 12.2).

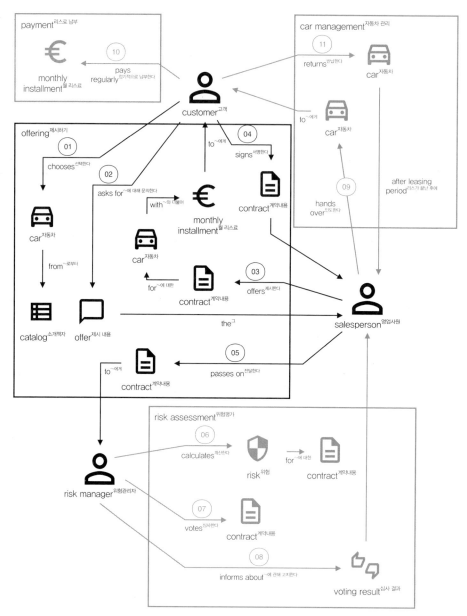

그림 12.2 알폰 1a: 리스 부분 도메인, '제시하기'에 중점을 둠

개발자인 데이브와 데니스, 그리고 도메인 전문가 샌디와 함께 진행한 후속 워크숍에서 우리는 두 개의 **잘게-세분화한** 도메인 스토리(11장 '요구사항에 맞춰 일하기' 참조)를 모델링해 '계약내용 제시하기'의 두 가지 변형을 보여 줬다(그림 12.3과 12.4에서 다시 사용).

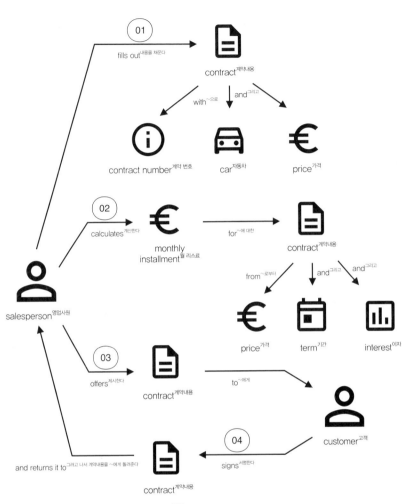

fills out^{내용을 채운다}

contract^{계약내용}

with^{~으로} and^{그리고}

contract number^{계약 번호} car^{자동차} price^{가격}

calculates^{계산한다} monthly installment^{월 리스료} for^{~에 대한} contract^{계약내용}

from^{~로부터} and^{그리고} and^{그리고}

price^{가격} term^{기간} interest^{이자}

salesperson^{영업사원}

offers^{제시한다} contract^{계약내용} to^{~에게}

customer^{고객}

and returns it to^{그리고 나서 계약내용을 ~에게 돌려준다} signs^{서명한다} contract^{계약내용}

그림 12.3 알폰 6: 제시하기, 정상 경로 – 잘게–세분화한

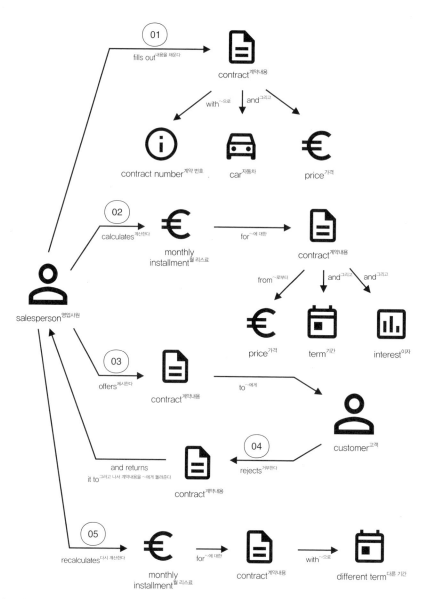

그림 12.4 알폰 7: 제시하기, 거부하기 – **잘게–세분화한**

이제 바운디드 컨텍스트인 '제시하기'에 대한 도메인 모델을 조사할 것이다. 팀은 프로덕트 백로그에서 '새 계약에 대한 월 리스료 계산' 유저 스토리로 시작한다(그림 11.8).

시나리오 개선 – 도메인 스토리에서 수용 테스트까지

도메인 모델 구현을 시작하기 전에 소프트웨어가 충족해야 하는 요구사항을 이해해야 한다. 도메인 스토리로 토론을 시작한 다음 수용 테스트의 형태로 계속할 수 있다. 나중에 이를 사용해 소프트웨어가 요구사항을 충족하는지 확인할 수 있다. **잘게-세분화한** 도메인 스토리에서 BDD 스타일의 수용 테스트를 쉽게 도출할 수 있다. 예제 12.1은 거킨(Gherkin) 형식[SmartBear 2019]으로 작성된 알폰 6(그림 12.3)의 '정상 경로 제시하기 시나리오'에 대한 첫 번째 초안을 보여준다.

예제 12.1 알폰 6, 문장 2에 대한 수용 테스트

```
01   Scenario: 자동차 리스 계약 계산
02     Given 작성된 계약내용
03       And 가격은 X
04       And 기간은 Y
05       And 이자는 Z
06     When 계약 계산
07     Then 리스료는 W유로
```

이 시나리오 설명을 수용 테스트로 바꾸려면 변수에 대한 구체적인 값을 생각해야 한다. 도메인 스토리는 일반적으로 이 세분성으로 모델링되지 않는다. 따라서 시나리오를 완성하려면 도메인 전문가인 영업사원 샌디의 추가 정보가 필요하다(예제 12.2).

예제 12.2 구체적인 값이 있는 알폰 6, 문장 2에 대한 수용 테스트

```
01   Scenario: 중형차 계약 계산
02     Given 작성된 계약내용
03       And 가격은 40000유로
04       And 기간은 48개월
05       And 이자는 연 3.7%
06     When 계약 계산
07     Then 월 리스료는 897.80유로
```

이 일을 계속 진행하면서 우리는 예제 12.3과 같은 시나리오와 더 많은 시나리오를 찾는다.

예제 12.3 알폰 6, 문장 3과 4에 대한 수용 테스트

```
01  Scenario: 리스 계약 체결
02    Given 제시된 계약내용
03    When 고객이 계약내용에 서명
04    Then 서명 날짜는 오늘
```

Specification by Example [Adzic 2011] 같은 방법이나 *Example Mapping* [Wynne 2015]을 사용한 협업 모델링이 이를 찾는 데 도움이 될 수 있다. 보다시피 시나리오 작업이 반드시 **거칠게-세분화한** 것에서 **잘게-세분화한** 것으로 하향식으로만 접근해야 하는 것은 아니다. 예를 들어, 알폰 도메인 전문가와 함께 '제시하기' 도메인 스토리를 구체화할 때 도메인 전문가들은 우리가 이전에 고려하지 않았던 예를 생각해 낼 수 있다.

- 고객이 이미 계약을 체결한 시나리오

- 자동차를 선주문해야 하는 시나리오

- 그리고 그 밖의 시나리오

도메인 모델 구현

프로그래밍 언어와 프로그래밍 패러다임 선택은 도메인이 코드에서 모델링되는 방식에 영향을 준다. 일부 모델링 방식이 더 적합하고 '보일러플레이트 코드'가 덜 필요할 수 있겠지만 좋은 모델링이라면 (거의) 모든 언어로 구현할 수 있다.

이어지는 단원에서는 객체지향 방법을 사용해 DDD 빌딩 블록을 표현하는 방법을 살펴본다. 우리는 객체지향이 독자들이 실습해 보기에 가장 적절한 패러다임이라고 생각한다. 또한 여전히 널리 사용되는 프로그래밍 언어인 자바로 예제를 구현할 것이다. 그런 다음, 동일한 도메인을 함수형 프로그래밍 방식으로 구현하는 방법을 간략하게 소개한다(F# 예제를 이용해). 우리는 어떤 때 더 단순한 아키텍처 스타일만으로도 충분한지 간단하게 생각해 보면서 이야기를 마무리할 것이다.

객체지향, 도메인 주도 구현

도메인 스토리텔링에 쓰이는 픽토그래픽 언어는 DDD의 전술적 설계 빌딩 블록과 자연스럽게 어울린다.

- 작업객체는 도메인 모델에서 애그리거트^{aggregate}[3], 엔터티, 값 객체(클래스 또는 타입으로 구현)가 되기 위한 후보다.

- 활동은 연산(즉, 메서드, 함수, 명령)이 될 수 있다. 또한 활동의 결과는 도메인 이벤트로 구현될 수 있다.

알폰의 **잘게-세분화한** 제안 스토리에는 많은 작업객체가 포함되어 있다. 계약이 반복해서 발생하므로 Contract 타입을 만들어 보자(그림 12.5). 계약에는 **식별부호**^{identity}(여기에서는 계약 번호로 명시됨)가 있으므로 이를 엔터티로 만든다.

```
<<entity>>
Contract
```

그림 12.5 Contract 엔터티

계약과의 상호 작용(계약내용 작성, 리스료 계산, 서명 같은)은 메서드로 바뀐다(그림 12.6).

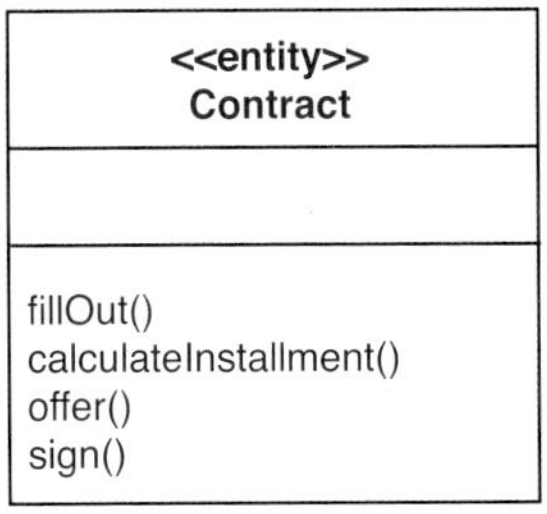

```
<<entity>>
Contract


fillOut()
calculateInstallment()
offer()
sign()
```

그림 12.6 여러 메서드가 있는 Contract 엔터티

그림 12.7은 일반적인 경험 법칙인 '작업객체는 클래스로, 활동은 메서드로 바뀐다'를 가시화한 것이다.

---

3   (옮긴이) 여러 엔터티가 모여 새로운 의미를 지니게 된 집합체

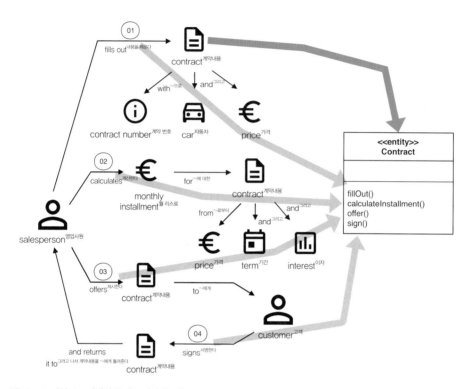

그림 12.7 도메인 스토리에서 클래스 다이어그램으로

리스료, 가격, 기간, 이자 같은 다른 작업객체에는 식별부호가 없으므로 이에 따라 **값 객체**[value object]로 모델링한다(그림 12.8). 또한 이런 경우에 언급된 타입들은 calculateInstallment() 연산의 매개변수가 된다.

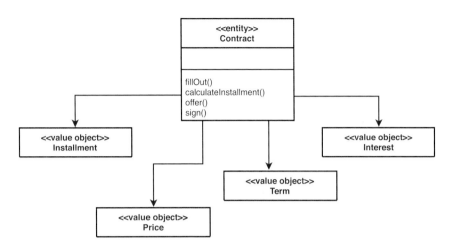

그림 12.8 값 객체들이 있는 Contract 엔터티

도메인을 더 깊이 파고들면 '모든 연산에는 선행조건이 있으며 특정 상태에서만 호출될 수 있음'을 알 수 있다. 코드에서 이러한 불변식을 표현하면 코드가 더 읽기 쉽고 견고해진다.

테스트 주도 개발test-driven development [Beck 2000]을 사용하는 경우라면 BDD 시나리오를 실행 가능한 수용 테스트로 변환해 도메인 모델 코딩을 시작한다. 예제 12.4는 첫 번째 알폰 BDD 시나리오를 다시 보여준다.

예제 12.4 구체적인 값이 있는 알폰 6, 문장 2에 대한 수용 테스트

```
01  Scenario 중형차 계약 계산
02     Given 작성된 계약내용
03       And 가격은 40000유로
04       And 기간은 48개월
05       And 이자는 연 3.7%
06     When 계약내용이 계산됨
07     Then 월리스료는 897.80유로
```

예제 12.5는 이 테스트를 JUnit 테스트 케이스로 구현한 것이다.

예제 12.5 알폰 6, 문장 2에 대한 수용 테스트의 JUnit 구현

```
01  import org.junit.jupiter.api.Test;
02  import static org.assertj.core.api.Assertions.assertThat;
```

```
03
04   @Test
05   void calculateContractForMidsizeCar() {
06     // given
07     var contract = new Contract(
08       Car.of("Volkswagen ID.3"),
09       Amount.of(40000, Currency.EUR));
10
11     // when
12     contract.calculateInstallmentFor(Term.of(48), Interest.of(3.7));
13
14     // then
15     assertThat(contract.installment())
16       .isEqualTo(Amount.of(897.80, Currency.EUR));
17   }
```

JUnit 테스트를 작성하는 동안 우리는 Currency와 Amount라고 하는 두 가지 타입을 더 식별했다. (나중에 자세히 설명한다.)

테스트를 실행하려면 테스트에 사용된 클래스와 메서드를 구현해야 한다. 여기서는 이 책의 범위를 벗어나지 않도록 클래스와 메서드의 시그니처만 보여준다. 예제 12.6의 Contract 엔터티[4]부터 시작한다.

예제 12.6 Contract 엔터티의 자바 구현

```
01   import org.jmolecules.ddd.annotation.Entity;
02
03   @Entity
04   public class Contract {
05
06     public Contract(Car car, Amount price) { /* ... */ }
07
08     public void calculateInstallmentFor(Term term, Interest interest) {
09       /* ... */
```

---

4 이 예에서는 xMolecules [xMolecules Website]의 애너테이션 라이브러리를 사용해 도메인 모델 클래스가 나타내는 DDD 빌딩 블록을 표시한다. 자바 예제를 보면 jMolecules를 사용하기 쉬워진다.

```
10    }
11
12    public Amount installment() { /* ... */ }
13
14  }
```

그런 다음 값 객체들을 추가한다(예제 12.7).

예제 12.7 값 객체를 자바로 구현한 모습

```
01  import org.jmolecules.ddd.annotation.ValueObject;
02
03  @ValueObject
04  public class Car {
05    public static Car of(String description) { /* ... */ }
06  }
07
08  @ValueObject
09  public enum Currency { EUR, GBP, USD }
10
11  @ValueObject
12  public class Amount {
13    public static Amount of(int amount, Currency currency) { /* ... */ }
14  }
15
16  @ValueObject
17  public class Term {
18    public static Term of(int numberOfMonths) { /* ... */ }
19  }
20
21  @ValueObject
22  public class Interest {
23    public static Interest of(float interestInPercent) { /* ... */ }
24  }
```

그다음, computeInstallmentFor()와 유사하게 offer() 및 sign() 메서드에 대한 테스트 및 구현을 통해 Contract 클래스가 완성된다(여기서는 일부 내용을 생략하고 간결하게 나타냄). 이전 클래스 다이어그램에서는 설계 사항에 포함시켜 두었던 fillOut() 메서드가 흥미롭게도 여기에는 들어 있지 않다. 대신에 우리는 내용을 채우기 위해(즉, 생성하기 위해) 흔히 동원되는 자바 메커니즘인 생성자를 사용한다. 이런 점을 통해 프로그래밍 언어가 설계에 영향을 미친다는 점을 알수 있다. (a) 가장 순수하고 가장 '올바른' 방식으로 도메인을 표현하는 것과 (b) 프로그래밍 언어와 싸우지 않고 해당 언어에서 '일관적인' 코드를 작성하는 일 사이에는 항상 절충관계가 있다.

또한 이전에 간략하게 보여준 Price 타입과 Installation 타입(그림 12.8)은 구현하지 않았다. 대신 'price^{가격}'와 'installment^{리스료}'가 모두 금액으로 표현되기 때문에 단일 타입으로 된 Amount^{금액}를 만들었다. 따라서 이러한 작업객체는 타입 대신 변수 및 매개변수의 이름이 되었다.

앞에서 우리는 도메인 전문가로부터 중요한 업무 규정$^{business\ rule}$을 배웠다. 계약은 (a) 리스료가 계산되고 (b) 아직 서명되지 않은 경우에만 성사될 수 있다. 바운디드 컨텍스트에서 불변식에 대해 추론하려면 그림 12.9에서와 같이 계약의 수명 주기를 간단한 상태기계 형태로 가시화하는 것이 도움이 된다.

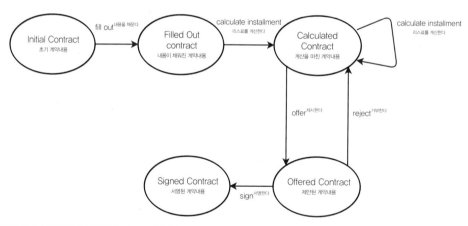

그림 12.9 상태기계로 표현한 Contract 엔터티

상태기계에서 모델링된 불변식을 표현하려면 **계약에 의한 설계**$^{Design\ by\ Contract:\ DbC}$ 방식이 큰 도움이 된다[Meyer 1997]. DbC를 사용하면 메서드 시그니처들이 **선행조건**^{precondition} 및 **후행조건**^{postcondition}으로 확장된다. 메서드를 호출하려면 선행조건이 충족돼야 한다. 후행조건은 메서드에 의해 보장된다. 불행히도 DbC는 대부분의 프로그래밍 언어에서 기본적으로 지원되지 않는다(The Pragmatic Programmers [Thomas/Hunt 2020] 참조). The Pragmatic Programmers에서

추천하는 사항(및 우리의 권장사항)에 따르면 그럼에도 불구하고 DbC를 사고 도구로 활용하라고 추천한다.

DbC가 내장돼 있지 않은 언어에서는 어설션[assertion]을 통해 선행조건과 후행조건을 확인할 수 있다[Evans 2004]. 전통적으로 선행조건은 require 키워드로 정의하고 후행조건은 ensure 키워드로 정의한다. 자바는 DbC를 지원하지 않기 때문에 assert 키워드로 이를 표현한다(예제 12.8).

예제 12.8 어설션이 있는 Contract 엔터티의 자바 구현

```
01   import org.jmolecules.ddd.annotation.Entity;
02
03   @Entity
04   public class Contract {
05
06     public Contract(Car car, Amount price) { /* ... */ }
07
08     public boolean isCalculated() { /* ... */ }
09
10     public void calculateInstallmentFor(Term term, Interest interest) {
11       /* ... */
12       assert isCalculated() // 후행조건
13     }
14
15     public Amount installment() {
16       assert isCalculated(); // 선행조건
17        /* ... */
18     }
19
20     public boolean isSigned() { /* ... */ }
21
22     public void sign() {
23       assert isCalculated(); // 선행조건
24       assert !isSigned(); // 선행조건
25        /* ... */
26       assert isSigned(); // 후행조건
27     }
28
29   }
```

보다시피 예제 12.8의 8행에 새로운 메서드인 isCalculated()를 도입했다. 이 메서드는 computeInstallmentFor()의 후행조건(12행)과 installment()의 선행조건(16행)을 정의하는 데 사용할 수 있다. 마찬가지로 isSigned()(20행) 메서드를 정의했다.

이제부터는 '그저 살 찌우듯이' 구현체를 구체화해 나가면 된다.

함수형, 도메인 주도 구현

함수형 언어가 제공하는 수단들을 사용하면 도메인을 우아하게 표현할 수 있다. 엔터티 및 값 객체로 변하는 작업객체는 타입^{type: 자료형, 데이터 형식}으로 구현된다. 활동은 함수로 구현된다. F#의 이전 도메인 모델 구현은 이번 단원의 예제와 비슷할 수 있다. 예제 12.9[5]의 값 객체부터 시작해보자.

예제 12.9 값 객체의 F# 구현

```
01   open NMolecules.DDD
02
03   [<ValueObject>]
04   type Car = Description of string
05
06   [<ValueObject>]
07   type Currency =
08      | EUR
09      | GBP
10      | USD
11
12   [<ValueObject>]
13   type Amount =
14      {
15         amountValue: int
16         currency: Currency
17      }
18
19   [<ValueObject>]
20   type Term = NumberOfMonths of int
```

---

5   F# 예시에서는 nMolecules를 사용하는데, 이는 xMolecules의 닷넷판 변형이다[xMolecules Website].

```
21
22   [<ValueObject>]
23   type Interest = InterestInPercent of float
```

여기서는 그림 12.9에 나온 상태기계를 사용해 Contract 엔터티를 구현한다. 목표는 프로그래밍 언어의 타입 시스템을 사용해 비정상 상태가 표현되지 않도록 하는 것이다[Wlaschin 2018]. 예제 12.10의 FilledOutContract와 CalculatedContract 같이 먼저 각 상태에 대한 타입을 정의해 이를 수행한다.

예제 12.10 Contract의 상태에 대한 F# 타입

```
01   type FilledOutContract =
02     {
03       number: ContractNumber
04       car: Car
05       price: Amount
06     }
07
08   type CalculatedContract =
09     {
10       number: ContractNumber
11       car: Car
12       price: Amount
13       term: Term
14       interest: Interest
15       installment: Amount
16     }
17
18   type OfferedContract = (* ... *)
19
20   type SignedContract = (* ... *)
```

Contract 자체를 구현하기 위해 대수적인 데이터 타입을 사용한다(예제 12.11).

예제 12.11 Contract 엔터티의 F# 구현

```
01    open NMolecules.DDD
02
03    [<Entity>]
04    type Contract =
05       | FilledOut of FilledOutContract
06       | Calculated of CalculatedContract
07       | Offered of OfferedContract
08       | Signed of SignedContract
```

"The salesperson calculates the installment for the contract^{영업사원이 계약내용에 대한 리스료를 계산한}
다"(알폰 6의 문장 2, 그림 12.3) 활동은 예제 12.12의 CalculateContract 함수로 구현된다.

예제 12.12 CalculateContract의 F# 구현

```
01    type CalculateContract =
02       FilledOutContract -> Term -> Interest -> CalculatedContract
03
04    let calculateContract : CalculateContract =
05       fun filledOutContract term interest ->
06          (* ... *)
```

지면상 여기서는 이 코드를 구체적으로 구현하지 않겠다.

함수형 방식으로 도메인 모델을 구현하는 것에 대해 더 자세히 알고 싶다면 스콧 블라쉰^{Scott}
^{Wlaschin}의 뛰어난 책인 *Domain Modeling Made Functional* [Wlaschin 2018]을 읽어보자.
이 책이 이번 단원의 내용에 많은 도움을 줬다.

간단한 스타일로도 충분한 경우

정제되고 풍부한 행태를 지닌^{behavior-rich 6} 도메인 모델을 구축하는 게 늘 좋은 것만은 아니다. 그렇
게 아름다운 설계에는 대가가 따른다. 적절한 대가를 치르기 어렵다면 트랜잭션 스크립트, 테이
블 모듈 등을 구축하는 편이 더 적절할 수 있다. 예를 들어, 도메인의 일부는 본질적으로 데이터

---

6 (옮긴이) 여기서 행태는 메서드, 기능, 행동, 함수를 아우르는 말이다.

중심적일 수 있다. 이러한 경우 행태는 CRUD(생성/읽기/업데이트/삭제) 작업으로 적절하게 모델링될 때가 많다. 이것이 사실이라면 도메인에 비해 과도한 무언가를 새로 만드는 것은 적절하지 않다. CRUD 모델링 자체가 나쁠 필요는 없다.

그렇긴 하지만 데이터 중심적이지 않은 부분이야말로 도메인과 관련해 흥미로운 부분이라고 말할 수 있다. 이처럼 데이터 중심적이지 않은 부분이 DDD에서 일반적으로 **핵심 도메인**^{core domain}이라고 부르는 부분과 대체로 일치한다.

다음에 읽을 내용은?

이제 도메인 계층에서 실행되는 코드를 작성했으므로 다음 단계는 주변 환경인 애플리케이션 계층, 사용자 인터페이스 계층, 인프라 계층을 추가하는 것이다. 그런 식으로 우리는 전체 시스템을 개발한다. 그러나 이 책에서는 소프트웨어 아키텍처를 다루지 않는다. UI와 영속성을 갖춘 알폰 예제를 구현하는 일에 관심이 있다면 '리싱닌자^{LeasingNinja}'[LeasingNinja Website]를 살펴보자. 도메인 모델을 건전한 소프트웨어 아키텍처에 통합하는 방법에 대한 자세한 내용을 알고 싶다면 다음 책을 권장한다.

- 캐롤라 릴리엔탈^{Carola Lilienthal}의 *Sustainable Software Architecture* [Lilienthal 2019]
- 톰 홈버그스^{Tom Hombergs}의 *Get Your Hands Dirty on Clean Architecture* [Hombergs 2019]
- 마틴 파울러^{Martin Fowler}의 *Patterns of Enterprise Application Architecture* [Fowler 2003c]

OO나 FP를 사용해서 도메인을 모델링하는 일에 관해서 더 알고 싶다면 다음 자료를 읽어 보자.

- 버트랜드 마이어^{Bertrand Meyer}의 *Object-Oriented Software Construction* [Meyer 1997]
- 스콧 블라쉰^{Scott Wlaschin}의 *Domain Modeling Made Functional* [Wlaschin 2018]

마지막으로, DDD 관점에서 도메인 모델링과 도메인 아키텍처를 다루는 책 두 권을 소개한다.

- 본 버논^{Vaughn Vernon}의 *Implementing Domain-Driven Design* [Vernon 2013]
- 스콧 밀레^{Scott Millet}가 닉 튠^{Nick Tune}과 함께 저술한 *Patterns, Principles, and Practices of Domain-Driven Design* [Millet/Tune 2015]

이제 코드 수준에 도달했다. 첫 번째 이터레이션이 완료되면 이어서 언어를 배우고(9장), 경계를 확인하고(10장), 요구사항에 대해 작업(11장)함으로써 다음 이터레이션을 다시 시작하자.

또한 구현체는 조직이 업무를 수행하는 방식에 영향을 미치므로 조직의 변화를 어떻게 지원하는지 보는 것이 흥미로울 수 있다(13장).

13

조직 변화
지원

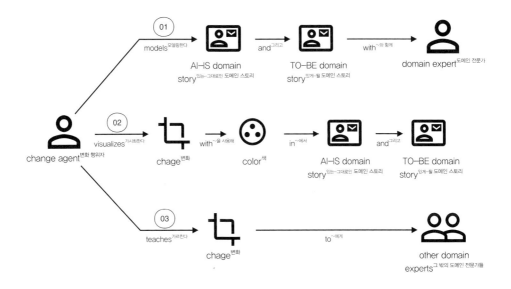

지금까지 도메인 스토리텔링이 소프트웨어 구축에 도움을 주는 다양한 방법을 살펴봤다. 이 소프트웨어를 사용하게 되면 사람들은 자신들의 일하는 방식에 영향을 받게 된다.

일반적으로 새로운 소프트웨어 시스템을 만드는 목적은 작업을 더 쉽고, 빠르고, 더 효율적으로 하려는 것으로, 한마디로 줄여서 말한다면 일을 더 잘 하려는 것이다. 잘못된 수작업 과정을 디지털화한다고 해서 이런 목적을 달성할 수 있는 것은 아니다. 아울러 산더미처럼 쌓인 요구사항을 반영한다고 해서 작업의 흐름이 기적처럼 원활해지지는 않을 것이다. 좋은 업무용 소프트웨어를 구축하려면 현재 상황을 모델링하는 일의 수준을 넘어서 더 많은 일을 해야 한다. 미래의 업무처리 방식을 설계해야 한다는 말이다. 도메인 스토리는 바로 이런 일을 수행하는 데 도움이 되며 또한 새로운 소프트웨어 도입으로 변화하는 업무 방식을 가시화하는 데 도움이 된다.

이번 장에 나오는 내용은 다음에 나열하는 작업에 도움이 된다.

- 미래의 업무처리 방식 설계

- 업무처리 과정 최적화

- 업무처리 과정 변화에 대한 논의와 촉진

- 신규 소프트웨어 도입

- 기존 소프트웨어 개량

 스테판의 정부 기관 스토리

한번은 정부 당국에서 새로운 소프트웨어 시스템에 대한 요구사항을 수집하는 일을 도와달라고 우리에게 의뢰했다. 해당 도메인에는 많은 법적 문제와 전문가적 결정이 들어 있었다. 그 도메인 전문가들이 하는 일을 지원하는 전문 소프트웨어 시스템이 없었다. 도메인 전문가들은 기본적으로 그저 흔하게 쓰는 사무용 소프트웨어를 사용하고 있을 뿐이었다.

더 나은 소프트웨어를 사용해 그 전문가들의 일처리 방식을 지원할 수 있도록 개선하기에는 큰 걸림돌이 있었는데, 당국은 4개 도시에 사무소를 두었고, 각 사무소는 동일한 업무를 처리했지만 일처리 방식이 서로 다 달랐다. 이는 소프트웨어 시스템이 아주 유연하거나 아니면 업무처리 과정을 조정해야 함을 의미했다. 당국은 후자를 선택했다.

새로운 일처리 방식을 설계하기 위해 우리는 먼저 도메인 전문가가 현재 어떻게 일을 처리하는지를 살펴봤다. 그들이 처리하는 업무를 두루 살펴보려고 우리는 각 사무소의 대표자들을 만나 그들이 현재 맡고 있는 역할을 UML 유스케이스 다이어그램으로 그려 보았다(7장 '다른 모델링 방법과의 관계' 참조). 그런 다음 유스케이스를 도메인 스토리로 모델링하기 위해 사무소별로 후속 워크숍을 열었다. 우리는 모든 유스케이스에 대해 최소 네 가지 도메인 스토리를 지니게 되었다(각 사무소별로 한 개씩 필요했기 때문인데, 일부 유스케이스의 경우에는 업무를 제대로 이해하기 위해 스토리를 여러 개 작성해야 했다). 이러한 도메인 스토리의 범위는 **잘게-세분화하고**(즉, 해수면 수준으로 세분화하고) **있는-그대로**이며 (업무와 관련된 소프트웨어가 거의 존재하지 않았음에도 불구하고) **디지털화된** 것이었다.

일단 우리는 업무처리 과정을 다양한 버전으로 모델링했고, 그런 다음 이 버전들을 비교하면서 각 버전 간의 차이점을 표시하기 위해 색상을 사용했다. 우리는 모든 사무소의 참가자가 참여한 워크숍을 다시 열어 차이점에 대해 논의하고 업무를 왜 그런 식으로 처리하는지를 도메인 전문가들이 서로 설명하게 했다. 그러자 일처리 방식들의 상이점이 실제로는 무시할 만하다는 점이 밝혀졌다. 이러한 경우 기존 처리 과정들을 살펴서 이것들로부터 통합된 업무처리 과정을 도출하기는 간단했다. 그러나 공통된 업무처리 과정이 명확하지 않은 경우에는 기존에 그려 두었던 캔버스를 보강하기보다는 빈 캔버스에 새로 디자인하기로 했다.

각자 자신의 사무소로 돌아간 도메인 전문가들은 회의에서 논의한 내용을 자신의 동료들에게 쉽게 설명할 수 있었다. 변경 사항이 일처리 방식에 어떤 영향을 미치는지를 이해하기 위해 각 유스케이스에 대해 **있는—그대로인** 도메인 스토리 및 **있게—될** 도메인 스토리를 비교하기만 하면 되었기 때문이다.

사람들의 업무 흐름 바꾸기

평범한 직원이 경력을 쌓는 동안에 일반적으로 일처리 방식이 여러 번 바뀌게 된다. 이렇게 바뀌는 이유는 여러 가지일 것이다. 새로운 일을 해야 하거나 회사 조직이 바뀌거나 업무 처리 과정이 최적화됐기 때문일 것이다.

변화 모델링

변화를 다루기는 늘 어렵다. 변화된 내용을 이해하기도 어렵고 변화를 이루기도 어렵다. *More Fearless Change*라는 책에서 메리 린 맨스Mary Lynn Manns와 린다 라이징Linda Rising은 변화를 모색하는 사람들은 머리와 마음과 손을 함께 움직여야 한다고 지적한다[Manns/Rising 2015]. 조직에 어떤 변화가 있을 때는 모든 사람이 다음을 이해해야 한다.

- 변화 내용
- 변화 이유
- 나에게 미치는 영향
- 내가 도울 수 있는 방법

도메인 스토리는 미래에 무엇이 달라질지(그리고 무엇이 그대로 남을지)를 가시화할 수 있어서
도움이 된다.

- 업무 자체의 변화 때문에
  - 업무처리 과정 최적화로 인해
  - 법적 의무로 인해
- 새로운 소프트웨어 시스템의 도입 때문에

업무처리 과정 간의 변화 사항을 가시화하려면 아이콘에 색상을 지정해 도메인 스토리를 수정하
면 도움이 될 때가 있다. 그림 13.1은 그러한 도메인 스토리에 대한 일반적인 범례를 보여준다.
삭제되거나 변화된 요소는 빨간색으로 표시한다. 새롭거나 변화된 요소는 녹색으로 표시하고,
변화되지 않는 요소는 검은색으로 그대로 유지한다.

그림 13.1 변화 가시화 – 전형적인 범례

모델링을 한 결과로 나온 스토리들 속에 토론 결과가 표현되지만 설명해야 할 내용이 모두 스토
리 속에 들어 있는 것은 아니다. 따라서 최소한 주요 결정 사항과 그 근거를 주석 형태로 달든지
별도의 문서에 적어 두어야 한다.

 ## 리스 사례 되돌아보기

알폰 자동차 리스 사례 연구(8장 참조)에서 우리는 위험관리자인 레이먼드와 함께 신용위험평가 과정을 모델링했
다. 그 과정에서 레이먼드는 그 업무처리 과정이 최적화되지는 않았다는 것을 인식했다. 팀이 나쁜 업무처리 과정
을 디지털화하는 것을 바라지 않았기 때문에 **있는—그대로의** 스토리인 알폰 3(그림 8.3)을 **있게—될** 스토리인 알폰
4로 발전시켰다(그림 8.4). 후자는 최적화된 업무처리 과정을 보여준다.

레이먼드는 이제 업무 관점에서 무엇이 바뀌고 있는지를 가시화하려고 한다. 따라서 두 개의 순수한 도메인 스
토리를 비교한다. 업무처리 과정 간의 변경 사항을 가시화하기 위해 팀은 그림 13.1의 범례에 따라 아이콘에 색상
을 지정해 도메인 스토리를 수정한다. 이와 같이 수정한 결과가 **있는—그대로인** 스토리인 알폰 3a(그림 13.2)와 **있
게—될** 스토리인 알폰 4a(그림 13.3)다.

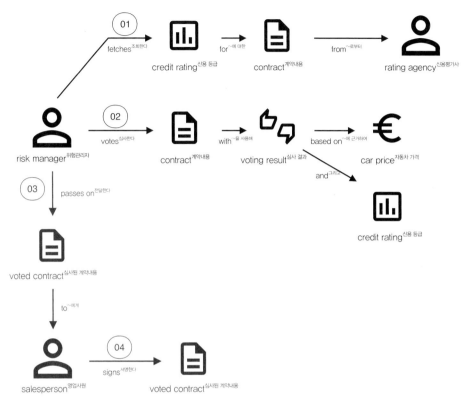

그림 13.2 알폰 3a: 신용위험평가 — 잘게-세분화한, 순수한, 있는-그대로인 — 색상 적용

두 도메인 스토리를 나란히 놓으면 차이점을 쉽게 알 수 있다. 이렇게 하면 차이점을 설명하기도 쉬워진다.

이전 스토리로 계속한 협업 모델링 세션에 모든 위험관리자가 참석한 것은 아니었다. 레이먼드는 이제 스토리를 사용해 다른 위험관리자에게 새로운 업무처리 과정을 설명할 수 있다.

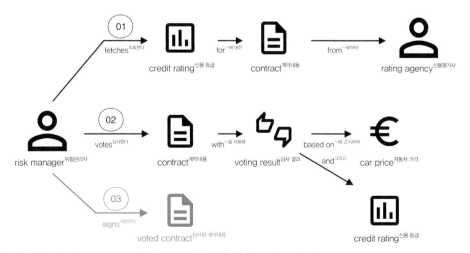

그림 13.3 알폰 4a: 신용위험평가 — 잘게-세분화한, 순수한, 있게-될 — 색상 적용

신용위험관리 팀의 모든 구성원은 다음을 알 수 있다.

- 사람 모양으로 그려진 아이콘이 나를 나타낸다.
- 해당 아이콘에 연결된 빨간색(또는 밝은 회색) 화살표는 나를 위해 변화될 작업을 보여준다.
- 해당 아이콘에 연결된 녹색(또는 진한 회색) 화살표는 내게 새로운 것을 보여준다.

레이먼드는 알폰 3a(그림 13.2)와 알폰 4a(그림 13.3)라는 도메인 스토리를 사용해 다음과 같이 설명한다. "경영진은 다음과 같이 결정했습니다. 여러분은 심사를 거친 계약내용(3단계)을 더 이상 다시 전달할 필요가 없고, 계약내용에 여러분이 그저 서명만 하시면 됩니다."

지금까지 살펴본 것처럼 색상을 사용하면 변화된 사항을 강조 표시하는 데 도움이 된다. 색상 대신 그룹을 사용할 수도 있다. 한 그룹은 변화되는 내용을 표시하고 한 그룹은 동일하게 유지되는 항목을 보여주는 식이다. 경험상 그룹을 사용하는 방식이 색상을 사용하는 방식만큼 효과적이지는 않다. 그 이유는 여러 가지 변경 부분을 스토리 내에서 쉽게 그룹화하기 어렵기 때문이다. 따라서 가독성이 떨어질 수 있다. 그러나 알폰 3과 알폰 4와 같은 간단한 도메인 스토리라면 그림 13.4와 13.5처럼 그룹화하는 방식도 괜찮은 선택지가 될 수 있다.

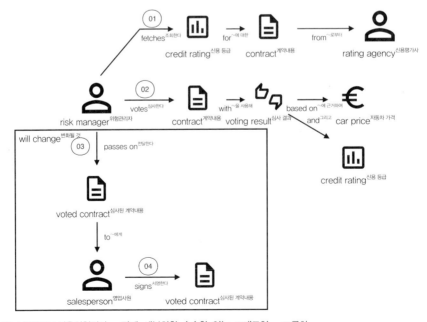

그림 13.4 알폰 3b: 신용위험평가 — 잘게-세분화한, 순수한, 있는-그대로인 — 그룹화

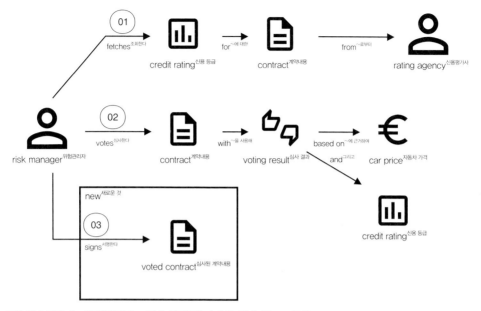

그림 13.5 알폰 4b: 신용위험평가 — **잘게–세분화한, 순수한, 있게–될** — 그룹화

업무 디지털화

업무처리 과정을 변경하는 또 다른 이유로는 신규 소프트웨어 시스템 도입을 들 수 있다.

실행 가능한 소프트웨어가 지원하는 업무처리 과정 설계

있게–될 업무처리 과정은 11장 '요구사항에 맞춰 일하기'에서 중요한 역할을 했다. 거기서 우리는 사용자가 말하는 것을 맹목적으로 모델링하지 말라고 조언했다. 또한 협업 설계 과정의 한계에 대해 논의했다. 도메인 전문가는 자신에게 익숙한 솔루션이 아닌 다른 소프트웨어 솔루션을 상상하기 어려운 경우가 많다. 그들은 또한 현대 기술로 무엇이 가능한지 모른다. 다른 제한 요소로는 조직 구조와 보상 체계가 있다. 우리의 경험에 따르면 많은 도메인 전문가는 업무처리 과정을 크게 변경하기보다 조금만 개선하는 편을 더 선호한다.

리스 사례 되돌아보기

우리가 알폰과 함께 일하기 시작했을 때 그들은 많은 부분에서 다소 구식으로 종이를 가지고 업무를 처리했다. 새로운 온라인 리스 서비스가 도입되면 이전 업무 체계를 대신하는 소프트웨어를 사용하게 되고, 업무처리 과정 자체가 약간 달라지기 때문에 사용자의 일상 업무가 변경된다.

알폰 2는 작업이 현재 어떻게 수행되는지를 보여준다(그림 8.2). 알폰 5에는 구축할 시스템이 포함되어 있다(그림 8.5). 알폰 5의 경우 팀은 시스템이 업무처리 과정에 어떤 영향을 미칠지 탐색했다. 이제 변경 사항이 눈에 잘 띄도록 두 가지 스토리에 색상을 지정했다. 그림 13.6과 13.7은 그 결과를 보여준다.

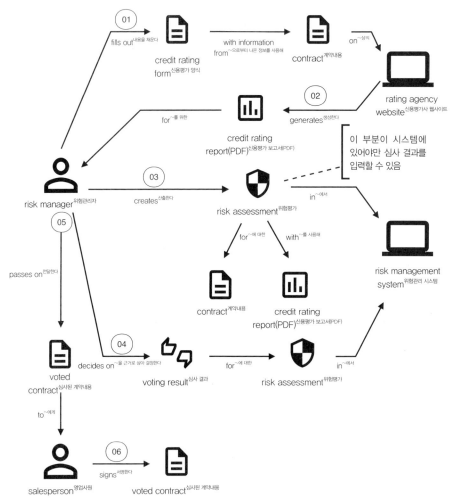

그림 13.6 알폰 2a: 신용위험평가 — 잘게-세분화한, 디지털화된, 있는-그대로인 — 색상 적용

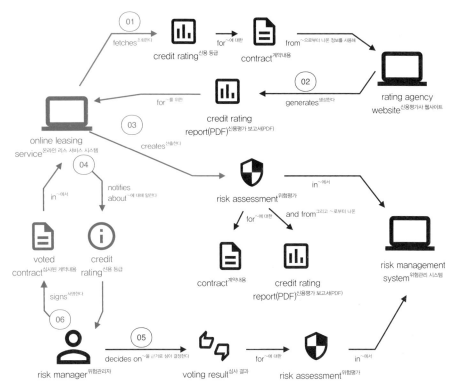

그림 13.7 알폰 5a: 신용위험평가 — 잘게–세분화한, 디지털화된, 있게–될 — 색상 적용

위험관리 팀의 구성원은 다음 사항을 인지할 수 있다.

- 사람 모양의 아이콘은 나를 나타낸다.
- 빨간색 화살표는 앞으로 변경되거나 시스템에서 수행할 작업을 보여준다.
- 녹색 화살표는 나에게 새로운 것이 무엇인지 보여준다.

레이먼드는 도메인 스토리를 보조 도구로 삼아서 새로운 업무처리 과정을 위험관리 팀의 구성원들에게 설명한다. "여러분은 더 이상 신용평가 양식(그림 13.6의 1단계)을 작성하거나 위험평가(3단계)를 할 필요가 없습니다. 이 업무는 새로운 온라인 리스 서비스에 의해 자동으로 수행됩니다. 신용 등급이 도착하면 이 서비스를 통해 여러분은 자동으로 알 수 있습니다. 그런 다음에 여러분은 평소와 같은 방식으로 심사 결과를 결정하면 됩니다(5단계). 마지막으로 새로운 온라인 리스 서비스를 사용해 심사된 계약내용에 대해 서명해야 합니다."

있는–그대로인 상황과 **있게–될** 상황을 나란히 두고 비교해 보면 새 시스템에서 무엇이 달라지는지 알 수 있다. 업무처리 과정을 설계하는 사람들은 그들의 아이디어가 효과가 있는지 확인할 수 있고 새로운 시스템을 사용할 사람들은 작업이 어떻게 영향을 받는지 확인할 수 있다.

다음에 읽을 내용은?

조직의 변화는 이 책에서 다루는 다른 주제와 얽혀 있다.

- **있게–될** 업무처리 과정을 설계하면 새로운 소프트웨어 시스템에 대한 요구사항이 드러날 것이다. 이것이 조직의 변화와 요구사항에 대한 작업(11장 참조)이 종종 함께 진행되는 이유다.

- 또한 조직 변화는 도메인과 팀 경계를 바꿀 수 있다. 10장에서 소프트웨어 시스템과 팀의 경계를 찾는 분석적 방법을 설명했다. 그러나 경계는 식별될 뿐만 아니라 조직의 의사소통 구조를 변경해 설계할 수 있다. 즉, 콘웨이의 법칙[Conway 1968]을 사용해 원하는 소프트웨어 아키텍처를 촉진하는 의사소통 구조를 설계할 수 있다(그래서 역 콘웨이 전략^{inverse Conway maneuver}이라고 부른다).

14

소프트웨어 제작
또는 기성 소프트웨어의
구매 결정과 선택

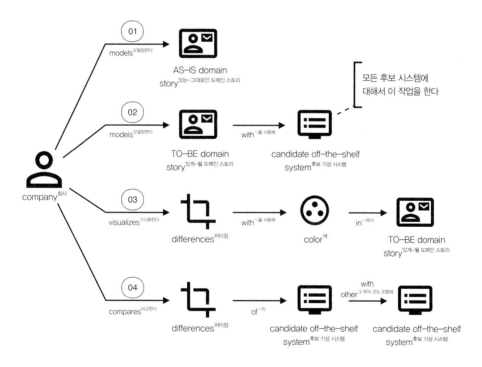

모든 소프트웨어를 맞춤 제작할 필요는 없다. 상용 소프트웨어만으로도 많은 도메인을 지원할 수 있다. 도메인 스토리는 새로운 소프트웨어 시스템을 개발해야 할지 아니면 구매해야 할지를 결정하는 데 도움이 될 수 있다. 이 결정의 논리적 순서는 10장 '경계 찾기'에서 했던 것처럼 바

운디드 컨텍스트를 식별한 후에 해당할 때가 많다. 모든 바운디드 컨텍스트[1]에 대해 다음과 같이 자문자답을 해야 한다. 소프트웨어의 이 부분을 우리가 직접 구축하는가, 아니면 기성품 솔루션을 구매하는가? 여기서 '구매'는 넓은 의미로 사용되며, 오픈소스 소프트웨어 사용을 의미할 수도 있다.

기존 솔루션을 구매하기로 결정한 경우라면 일반적으로 여러 공급업체에서 프로덕트를 공급할 것이다. 이런 경우 역시 도메인 스토리가 선택에 유용할 수 있다.

이번 장의 내용은 다음 중 어느 것이든 수행하려고 하는 경우에 도움이 될 것이다.

- 다양한 솔루션을 비교하고 상황에 가장 적합한 솔루션을 찾고자 할 때
- 표준 소프트웨어의 장단점을 가시화하고 싶을 때

 스테판의 보험 스토리

어떤 보험사에서 고객 관계 관리(CRM; customer relationship management)를 위한 새로운 소프트웨어 시스템을 구입하기로 결정하면서 그 선택 과정을 도와달라고 나에게 요청한 적이 있다. 한 가지 중요한 제약 사항은 새로운 CRM 시스템이 기성품 소프트웨어여야 한다는 것이었다. 회사 방침에 따르면 적합한 공급업체의 제안을 세 개 이상 받아서 비교할 수 있어야 했다. 이를 달성하기 위해 회사는 여러 단계로 이뤄진 과정을 따랐다.

1. 시장을 조사해 소프트웨어를 공급해 줄 수 있는 업체를 열 군데 정도 물색한다.
2. 해당 공급업체들이 요구사항 문서를 모두 똑같이 볼 수 있게 하고 나서 공급업체들에 제안서를 보내 달라고 요청한다.
3. 가중 결정 행렬(weighted decision matrix)을 사용해 제안 사항을 비교한다.
4. 상위 3개의 공급업체를 초대해 영업 담당자(향후 시스템 사용자) 및 기타 이해관계자에게 시연해 달라고 한다.
5. 시연한 내용을 평가하고 결정 행렬의 결과를 고려해 최종 결정을 내린다.

---

[1] 실제로 기성 솔루션은 일반적으로 DDD 문헌의 용어인 소위 일반 부분 도메인*generic subdomain*에만 의미가 있다. *Implementing Domain-Driven Design* [Vernon 2013]을 참조하라.

나는 전에 보험사와 협력해 회사의 IT 환경을 분석한 적이 있다. 당시 우리는 CRM 시스템과 관련된 도메인 스토리를 포함해 **디지털화되고 있는-그대로인** 도메인 스토리를 여러 개 모델링했다. 새로운 CRM 시스템을 선택하기 위해 선택 과정의 2단계와 4단계에서 도메인 스토리를 사용했다.

요구사항 문서는 대부분 기능적 요구사항으로 구성되어 있었다(물론 기술적 제약 사항과 품질 요구사항도 설명했지만, 그것은 이 스토리와 관련이 없다). 우리는 기능 요구사항을 제시하기 위해 여러 자료를 사용했는데, 이전 CRM 시스템에 있던 기능, 시장 조사 중에 발견한 기능, 영업 담당자가 유용하다고 생각한 기능이 그것이다. 그러나 기능 요구사항 목록만 제시한 것은 아니다. 영업 담당자 및 기타 이해관계자와 함께 모델링한 도메인 스토리도 제시했다. 이 스토리는 그들이 시스템을 어떻게 사용하고자 하고 기존 소프트웨어 시스템과 어떻게 통합할 것인지를 보여주는 것이었다.

도메인 스토리의 범위는 **잘게-세분화한**(대략 해수면 수준) 것이었다. 우리는 (소프트웨어 시스템을 사용함으로써) **디지털화된** 스토리를 이야기하기로 결정했다. 이를 통해 다음과 같이 우리의 기대치를 표현할 수 있었다.

- 고객이 편지를 보내거나 받는 경우, 문서 관리 시스템은 이 사실을 CRM 시스템에 알려야 한다.
- 호스트 시스템의 계약 변경 사항이 CRM 시스템에 반영돼야 한다.
- 고객과 전화 콜센터 간의 상호 작용은 CRM 시스템에 문서화돼야 한다.

소프트웨어 공급업체에 제안을 요청했을 때 우리는 도메인 스토리들이 제안 사항임을 분명히 밝혔다. 우리는 공급업체들에게 우리가 설명한 업무처리 과정을 공급업체가 만든 소프트웨어로 실현할 수 있는지 또는 과정을 개선할 수 있다고 제안할 수 있는지를 명확히 해달라고 요청했다. 공급업체가 제시해 준 답장은 우리가 시스템에 얼마나 많은 사용자 지정이 필요한지를 결정하는 데 유용했다. 모든 업무처리 과정에 대해 우리는 다음과 같이 자문할 수 있었다. 우리가 의도한 업무처리 과정에 맞는 CRM 시스템을 맞춤형으로 개발하기 위해 비용을 지불할 것인가? 아니면 CRM 시스템에 맞게 의도된 업무처리 과정을 변경할 것인가?

공급업체가 도메인 스토리를 이해하는 데 도움이 되도록 우리는 그림만 제공하지 않고 유스케이스와 유사한, 글로 작성된 설명문을 제공했다(7장 '다른 모델링 방법과의 관계' 참조). 어쨌든 우리는 시스템 도입 결정 과정의 시연 단계인 4단계에 이르기까지 설명문 등을 활용해 공급업체와 간접적으로 대화할 수밖에 없었다.

이 네 번째 단계에서 도메인 스토리는 또 다른 역할을 했다. 우리는 공급업체에 가장 중요한 도메인 스토리를 재현해 내는 일을 시연할 수 있게 준비해달라고 요청했다. 세 공급업체 모두 동일한 '시나리오'를 따랐기 때문에 이해관계자가 시연 내용을 더 쉽게 비교할 수 있었다. 시연을 마친 후에 설문조사를 진행해 보니 공급업체 순위가 명확했다. 결국 시연회에서 가장 성적이 좋았던 공급업체의 종합 점수도 가장 높아 해당 업체가 계약을 따냈다.

기성 솔루션의 업무처리 과정 이해

소프트웨어를 구입할 때는 제안된 솔루션 중에서 선택해야 한다. 다양한 솔루션으로 업무처리 과정을 모델링해 정보에 입각한 결정을 내리자.

 리스 사례 되돌아보기

10장 '경계 찾기'에서 우리는 알폰에 대한 바운디드 컨텍스트를 찾았다. IT 부서는 '제시하기'라는 컨텍스트에 맞춰 자체 솔루션을 구현하기 위해 노력하고 있다(11장 및 12장 참조). 이제 '리스료 납부' 컨텍스트를 위해 IT 책임자 해럴드는 기성품 구매를 고려한다(그림 14.1).

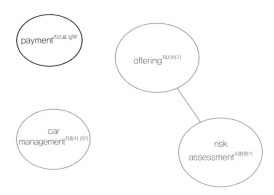

그림 14.1 알폰의 컨텍스트 맵. '리스료 납부'에 중점을 둠

해럴드는 시장에서 제안되는 다양한 솔루션 중에서 '페이네이터'와 '그레이트페이'라는 두 경쟁 제품을 비교하려고 한다. 해럴드가 우리에게 도움을 요청한다.

첫 번째 단계로 우리는 회계 부서의 도메인 전문가인 아민을 만나 '리스료 납부' 컨텍스트에 대한 **잘게—세분화되고 순수한** 도메인 스토리를 모델링한다. 스토리는 솔루션이 충족해야 하는 요구사항을 정의하는 데 도움이 된다. 리스료 납부(표준 사례, 그림 14.2)와 리스료 미납(그림 14.3)의 두 가지 경우를 살펴본다.

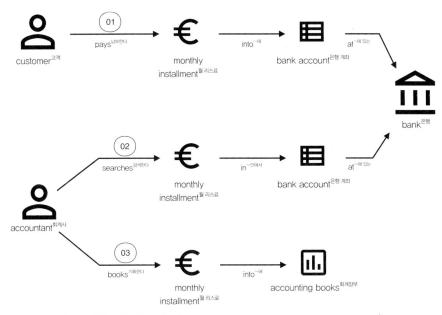

그림 14.2 알폰 8: 리스료 납부, 표준 사례 — **순수한**

이제 팀은 **순수한** 업무처리 과정을 이해했으므로 다양한 제안 시스템에 따라 업무처리 과정이 어떻게 변경되는지 살펴본다. 13장 '조직 변화 지원'에서처럼 새로운 업무처리 과정을 표시하기 위해 색상을 사용한다. 전자책의 경우 녹색, 인쇄물의 경우 진한 회색이다.

팀은 먼저 페이네이터 시스템을 평가한다(그림 14.4).

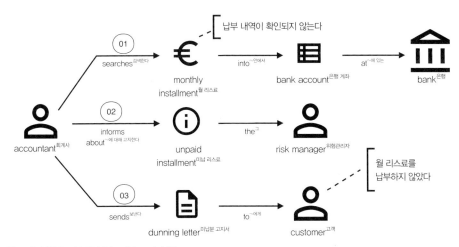

그림 14.3 알폰 9: 리스료 납부, 미납 — **순수한**

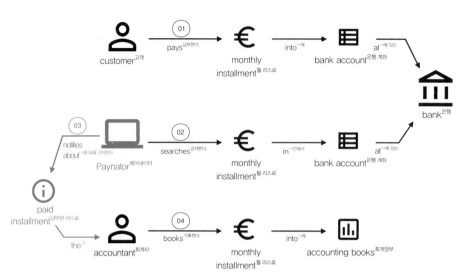

그림 14.4 알폰 8a: 리스료 납부, 표준 사례 — **디지털화된** — 페이네이터 시스템 사용

보다시피 회계사는 월 리스료를 은행 계좌로 납부한 내용을 더 이상 수동으로 검색할 필요가 없기 때문에 작업량이 줄어든다.

팀은 이어서 그레이트페이라는 제품도 검토한다. 이 시스템의 처리 과정은 약간 다르게 보인다(그림 14.5).

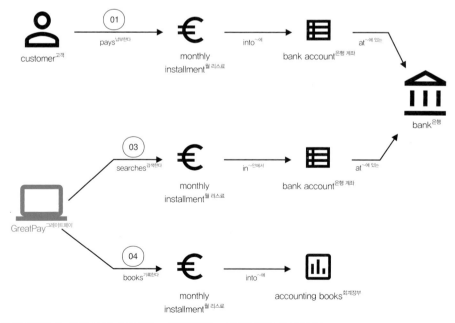

그림 14.5 알폰 8b: 리스료 납부, 표준 사례 — **디지털화된** — 그레이트페이 시스템 사용

그레이트페이를 사용하면 회계사의 작업이 완전히 자동화되어 시스템에 의해서만 수행된다.

이 첫 번째 평가에서는 그레이트페이가 승자로 보인다. 그러나 다른 경우는 어떤가? 다시 말하지만, 변경 사항이 도메인 스토리로 모델링된다. 먼저 그림 14.6에서 페이네이터를 살펴보자.

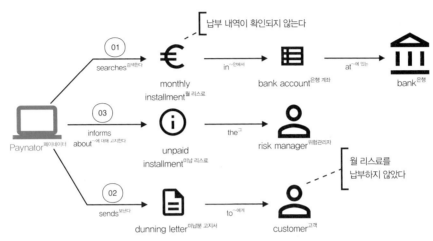

그림 14.6 알폰 9a: 리스료 납부, 미납 — **디지털화된** — 페이네이터 시스템 사용

이 스토리에서 시스템은 회계사가 이전에 해야 했던 모든 작업을 수행한다. 그레이트페이와 비교해 보자(그림 14.7).

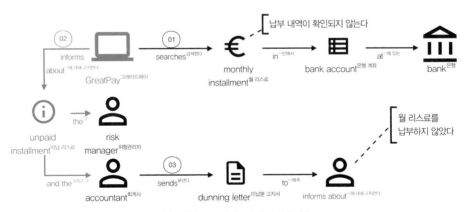

그림 14.7 알폰 9b: 리스료 납부, 미납 — **디지털화된** — 그레이트페이 시스템 사용

여기서는 독촉[2] 업무를 회계사가 수행해야 한다. 이 시나리오에서는 페이네이터가 더 적합한 도구처럼 보인다.

---

2 '독촉하기'는 리스료를 미납한 고객에게 리스료를 고지하는 프로세스를 설명하는 도메인 용어다.

이 평가 결과를 바탕으로 알폰은 두 도구를 비교할 수 있다. 과거에 독촉 업무를 수작업으로 수행했을 때 많은 오류가 발생했기 때문에 경영진은 그레이트페이 대신 페이네이터를 구매하기로 결정한다.

물론 알폰 사례는 무척 단순하다. 현실 세계에서는 의사 결정을 하는 데 있어서 업무처리 과정을 가장 잘 지원하는 시스템이 있다고 해서 충분한 것은 아니다. 비용, 기술적 적합성, 사용성 등과 같은 다른 기준도 고려해야 한다. 그럼에도 불구하고 시스템이 사용자의 작업 방식을 어떻게 바꿀 것인지 가시화하면 어떤 것이 적합한지 선택하는 데 도움이 될 수 있다.

다음에 읽을 내용은?

소프트웨어 솔루션을 정했다면 그것을 구입하면 된다. 새 시스템이 업무에 어떤 영향을 미칠지 사용자에게 알려주기 위해 13장 '조직 변화 지원'에서 설명한 것처럼 도메인 스토리를 사용할 수 있다.

기존 시스템은 새 소프트웨어에 맞춰 인터페이스를 변경해야 할 수 있으며, 이는 새로운 요구사항으로 이어질 수 있다(11장 '요구사항에 맞춰 일하기' 참조).

그림자 전산(IT) 찾기

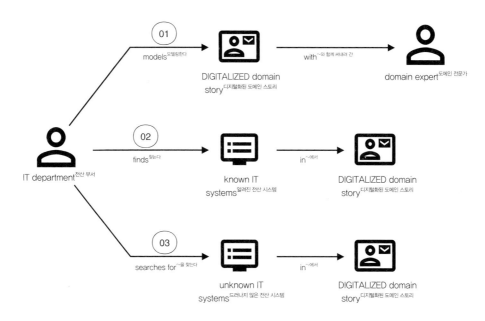

소프트웨어 애플리케이션 환경을 통합하거나 디지털화를 촉진하려고 할 때 소위 **그림자 전산** shadow IT이 방해가 된다. 회사가 일정 규모 이상이 되면 전산 부서에서 알지 못하는 소프트웨어를 사용하는 경우가 생긴다. 업무 부서에서 사용하지만 정작 대부분의 사람이 알지 못하는 모든 작은 솔루션조차도 종종 업무를 처리하는 데 필수일 때가 있다.

이런 소프트웨어를 사용자가 직접 만드는 경우도 빈번하다. 프로그래밍에 대한 정규 교육을 받지 않은 도메인 전문가는 일반적으로 품질, 백업, 보안 등을 보장하기 위해 취해야 할 조치를 알지 못한다. 예를 들어, 수습사원이 회계 업무를 보조하기 위해 작성한 짧은 비주얼베이직 스크립트가 결국 회사 전체가 의존하는 업무처리 과정의 일부가 되는 경우가 있을 수 있는데 이런 일로 위험해질 수 있다.

도메인 전문가는 자신도 모르게 그림자 전산을 이용하기 때문에 이런 측면을 간과하기 쉽다. 도메인 스토리는 IT 부서와 경영진이 이러한 그림자 전산을 찾고 전체 IT 환경을 보는 데 도움이 될 수 있다.

이번 장의 내용은 다음과 같은 경우에 적합하다.

- 업무 처리를 위한 전산 환경이 불분명하거나 '사각지대'가 있는 경우

- 전산 부서에서 알지 못하는 소프트웨어를 찾고 싶은 경우

- 사용자가 만든 소프트웨어에 백업, 버전 관리, 보안 등을 추가하고 싶은 경우

 헤닝의 제조산업 스토리

내 동료인 캐롤라는 항공기 제조업체의 대규모 제조 실행 시스템MES; manufacturing execution system 아키텍처를 분석한 적이 있다. 고객의 목표는 생산 중단 시간을 최대한 줄이는 것이었다. 생산 중단 시간이 단 하루만 되어도 수백만 달러에 이르는 손해를 입게 된다. 캐롤라는 곧 전산 환경 지도라는 더 큰 관점이 필요하다는 것을 깨달았다. MES뿐만 아니라 다른 많은 시스템이 생산에 영향을 미쳤다. 특정 시스템의 장애가 생산에 어떤 영향을 미칠 것인가, 라는 질문에 답하기 위해 각 시스템에 대한 평가가 필요했다.

캐롤라가 나를 불렀고 우리는 함께 여러 생산 공장을 방문했다. 우리는 생산, 기획, 전산 분야의 사람들과 함께 많은 도메인 스토리를 모델링했다. 소프트웨어 시스템을 찾는 것이 우리 목표였기 때문에 우리는 **디지털화된** 스토리에 집중했다. 그중 일부는 **거칠게-세분화한** 것이었고, 일부는 **잘게-세분화한** 것이었는데, 모두 **있는-그대로인** 것이었다.

우리는 비행기 제조업체가 구매하고 구축한 소프트웨어, 즉 우리가 기대했던 큰 시스템을 발견했다. 또한 수십 년 동안 생산 담당 엔지니어가 작성한 많은 소규모 솔루션도 발견했다. 예를 들어, 한 도메인 스토리에서는 생산 계획 시스템(알려진 전산)이 특정 하드디스크의 PDF 파일로 비행기 동체 설계 내용을 내보낸 다음 엑셀 파일(그림자 전산!)로 변환한 것으로 나타났다. 동체 생산을 시작하기 위해 제조 컨트롤러가 이 파일을 읽었다.

어떤 시스템이 존재하는지 알게 되면 시스템 실패의 결과에 대해 논의할 수 있다. 예를 들어, 방금 설명한 도메인 스토리에서는 비행기 동체 설계 내용이 담긴 엑셀 파일이 없으면 생산이 중단된다는 것을 배웠다.

소프트웨어 개발자만 소프트웨어를 개발하는 것은 아니다

대규모 조직이라면 어디에나 그림자 전산이 있다. 처음에는 엑셀 시트로 계산하는 식으로 그림자 전산을 구현한다. 이 파일을 작성한 도메인 전문가는 그것을 네트워크 드라이브에 저장하고 전달한다. 동료들은 더 이상 손으로 계산할 필요가 없기 때문에 기뻐한다. 스크립트를 조금만 작성하면 새로운 도구를 간편하게 쓸 수 있고 훨씬 쉽게 일할 수 있게 됐다.

그러나 다음 중 한 가지 일이 벌어지면 기쁨도 금방 사라질 수 있다.

- 작성자가 회사를 떠나고 해당 파일이 실수로 삭제되어 영구히 사라진다.
- 동료들은 새 버전을 작성하는데, 모두가 그 사실을 아는 것은 아니며, 결과의 차이가 몇 달 후가 되어서야 비로소 감지된다.
- 극단적인 경우 계산이 눈에 띄지 않게 잘못되어 많은 비용이 든다.

전산 전문가가 아닌 사람이 소프트웨어를 작성하는 것 자체가 나쁜 것은 아니다. 나쁜 점은 이 소프트웨어가 훈련된 눈만 감지할 수 있는 모든 위험에 노출되어 있다는 것이다. 도메인 전문가는 일반적으로 안정성, 유지 관리 가능성, 보안성 같은 소프트웨어 품질 목표를 인식하지 못한다. 그들은 지식 독점이나 백업 부족으로 발생하는 문제를 인식하지 못할 수 있다. 또한 단위 테스트, 버전 관리, 짝 프로그래밍 같은 소프트웨어 엔지니어가 지난 수십 년 동안 힘들게 터득해야 했던 기타 여러 가지 실무에 대해 들어본 적이 없을 것이다.

숨어 있는 소프트웨어 시스템을 드러내기

따라서 여러분은 그림자 전산을 밝은 곳으로 끄집어내기를 바랄 것이다. 첫 번째 단계는 이 소프트웨어에 익숙해지는 것이다. 도메인 스토리텔링은 여기에서 기업 단위 전산 관리를 위한 정보를 수집하기 위한 수단으로 사용될 수 있다.[1]

---

[1] 여기에서는 기업 단위 아키텍처 관리에 대한 세부 사항을 살펴보지는 않을 것이다. 그러나 그 분야에 익숙하다면 도메인 스토리텔링을 활용해 이를 지원할 수 있다.

기술자가 아닌 관리자는 기업 단위 전산을 우회하는 소프트웨어의 문제를 이해하지 못하는 경우가 많다. 전산 담당자가 이에 대해 이야기할 때는 큰 문제가 발생하지 않는다. 도메인 스토리를 통해 전체 그림을 가시화해 업무처리 과정의 중요한 부분에서 그림자 전산 처리가 사용되는 곳을 보여준다. 그런 식으로 문제를 가시화한다.

 리스 사례 되돌아보기

알폰에 근무하는 해럴드(전산 책임자)는 오랫동안 위험관리 담당 부서에 그림자 전산이 존재한다고 의심했다. 지금까지 해럴드는 그림자 전산이 문제를 일으킬 수 있다는 점을 베키에게 납득시킬 수 없었다. 해럴드는 이 일을 어떻게 처리해야 할지를 외부 컨설턴트인 우리에게 물어보았다. 우리는 위험관리자인 레이먼드와 또 다른 회의를 주선하고 숨겨진 소프트웨어를 찾기 위한 계획을 알린다. 우리는 함께 8장 '사례 연구: 알폰 자동차 리스 주식회사'에서 레이먼드와 함께 모델링한, **잘게-세분화한** 도메인 스토리인 알폰 2 ~ 5(그림 8.2 ~ 8.5)를 살펴본다. 알폰 4의 문장 2(그림 15.1)에서 우리는 자동차 가격이라는 흥미로운 세부 사항을 발견한다.

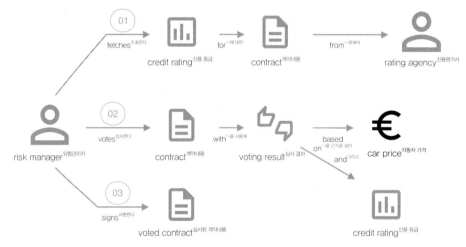

그림 15.1 알폰 4: 신용위험평가 — 잘게-세분화한, 순수한, 있게-될

스테판이 회의를 시작한다.

진행자 스테판: "계약을 심사할 때 자동차 가격이 결정에 어떤 영향을 미칩니까? 단순히 가격이 높을수록 위험이 더 커지는 것일까요?"

신용위험관리자 레이먼드: "아니요, 훨씬 더 정교한 처리 과정이 있습니다! 예를 들어, 일반적으로 부유한 사람이 비싼 자동차를 빌립니다. 부자는 차를 살 수도 있겠지만 세금을 아끼기 위해 리스를 합니다. 부자는 돈이 많아서 일반적으로 청구서를 받는 대로 납부하는 게 보통입니다. 따라서 고가 자동차의 위험은 낮습니다."

스테판: "음, 그렇다면 위험을 어떻게 평가합니까?"

레이먼드: "저는 자동차 가격을 위험 가격표와 비교합니다."

스테판: "위험 가격표가 뭐죠?"

레이먼드: "자동차 가격을 기준으로 미납 가능성을 산정해 둔 것입니다."

스테판: "그것을 설명해 주시겠습니까?"

레이먼드: "고객이 리스료를 내지 않을 때마다 회계 부서에서 알려줍니다."

스테판: "아, 회계 부서와 이야기를 나눌 때 그런 얘기를 들어봤습니다!"

그는 알폰 9(회계사 아민이 14장 '소프트웨어 제작 또는 기성 소프트웨어의 구매 결정과 선택'에서 작성)를 다시 가져와 문장 2를 가리킨다(그림 15.2).

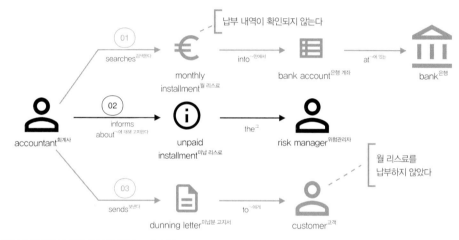

그림 15.2 알폰 9: 리스료 납부, 미납 — **순수한**

레이먼드: "그렇습니다! 제가 리스료 미납을 고지받으면 해당 내용을 리스료 미납 관리 파일인 `missing_payments_tracking.xls`에 입력합니다. 이 파일에서 `VLOOKUP`을 사용해 위험 가격표를 추출합니다."

스테판: "이 모든 것을 다른 도메인 스토리에 넣어 봅시다..."

우리는 함께 그림 15.3에 표시된 도메인 스토리 알폰 10을 모델링한다.

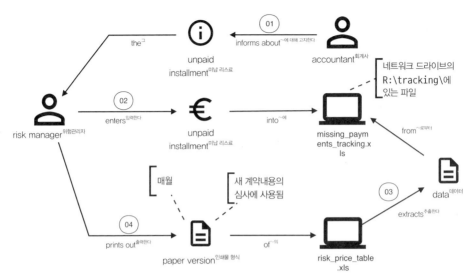

그림 15.3 알폰 10: 리스료 미납 관리 — 디지털화된, 있는-그대로인

스테판: "네, 그럼 리스료 미납 관리라는 건 엑셀 파일이군요! 그리고 위험 가격표는 다른 파일이고요."

레이먼드: "예, 맞습니다."

해럴드가 옳았다. 비즈니스 로직의 상당 부분(리스료 미납 관리)을 엑셀 파일에 의존한다는 말이 맞았다. 레이먼 드와 대화를 이어가면서 우리는 현재 소프트웨어 솔루션의 유용성이나 오류 가능성과 같은 주제를 논의한다. 이 모든 정보는 해럴드의 귀로 들어가 전산 포트폴리오 관리 대상이 된다. 해럴드는 엑셀 파일의 운영 위험을 평가하고 조치가 필요한지 판단한다. 알폰 10이라는 이름을 붙인 도메인 스토리를 사용해 해럴드는 이제 베키에게 미래에 대비한 추적 시스템을 만들 예산이 필요하다는 점을 설득할 수 있다.

작업객체가 갑자기 나타날 때 소프트웨어 시스템의 숨겨진 사용 사례가 드러난다. 도메인 전문가들은 "XYZ 목록을 찾아봅니다"라고 말하거나, "그것을 어떻게 알죠?"라는 질문에 "ABC 보고서에서 얻었습니다" 같은 대답을 한다. 여러분이 도메인 전문가들에게 XYZ 목록과 ABC 보고서의 출처를 물어보면 마이크로소프트 액세스, 엑셀, 로터스 노츠, 셸 스크립트 같은 소프트웨어 시스템이 사용된다는 점을 알게 될 때가 많을 것이다.

다음에 읽을 내용은?

그림자 속에서 발견되는 시스템은 전체 IT 솔루션의 일부다. 적어도 컨텍스트 맵에서는 그것들을 볼 수 있어야 한다(10장 '경계 찾기' 참조).

그림자 시스템을 전산 부서에서 개발한 시스템으로 대체할 수 있다. 그런 다음 요구사항에 대한 작업을 진행하고(11장 '요구사항에 맞춰 일하기' 참조) 구현하면 된다(12장 '코드로 모델링하기' 참조).

16

결론

서로를 이해하는 일은 언제나 어렵다. 도메인 스토리텔링(또는 그 문제에 대한 다른 방법)이 이런 사실을 마술처럼 사라지게 하지는 않는다. 그러나 도메인 스토리텔링은 문제를 완화하는 데 큰 역할을 한다. 사실, 우리는 도메인 스토리텔링의 잠재력이 아직 완전히 발현되지 않았다고 믿는다.

도메인 스토리텔링의 미래

협업 모델링은 새로운 분야이며, 도메인 스토리텔링은 여전히 비교적 새로운 기술이다. 우리는 도메인 스토리텔링과 다른 방법을 결합한 새로운 방법과 새로운 방식의 등장으로 미래가 흥미롭게 발전할 것이라고 생각한다.

도구의 지원은 더 많은 발전이 기대되는 또 하나의 분야다. 간헐적으로 열리는 도메인 스토리텔링 워크숍에서 쓸 만한 좋은 솔루션이 이미 몇 가지 나와 있다. 그러나 자주 사용하는 솔루션이 필요하다면 선택지가 많지는 않은데, Egon.io가 그중 하나로 도메인 스토리텔링을 가장 잘 지원한다. 우리는 새로운 도구를 써보는 일에 관심이 많다. 그럼에도 불구하고 많은 모델링 상황에서는 칠판, 필기구, 접착식 메모지만 있으면 된다. 앞으로 점점 더 많은 회사에 칠판이 만들어지길 바란다!

이 책에서는 개인적으로 우리가 도메인 스토리텔링을 사용한 목적을 설명했다. 우리는 도메인 스토리텔링을 사용해 소프트웨어 개발을 촉진하는 데 중점을 두었다. 그러나 이 기법은 다른 분야에서도 유용할 수 있다. 이 책에서 다루지 않은 몇 가지 목적을 들자면 다음과 같다.

- **작업흐름 자동화**: 도메인 스토리텔링을 사용해 자동화할 부문이 무엇인지를 배운다. 그런 다음 BPMN으로 전환해 작업흐름을 실행 가능하게 만든다.
- **업무처리 과정 문서화**: 장문의 텍스트나 더 형식적인 다이어그램에 비해 가볍고 이해하기 쉬운 대안으로 도메인 스토리를 활용한다.
- **업무처리 과정 최적화**: 이 책에서는 이 주제를 대략적으로 살펴봤다. 현재 업무처리 과정을 **있는—그대로인** 도메인 스토리로 모델링하자. 그런 다음 업무처리 과정을 최적화하고 나서 그것을 **있게—될** 도메인 스토리로 그린다.

우리는 도메인 스토리텔링 실무자 커뮤니티가 더 많은 목적을 찾게 될 것이라고 확신한다.

도메인 스토리텔링의 본질

도메인 스토리텔링의 미래가 무엇이든 간에, 다음과 같은 본질적인 방법이 있기 때문에 일부 측면은 지속될 것이다.

- **협력**: 여러 사람들이 각자 자신의 지식과 관점을 추가해 하나의 스토리를 말하고 듣는 데 참여한다.
- **대화**: 질문하는 스토리텔러와 청취자의 대화형 스토리텔링 대화 형식이다. 이때 진행자가 대화를 촉진한다.
- **가시화**: 서로에게 직접 말하고 듣는 방식은 사람들이 의사소통하는 데 있어 가장 좋은 방법이었고, 지금도 그렇고, 앞으로도 그럴 것이다. 가시화는 추가 피드백 채널을 열고 논의된 주제를 오랫동안 유지하는 데 도움이 된다. 스토리텔링은 모델링 활동이기도 하다!
- **시나리오 기반**: 도메인 스토리는 업무처리 과정의 구체적이고 의미 있는 사례에 관한 것이다.
- **목적**: 도메인 스토리텔링은 그 자체가 목적이 아니며 어디까지나 목표를 달성하기 위한 수단이다. 그 목표란 조직을 개선하거나, 더 나은 소프트웨어를 구축하거나, 도메인 전문가의 업무를 더 쉽고 빠르고 좋게 만드는 것 등이 될 수 있다.
- **다용도**: 목표에 따라 도메인 스토리의 범위는 세분성^{granularity}이라는 측면에서 볼 때 다양할 수 있고, 대략 서로 다른 시점일 수 있으며, 소프트웨어가 지원하는 업무처리 과정 또는 순수한 업무처리 과정을 보여줄 수 있다.

- **통합**: 도메인 스토리텔링은 도메인 주도 설계, 요구사항 분석, 테스트, 애자일 소프트웨어 개발 및 기타 분야의 기술과 결합될 수 있다.

이제 모델링을 시작하고 즐기자! 여러분의 경험과 질문을 듣고 싶다. 원한다면 해시태그 #domainstorytelling을 사용하거나 stefan@domainstorytelling.org나 henning@domainstorytelling.org로 연락해 주기 바란다!

부록

도메인 스토리텔링의 역사

1990년대 초, 함부르크 대학교의 한 컴퓨터과학자[1] 그룹은 업무용 소프트웨어 개발 기술을 연구하기 시작했다. 그들은 개발자가 미래 사용자의 과업이나 작업흐름, 도메인 언어를 이해해야 한다는 점을 깨달았다. 공동 워크숍의 경우 개발자는 다양한 참가자 간의 동등한 협력을 지원하는 기술이 필요했다. 흐름도나 UML 다이어그램 같이 당시 사용 가능한 그래픽 표현 수단은 이런 일에 적합하지 않은 것으로 판명되었다. 이 같은 그래픽 표현 수단들은 슈타인 브라텐$^{Stein Bråten}$[Bråten 1973]이 언급한 대로 컴퓨터 과학자들이 모델 독점$^{model monopoly}$을 할 수밖에 없게 했다.

일반적으로 이해할 수 있는 리치 픽처$^{rich picture}$[2][Checkland 1975]라고 부르는 다이어그램 기술에 대한 피터 체크랜드$^{Peter Checkland}$의 제안에 영감을 받아, 이 그룹은 요구사항 분석에 대한 기술로 **협력 그림**$^{cooperation picture}$을 개발했다. 협력 그림은 행위자와 그 행위자가 작업하는 객체를 보여준다. 행위자와 객체를 아이콘으로 가시화하고 화살표로 연결해 공동 작업을 표시한다. 우리가 알고 있는 이 방법에 대한 최초의 영어 논문은 아니타 크랩벨$^{Anita Krabbel}$, 사빈 라투스키$^{Sabine Ratuski}$, 잉그리드 베첼$^{Ingrid Wetzel}$(나중에 쉬르머^{Schirmer})이 1996년에 발표한 것이다[Krabbel et al. 1996]. 그림 A.1은 병원에 입원한 환자를 가시화한 해당 논문의 이미지를 보여준다. 협력 그림은 도메인 스토리텔링에서 쓰는 픽토그래픽 언어의 조상 격이다. 그러나 협력 그림에는 스토리가 없다.

---

1 크리스티안 플로이드$^{Christiane Floyd}$, 하인츠 칠리크호펜$^{Heinz Züllighoven}$, 잉그리드 베첼$^{Ingrid Wetzel}$(나중에 쉬르머^{Schirmer})이 소속된 그룹

2 (옮긴이) 풍성하게 그림을 꾸며서 복잡한 상황을 한눈에 파악할 수 있게 그리는 그림

협력 그림은 도메인 전문가들과 함께한 워크숍에서 만들어졌지만 토론 중이 아니라 도메인 전문
가들을 인터뷰하고 글로 된 시나리오를 작성한 후에 탄생했다.

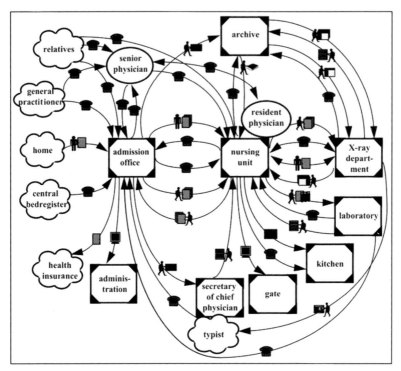

그림 A.1 도메인 스토리텔링의 조상: 협력 그림

스토리텔링에 시각적 언어를 사용하자는 생각은 2000년에 나왔다. 한 자동차 렌트 회사가 현재
WPS^Workplace Solutions Ltd.로 알려진 산학협력업체를 고용해 업무를 위한 몇 가지 유스케이스를 해결
했다. 직원들은 협력 그림에 익숙했고 가시화 기술이 워크숍을 크게 개선할 수 있다는 것을 알고
있었다. 워크숍에서 그들은 칠판에 협력 그림을 그리고 새로운 것을 추가했다. 그들은 일련의 활
동을 표현하기 위해 화살표에 숫자로 레이블을 붙였다. 이제 그림에 시간 차원과 스토리가 생겼
다. 워크숍이 끝난 후 그들은 컴퓨터에 그림을 다시 그려 칠판의 내용을 보존했다. 이런 일에 딱
들어 맞는 도구로 파워포인트가 알맞아서 그들은 파워포인트를 사용했다. 그림 A.2는 그 작업의
예를 보여준다.

문서화를 위해 그들은 그림의 숫자를 참조해 산문 형식으로 스토리를 기록했다. 그들은 도메인
전문가 컴퓨터과학에 대한 배경 지식을 갖고 있지 않았던 워크숍에서 멋진 경험을 했기 때문

에 더 공식적인 업무처리 과정 모델링 기법을 동원하기보다 서면 형식으로 작성한 유스케이스와 협력 그림을 조합하는 방식을 선택했다.

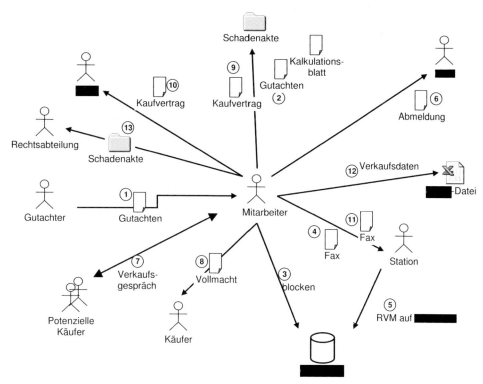

그림 A.2 첫 번째 시나리오 기반 협력 그림 중 하나

이 새로운 종류의 다이어그램은 처음에는 **협력 그림**[cooperation picture]이라고 불렸고 나중에 **협력 시나리오**[cooperation scenario]로 이름이 바뀌었다. 이는 WPS가 T&M[Tool and Material Approach][Züllighoven 2004]이라는 이름으로 추구해온 민첩하고 사용자 중심적인 도메인 주도 소프트웨어 개발 스타일에 완벽하게 들어맞았다. WPS의 설립자인 하인츠 칠리크호펜[Heinz Züllighoven]과 귀도 그리찬[Guido Gryczan]도 (그리고 다른 사람들과 함께) 그러한 접근 방식을 개발했다. T&M은 도메인 전문가와 개발자 간의 커뮤니케이션 수단으로 시나리오를 권장한다.

협력 시나리오는 WPS 직원 및 기타 수십 개의 소프트웨어 개발 프로젝트에서 사용되었다. 많은 사람이 이 기술을 개선하는 데 도움을 주었고 2003년에는 그것이 여러 모델 유형을 사용하는 엔터프라이즈 모델링 접근 방식이 되었다. 협력 시나리오는 용어집, 유스케이스 다이어그램, 조직도, 업무처리 과정 환경 및 (이후) IT 환경으로 보강되었다. 적절한 모델링 도구 없이 엔터프라이즈 모델링을 하자면 번거롭다. 그래서 BOC 그룹의 ADONIS 기반 모델링 솔루션이 구축된 것이다. 그림 A.3은 초기 버전의 모델링 도구로 만든 은행 도메인의 그림이다.

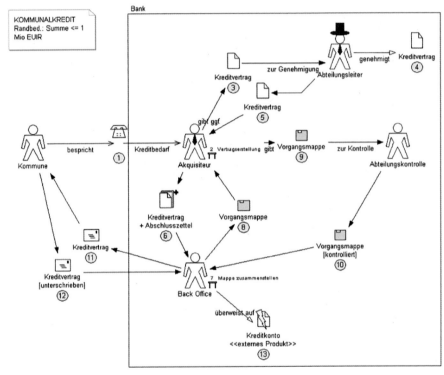

그림 A.3 도구 지원으로 모델링된 협력 시나리오

이후 몇 년 동안 이 방법과 도구가 일종의 공진화 같은 꼴로 발전했다. 방법과 도구에 모두 길고 다소 학구적인 이름이 부여되었다. eGPM^exemplarische Geschäftsprozessmodellierung: 예시적 업무처리 과정 모델링을 예로 들 수 있다. eGPM은 함부르크 대학교에서 가르치고 연구되었다. 그 시대의 학술 논문 중 하나는 "Design Rationale in Exemplary Business Process Modeling^예시적 업무처리 과정 모델링의 설계 이론적 근거"[Breitling et al. 2006]였다.

우리 둘은 2005년에 WPS에 합류하면서 만났다. 우리가 eGPM을 알게 된 것 역시 그때다. eGPM은 동료들이 새로운 도메인에 대해 배우고, 도메인 전문가와 대화하고, 도메인 기반 소프트웨어 설계를 도출하는 데 즐겨 사용하던 방법이었다. 2011년에는 비엔나 대학교의 오픈 모델스

이니셔티브^{Open Models Initiative: 개방 모델 주도 계획}의 일환으로 eGPM용 무료 모델링 도구가 출시되었다. 스테판은 개발자 중 한 명이었고 점차적으로 프로덕트 소유자의 책임을 맡았다.

스테판이 모델링 엔터프라이즈 혁신[Hofer 2017]에 대한 박사 학위 논문을 마친 후 현재 WPS의 CEO인 캐롤라 릴리엔탈^{Carola Lilienthal}이 그에게 다가왔다. 그녀는 스테판에게 (다소 침체되어 있던) eGPM 방법에 대해 책임을 맡아달라고 했다. 이에 eGPM 방법에서 불필요한 부분을 덜어내고 이름을 바꾸는 첫 번째 가시적 성과를 만들어 냈다. 2016년 여름, 스테판은 eGPM 협력 시나리오에 대해 **도메인 스토리텔링**^{Domain Storytelling}이라는 새 이름을 제시했다. 우리는 일부러 **도메인 주도 설계**^{DDD}와 비슷하게 보이도록 새로 이름을 지은 것이다. WPS의 가장 열정적인 DDD 실무자 중 한 명인 헤닝은 날로 커지는 DDD 커뮤니티가 도메인 스토리텔링을 성장시키기에 적합한 환경이 될 것임을 깨달았다.

2016년에 우리는 도메인 스토리텔링이라는 이름으로 이 기술에 관해 이야기하고 글을 쓰기 시작했다. 2018년 1월, 암스테르담에서 열린 유럽 도메인 주도 설계 회의^{Domain-Driven Design Europe conference}에서 우리는 도메인 스토리텔링 실무자가 되려면 대화, 블로그 및 실습 세션 형식을 능가하는 지침이 필요할 수 있음을 깨달았다. 그래서 우리는 이 책을 쓰기로 했고, 처음에는 린퍼브^{Leanpub}에서 자가 출판하여 마침내 애디슨-웨슬리^{Addison-Wesley}를 통해 '진짜' 책이 탄생했다.

DDD eXchange, Explore DDD, KanDDDinsky에서 이 방법을 소개한 후 DDD 커뮤니티의 다른 구성원이 이 방법을 사용하고 적용하기 시작했다. 그렇게 협업 모델링을 위한 다양한 접근 방식에는 공통점이 많다는 것이 분명해졌다. 이러한 통찰력에서 *Visual Collaboration Tools*라는 책[Baas-Schwegler/Rosa 2020]과 CoMoCamp[CoMoCamp Website]가 구상되었다. 마틴 쉬막^{Martin Schimak}은 도메인 스토리텔링을 **스토리스토밍**^{Storystorming}으로 통합하고 접착식 메모지를 사용하는 대체 표기법을 발명했다[Schimak 2019]. 이에 영감을 받아 닉 튠은 **도메인 메시지 플로 모델링**^{Domain Message Flow Modeling}[Tune 2021] 방법을 개발했다.

2018년에는 오픈소스 도구인 'Egon.io − The Domain Story Modeler'[Egon.io Website]의 개발이 시작되었다.

한편 도메인 스토리텔링은 애자일, 요구사항 분석, 행동 주도 개발 커뮤니티에서도 채택되었다. 앞으로도 계속 도메인 스토리텔링의 역사를 써나갈 일이 기대된다!

용어

거칠게-세분화한^{COARSE-GRAINED}: 세분성을 참조할 것.

그룹^{group}: 군집^{cluster}들은 함께 속하는 여러 요소들로 구성된 도메인 스토리의 일부분이다. 일반적으로 윤곽선(예: 직사각형 모양)으로 그려서 표시한다.

도메인 순도^{domain purity}: 소프트웨어 시스템이 도메인 스토리의 일부인지 나타내는 범위 요인이다. 순수한 것이거나 디지털화된 것일 수 있다.

도메인 스토리^{domain story}: 한 명 또는 여러 명의 스토리텔러^{storyteller: 업무 지식을 이야기 형식으로 들려주는 사람}가 말로 이야기하는 시나리오를 나타내는 그림.

디지털화된^{DIGITALIZED}: 도메인 순도를 설명하는 범위 요인이다. 전산 시스템이 포함된 도메인 스토리를 설명해 업무 처리 과정이 의존하는 위치를 표시한다.

모델러^{modeler}: 워크숍에서 도메인 스토리를 그리는 사람. 진행자와 동일 인물인 경우가 많다.

모델링 캔버스^{modeling canvas}: 도메인 스토리를 그리는 곳. 진짜 캔버스이어야 하는 것은 아니다. 종이나 칠판이나 디지털화된 도구를 사용해도 된다.

문장^{sentence}: 행위자, 활동, 작업객체들의 조합. 도메인 스토리텔링 문법에 따르면 다양한 형태의 문장을 쓸 수 있다. 가장 단순한 형태는 주어(행위자) – 술어(활동) – 목적어(작업객체)이다.

범위^{scope}: 세분성, 시점, 도메인 순도 요소를 통해 표현되는 도메인 스토리의 설정.

빌딩 블록^{building block}: 도메인 스토리텔링 표기법에 사용되는 다양한 그래픽 요소 유형을 일반적으로 가리키는 용어다.

세분성^{granularity: 입도}: 도메인 스토리가 얼마나 상세한지를 정의하는 범위 요인이다. **거칠게–세분화한**(높은 수준의 관점에서 전달) 수준과 **잘게–세분화한**(많은 세부 정보가 포함된 하위 수준 관점에서 전달) 수준 및 그 사이의 모든 수준을 의미하는데, 이 중에는 **중간쯤–세분화한** 수준 같은 것도 생각해 볼 수 있다.

순번^{sequence number}: 다른 문장과 관련된 문장의 순서를 나타낸다.

순수한^{PURE}: 도메인 순도를 설명하는 범위 요인. 전산 시스템이 포함되어 있지 않고 업무처리 과정 그 자체만 포함하고 있는 도메인 스토리를 나타내는 말이다.

스토리텔러^{storyteller}: 다른 참가자가 도메인에 대해 배울 수 있는 도메인 스토리텔링 워크숍의 참가자이다. 대체로 도메인 전문가를 의미한다.

시나리오^{scenario}: 업무처리 과정의 한 가지 사례. 구체적인 스토리를 들려준다.

시나리오 기반 모델링^{scenario-based modeling}: 동일한 업무처리 과정의 다른 사례를 다른 시나리오로 모델링하는 모델링 스타일이다. 하나의 다이어그램에서 모든 사례를 모델링하는 것과 반대이다.

시점^{point in time}: 있는–그대로인 상태 또는 있게–될 상태 모두 될 수 있는 범위 요인

워크숍^{workshop}: 청취자와 스토리텔러를 하나로 모으는 협업 모델링 행사. 일반적으로 주최자가 계획하고 진행자가 촉진한다.

있게–될^{TO-BE}: 스토리가 미래 상황을 기술하고 있다는 점을 나타내는, 도메인 스토리의 시점 기준 범위 요인이다. 다양한 도메인 스토리에서 다양한 **있게–될** 상황이 설명된다.

있는–그대로인^{AS-IS}: 현재 상황을 설명하는 스토리를 나타내는 도메인 스토리의 시점 범위 요인이다.

작업객체^{work object}: 행위자가 작업하는 대상을 나타내는 빌딩 블록이다. 작업객체 자체, 작업객체의 디지털화된 변형 또는 작업객체가 교환되는 매체를 나타내는 아이콘으로 그려진다.

잘게–세분화한^{FINE-GRAINED}: 세분성을 참조할 것.

주석^{annotation}: 공책에 쓴 비망록 같은 글로 된 정보. 다른 빌딩 블록이나 문장 또는 전체 도메인 스토리에 대한 것일 수 있다.

주최자^{host}: 도메인 스토리텔링 워크숍에 참가자를 초대하는 사람이다. 일반적으로 워크숍의 결과에 관심이 있다.

중간쯤–세분화한^{MEDIUM-GRAINED}: 세분성 항목을 참고

진행자^{moderator}: 도메인 스토리텔링 워크숍을 이끄는 사람. 흔히 모델러와 동일 인물이 된다.

청취자^{listener}: 주로 지식을 습득할 목적으로 도메인 스토리텔링 워크숍에 참가한 사람. 대체로 개발자가 이에 해당.

행위자^{actor}: 도메인 스토리에서 적극적인 역할을 하는 사람 또는 소프트웨어 시스템을 나타내는 빌딩 블록. 행위자는 도메인 스토리의 문장에서 주체이다.

협업 모델링collaborative modeling: 개발자와 도메인 전문가가 함께 도메인 지식과 언어를 공유하는 과정이다.

활동activity: 행위자가 작업객체로 하는 일이다. 빌딩 블록이다.

참고문헌

- [Adzic 2011] Gojko Adzic. Specification by Example. Shelter Island, NY: Manning, 2011.
  - 한국어판: ≪Specification by Example≫(위키북스, 2014)

- [Baas-Schwegler/Rosa 2020] Kenny Baas-Schwegler and João Rosa (eds.). Visual Collaboration Tools. Self-published, Leanpub, last updated August 7, 2020. https://leanpub.com/visualcollaborationtools.

- [Beck 2000] Kent Beck. Extreme Programming Explained: Embrace Change. Reading, MA: Addison-Wesley, 2000.

- [Beck/Andres 2005] Kent Beck and Cynthia Andres. Extreme Programming Explained: Embrace Change. 2nd ed. Boston: Addison-Wesley, 2005.
  - 한국어판: ≪익스트림 프로그래밍≫(인사이트, 2006)

- [Beck/Cunningham 1989] Kent Beck and Ward Cunningham. "A laboratory for teaching object oriented thinking." OOPSLA, 1989. http://www.inf.ufpr.br/andrey/ci221/docs/beckCunningham89.pdf.

- [Beck et al . 2001] Kent Beck, Mike Beedle, Arie van Bennekum, Alistair Cockburn, Ward Cunningham, Martin Fowler, James Grenning, Jim Highsmith, Andrew Hunt, Ron Jeffries, Jon Kern, Brian Marick, Robert C. Martin, Steve Mellor, Ken Schwaber, Jeff Sutherland, and Dave Thomas. Manifesto for Agile Software Development. 2001. https://agilemanifesto.org.

- [Brandolini 2016] Alberto Brandolini. "Optimized for what?" SlideShare, November 20, 2016. https://www.slideshare.net/ziobrando/optimized-for-what.

- [Brandolini 2020] ———. "Discovering Bounded Contexts with EventStorming." In Domain-Driven Design: The First 15 Years by the DDD Community. Self-published, Leanpub, February 15, 2020. https://leanpub.com/ddd_first_15_years.

- [Brandolini 2021] ———. Introducing EventStorming. Self-published, Leanpub, last updated February 12, 2021. https://leanpub.com/introducing_eventstorming.

- [Bråten 1973] Stein Bråten. "Model Monopoly and Communications: Systems Theoretical Notes on Democratization." Acta Sociologica 16, no. 2 (1973).

- [Breitling et al . 2006] Holger Breitling, Andreas Kornstädt, and Joachim Sauer. "Design Rationale in Exemplary Business Process Modeling." In Rationale Management in Software Engineering, edited by Alen H. Dutoit, Ray McCall, Ivan Mistrik, and Barbara Paech, 191–208. Berlin: Springer, 2006.

- [Buschmann et al . 1996] Frank Buschmann, Regine Meunier, Hans Rohnert, Peter Sommerlad, and Michael Stal. Pattern-Oriented Software Architecture Volume 1: A System of Patterns. Hoboken, NJ: Wiley, 1996.
  - 한국어판: ≪패턴 지향 소프트웨어 아키텍처≫(지앤선, 2008)

- [Carroll 2000] John Carroll. Making Use: Scenario-Based Design of Human-Computer Interactions. Cambridge, MA: MIT Press, 2000.

- [Checkland 1975] Peter Checkland. "The Development of Systems Thinking by Systems Practice—a methodology from an action research program." In Progress in Cybernetics and Systems Research, vol. 2, edited by Robert Trappl and Franz Pichler, 278–283. Washington, DC: Hemisphere, 1975.

- [Cockburn 2001] Alistair Cockburn. Writing Effective Use Cases. Boston: Addison-Wesley, 2001.
  - 한국어판: ≪앨리스터 코오번의 유스케이스≫(인사이트, 2011)

- [Cockburn 2005] ———. "Hexagonal Architecture." January 4, 2005. https://alistair.cockburn.us/hexagonal-architecture/.

- [CockburnOrigin] ———. "OriginofStoryCardIsaPromiseforaConversation." http://alistair.cockburn.us/Origin+of+user+story+is+a+promise+for+a+conversation.

- [Cohn 2004] Mike Cohn. User Stories Applied: For Agile Software Development. Boston: Addison-Wesley, 2004.
  - 한국어판: ≪사용자 스토리≫(인사이트, 2006)

- [CoMoCamp Website] CoMoCamp—The Collaborative Modeling Unconference. Accessed June 15, 2021. https://comocamp.org/.

- [Conway 1968] Melvin E. Conway. "How Do Committees Invent?" Datamation, April 1968. https://www.melconway.com/Home/Conways_Law.html.

- [Cooper 1999] Alan Cooper. The Inmates Are Running the Asylum: Why High Tech Products Drive Us Crazy and How to Restore the Sanity. Indianapolis: Sams, 1999.
  – 한국어판: ≪정신병원에서 뛰쳐나온 디자인≫(안그라픽스, 2004)

- [DDDCrew Website] DDD Crew. Accessed May 5, 2021. https://github.com/ddd-crew/.

- [DDDHeuristics Website] DDD Heuristics. Heuristics to share and use for designing software. https://www.dddheuristics.com.

- [DomainStorytelling BookWebsite] Domain Storytelling Book Website. https://domainstorytelling.org/book.

- [DomainStorytelling Website] Domain Storytelling Website. https://domainstorytelling.org.

- [Egon.io Website] Egon.io—the Domain Story Modeler. https://egon.io.

- [Egon.io Sources] Egon.io—the Domain Story Modeler, Source Code. https://github.com/WPS/domain-story-modeler.

- [Evans 2004] Eric Evans. Domain-Driven Design: Tackling Complexity in the Heart of Software. Boston: Addison-Wesley, 2004.
  – 한국어판: ≪도메인 주도 설계≫(위키북스, 2011)

- [Evans 2016] ———. "Whirlpool Process of Model Exploration." Domain Language. April 2016. https://domainlanguage.com/ddd/whirlpool/.

- [Foote/Yoder 1997] Brian Foote and Joseph Yoder. "Big Ball of Mud." PLoP '97, Monticello, IL, September 1997. http://www.laputan.org/mud/mud.html.

- [Fowler 2003a] Martin Fowler. "Anemic Domain Model," Bliki. November 25, 2003. https://www.martinfowler.com/bliki/AnemicDomainModel.html.

- [Fowler 2003b] ———. "Multiple Canonical Models." Bliki. July 21, 2003. https://martinfowler.com/bliki/MultipleCanonicalModels.html.

- [Fowler 2003c] ———. Patterns of Enterprise Application Architecture. Boston: Addison-Wesley, 2003.
  – 한국어판: ≪엔터프라이즈 애플리케이션 아키텍처 패턴≫(위키북스, 2015)

- **[Fowler 2004]** ———. UML Distilled: A Brief Guide to the Standard Object Modeling Language. 3rd ed. Boston: Addison–Wesley, 2004.
  – 한국어판: ≪UML DISTILLED≫(홍릉과학출판사, 2005)

- **[Fowler 2005]** ———. "Event Sourcing." Development of Further Patterns of Enterprise Application Architecture. December 12, 2005. https://martinfowler.com/eaaDev/EventSourcing.html.

- **[Freund/Rücker 2019]** Jakob Freund, Bernd Rücker. Real–Life BPMN. 4th ed. Self–published, 2019.

- **[Floyd 1992]** Christiane Floyd. "Software Development as Reality Construction." In Software Development and Reality Construction, edited by Christiane Floyd, Heinz Züllighoven, Reinhard Budde, and Reinhard Keil–Slawik, 86 – 100. Berlin: Springer, 1992. http://dx.doi.org/10.1007/978–3–642–76817–0_10.

- **[Hofer 2017]** Stefan Hofer. "Ein Modellierungsansatz für die Umgestaltung von Anwendungslandschaften." PhD diss., University of Hamburg, 2017. https://ediss.sub.uni-hamburg.de/handle/ediss/7180.

- **[Hofer 2020]** ———. "An Introduction to Domain Storytelling." Recorded February 18, 2020. Virtual DDD session. https://virtualddd.com/sessions/19.

- **[Holtzblatt et al . 2005]** Karen Holtzblatt, Jessamyn Burns Wendell, and Shelley Wood. Rapid Contextual Design. Amsterdam: Elsevier, 2005.

- **[Hombergs 2019]** Tom Hombergs. Get Your Hands Dirty on Clean Architecture. Birmingham: Packt, 2019.
  – 한국어판: ≪ 만들면서 배우는 클린 아키텍처≫(위키북스, 2021)

- **[Hunt/Thomas 2000]** Andrew Hunt, David Thomas. The Pragmatic Programmer: From Journeyman to Master. Boston: Addison–Wesley, 2000.
  – 한국어판: ≪실용주의 프로그래머≫(인사이트, 2014)

- **[Jacobson 1987]** Ivar Jacobson. "Object–Oriented Development in an Industrial Environment." In OOPSLA '87: Conference Proceedings on Object–Oriented Programming Systems, Languages and Applications, edited by Norman Meyrow. New York: ACM, 1987.

- **[Jacobson et al . 2011]** Ivar Jacobson, Ian Spence, Kurt Bittner. Use–Cases 2.0: The Guide to Succeeding with Use Cases. Ivar Jacobson International, December 2011. https://www.ivarjacobson.com/publications/white–papers/use–case–20–e–book

- **[Krabbel et al . 1996]** Anita Krabbel, Sabine Ratuski, and Ingrid Wetzel. "Requirements Analysis of Joint Tasks in Hospitals." In Proceedings of the 19th Information Systems Research Seminar in Scandinavia, edited by Bo Dahlbom et al. Gothenburg Studies in Informatics, Report 8, 733–49, June 1996. https://swa.informatik.uni-hamburg.de/files/veroeffentlichungen/finallris96.pdf.

- **[LeasingNinja Website]** LeasingNinja. Accessed May 5, 2021. https://www.leasingninja.io.

- **[LiberatingStructures Website]** Liberating Structures. Accessed May 5, 2021. https://www.liberatingstructures.com.

- **[Lilienthal 2019]** Carola Lilienthal. Sustainable Software Architecture. Heidelberg: dpunkt, 2019.

- **[Manns/Rising 2015]** Mary Lynn Manns and Linda Rising. More Fearless Change. Boston: Addison-Wesley, 2015.

- **[Martin 2018]** Robert C. Martin. Clean Architecture: A Craftsman's Guide to Software Structure and Design. Upper Saddle River, NJ: Prentice Hall, 2018.
  – 한국어판: 《클린 아키텍처》(인사이트, 2019)

- **[Martraire 2019]** Cyrille Martraire. Living Documentation: Continuous Knowledge Sharing by Design. Boston: Addison-Wesley, 2019.

- **[MaterialIcons Website]** Material Icons. Accessed May 5, 2021. https://material.io/icons/.

- **[Meyer 1997]** Bertrand Meyer. Object-Oriented Software Construction. 2nd ed. Upper Saddle River, NJ: Prentice Hall, 1997.

- **[Millet 2017]** Scott Millet. The Anatomy of Domain-Driven Design. Self-published, Leanpub, last updated February 2, 2017. https://leanpub.com/theanatomyofdomain-drivendesign.

- **[Millet/Tune 2015]** Scott Millet and Nick Tune. Patterns, Principles, and Practices of Domain-Driven Design. Birmingham: Wrox, 2015.

- **[Newman 2015]** Sam Newman. Building Microservices: Designing Fine-Grained Systems. Sebastopol, CA: O'Reilly, 2015.

- **[North 2006]** Dan North. "Introducing BDD." Dan North & Associates. March 2006. https://dannorth.net/introducing-bdd/.

- **[OMG 2013]** Object Management Group. Business Process Model and Notation. Version 2.0.2, December 2013. https://www.omg.org/spec/BPMN/

- **[Palermo 2008]** Jeffrey Palermo. "The Onion Architecture." July 28, 2008. https://jeffreypalermo.com/2008/07/the-onion-architecture-part-1/.

- [Patton 2014] Jeff Patton. User Story Mapping. Sebastopol, CA: O'Reilly, 2014.
  – 한국어판: ≪사용자 스토리 맵 만들기≫(인사이트, 2018)

- [Plöd 2020] Michael Plöd. Domain-Driven Design by Example. Self-published, Leanpub, last updated June 24, 2020. https://leanpub.com/ddd-by-example.

- [Poupko 2018] Avraham Poupko. "The Importance of Multiple Perspectives When Modeling Software." September 17, 2018. DDD Europe 2018 video. https://2018.dddeurope.com/speakers/avraham-poupko/.

- [Rubin 2013] Kenneth S. Rubin. Essential Scrum: A Practical Guide to the Most Popular Agile Process. Boston: Addison-Wesley, 2013.

- [Rumbaugh et al . 2005] James Rumbaugh, Ivar Jacobson, and Grady Booch. The Unified Modeling Language Reference Manual. 2nd ed. Boston: Addison-Wesley, 2005.

- [Schimak 2019] Martin Schimak. "Storystorming." Medium, June 9, 2019. https://medium.com/plexiti/story-storming-191756f57387.

- [SCS Website] Self-Contained Systems. Accessed May 5, 2021. https://scs-architecture.org.

- [Smart 2017] John Ferguson Smart. "When What We Ask for Is Not What We Get, and What We Get Is Not What We Need." John's Latest Articles (blog), April 30, 2017. https://johnfergusonsmart.com/how-great-teams-deliver-great-products/.

- [Smart 2019] ———. "Feature Mapping—a Lightweight Requirements Discovery Practice for Agile Teams." John's Latest Articles (blog), November 6, 2019. https://johnfergusonsmart.com/feature-mapping-a-lightweight-requirements-discovery-practice-for-agile-teams.

- [SmartBear 2019] SmartBear Software. "Gherkin Reference." Last modified 2019. https://cucumber.io/docs/gherkin/reference/.

- [Thomas/Hunt 2020] David Thomas and Andrew Hunt. The Pragmatic Programmer: Your Journey to Mastery. 20th Anniversary Edition. Boston: Addison-Wesley, 2020.
  – 한국어판: ≪실용주의 프로그래머≫(인사이트, 2022)

- [Tune 2019a] Nick Tune. "Sociotechnical Design Variables." Nick Tune's Strategic Technology Blog, Medium, May 24, 2019. https://medium.com/nick-tune-tech-strategy-blog/sociotechnical-design-variables-52b7048f7b62.

- [Tune 2019b] ———. "Modelling Bounded Contexts with the Bounded Context Canvas: A Workshop Recipe." Nick Tune's Strategic Technology Blog, Medium, July 22, 2019. https://medium.com/nick-tune-tech-strategy-blog/modelling-bounded-contexts-with-the-bounded-context-design-canvas-a-workshop-recipe-1f123e592ab.

- [Tune 2021] ———. "Domain Message Flow Modelling." DDD Crew. Latest commit February 4, 2021. https://github.com/ddd-crew/domain-message-flow-modelling.

- [Tune Blog] ———. Nick Tune's Strategic Technology Blog. Medium. https://medium.com/nick-tune-tech-strategy-blog.

- [Vernon 2013] Vaughn Vernon. Implementing Domain-Driven Design. Boston: Addison-Wesley, 2013.
  - 한국어판: ≪도메인 주도 설계 구현≫(에이콘출판사, 2016)

- [Vernon 2016] ———. Domain-Driven Design Distilled. Boston: Addison-Wesley, 2016.
  - 한국어판: ≪도메인 주도 설계 핵심≫(에이콘출판사, 2017)

- [Vernon 2017] ———. Domain-Driven Design kompakt. Translated by Carola Lilienthal and Henning Schwentner. Heidelberg: dPunkt, 2017.

- [Verraes Blog] Mathias Verraes. Blog. http://verraes.net/#blog.

- [Wikipedia Cockburn-Style] Wikipedia, "Cockburn-style use cases." https://upload.wikimedia.org/wikipedia/commons/8/82/Cockburnstyle_use_cases.svg.

- [Wlaschin 2018] Scott Wlaschin. Domain Modeling Made Functional. Raleigh, NC: Pragmatic Bookshelf, 2018.

- [Wynne 2015] Matt Wynne. "Introducing Example Mapping." Cucumber Blog, December 8, 2015. https://cucumber.io/blog/bdd/example-mapping-introduction/.

- [xMolecules Website] xMolecules. Accessed May 5, 2021. https://xmolecules.org/.

- [Yong 2017] Ed Yong. "The Desirability of Storytellers." The Atlantic, December 5, 2017. https://www.theatlantic.com/science/archive/2017/12/the-origins-of-storytelling/547502/.

- [Young 2010] Greg Young. "Command and Query Responsibility Segregation." CQRS Documents. November 2010. https://cqrs.files.wordpress.com/2010/11/cqrs_documents.pdf.

- [Zuill 2014] Woody Zuill. "Mob Programming – A Whole Team Approach." Agile 2014. https://www.agilealliance.org/resources/experience-reports/mob-programming-agile2014/.

- [Züllighoven 2004] Heinz Züllighoven. Object-Oriented Construction Handbook. Amsterdam: Elsevier, 2004.